股权、控制权与公司治理

120个实务问题解析

邵兴全　编著

目录 CONTENTS

探寻商业实践中的公司法则（代序）／1

凡　例／1

第一章　公司设立

问题1：如何选择合适的企业类型开展经营活动？／3

问题2：如何理解有限责任公司与股份有限公司？／8

问题3：什么是一人公司？／11

问题4：发起人及股东资格有特殊要求吗？／14

问题5：发起人如何承担责任？／16

问题6：股东(发起人)协议与公司章程有何区别及联系？／20

问题7：哪些事项可以由公司章程自由约定？／22

问题8：公司章程可以不记载注册资本、股东姓名、出资额吗？／28

问题9：如何认识公司经营范围？／30

问题10：超越经营范围从事经营活动，公司应承担什么责任？／32

问题11：如何认识公司名称及其保护？／34

问题12：身份证被他人冒用注册公司，应该如何处理？／37

问题13：挂靠其他公司经营合法吗？／41

问题 14：如何认识及并购分公司？/ 44

问题 15：如何理解公司承包经营行为？/ 46

第二章 股东与股权

问题 16：如何理解股东资格认定标准？/ 51

问题 17：股东有何权利义务？/ 55

问题 18：股东如何出资？/ 57

问题 19：医生如何用技术作价入股？/ 62

问题 20：在未约定出资期限的情况下，股东应如何出资？/ 64

问题 21：非专利技术如何出资？/ 66

问题 22：国有土地使用权如何出资及确定出资额？/ 69

问题 23：何为虚假出资？/ 72

问题 24：如何认定抽逃出资？/ 74

问题 25：如何正确开除未履行出资义务的股东？/ 77

问题 26：什么是隐名股东及其如何显名？/ 79

问题 27：在有限公司中，隐名股东显名后股东人数超过 50 名，该如何处理？/ 83

问题 28：有限责任公司章程中可以规定"同股不同权"吗？/ 85

问题 29：如何理解员工持股平台？/ 87

问题 30：采用过桥资金出资的发起人，将股权转让后还应承担责任吗？/ 90

问题 31：公司章程能否禁止股东转让股权及"人走股留"？/ 92

问题 32：什么情形下可以否认公司人格，让股东对公司债务承担连带责任？/ 94

问题 33：股东负有竞业禁止（限制）义务吗？/ 99

问题 34：大股东能否随意缩短出资期限？/ 101

问题 35："夫妻公司"在工商登记中的股权比例，是否构成夫妻之间的财产约定？/ 104

问题 36：如何理解股权投资？/ 106

问题 37：公司如何引进外部投资者？/ 109

问题 38：股东必须要参与增资吗？/ 112

问题39：股份有限公司增资时，股东享有优先认购权吗？／114

问题40：如何认识公司债券？／117

问题41：何为控股股东滥用控制权及小股东应如何应对？／119

问题42：公司如何正确地为他人提供担保？／121

问题43：如何理解公司向其他企业投资的限制性规定？／124

问题44：如何认识资本公积？／126

问题45：股权投资协议解除时，计入资本公积的投资款能否要求返还？／129

问题46：有限责任公司可以接受本公司股权做质押吗？／131

问题47：股东如何退出有限责任公司？／133

问题48：公司不分红时，小股东如何应对？／136

问题49：股东之间能否约定不按照出资比例分红？／139

问题50：股东分红权能否单独转让？／141

问题51：股权(份)转让一定要办理变更登记吗？／144

问题52：股权交割时间是否以登记机关变更登记为准？／146

问题53：如何认识股权转让与资产转让？／149

问题54：以转让股权的方式为借款提供担保合法吗？／152

问题55："平价"转让公司股权，可以合法避税吗？／154

问题56：受让股权后，未依法纳税是否会影响股东资格？／157

问题57：股份限售期内，签订的股份转让协议有效吗？／159

问题58：公司回购股权(份)后，应该如何处理？／161

问题59：在出资期限届满前，股东将其持有的股权转让，还需要对公司债务承担责任吗？／164

问题60：公司营业执照被吊销，股权转让还可以进行吗？／166

问题61：股权转让中，以避税为目的的"阴阳合同"有效吗？／169

问题62：股权转让有什么限制性规定？／171

问题63：股权受让人对股东的历次变更有注意义务吗？／174

问题64：公司章程规定股权可以对外自由转让，有效吗？／176

问题65：如何理解股权赠与？／178

问题66：未届认缴出资期限，股东恶意转让股权，债权人利益该如何保护？／180

问题 67：如何认识股权转让与股权让与担保？/ 183

问题 68：如何理解异议股东股权回购请求权？/ 186

问题 69：如何理解股东代表诉讼？/ 189

问题 70：如何继承股权？/ 194

第三章 控制权与公司治理

问题 71：如何认识股权架构设计与控制权分配？/ 199

问题 72：如何理解公司治理？/ 203

问题 73：小股东如何掌握公司控制权？/ 205

问题 74：股东（大）会的职权范围是什么？/ 207

问题 75：如何理解股东会的召集程序？/ 209

问题 76：可以提前一天通知召开临时股东会吗？/ 211

问题 77：可以用微信方式召开股东会吗？/ 213

问题 78：股东会能否撤销董事会决议？/ 215

问题 79：股东会不按出资比例，而按一人一票表决可以吗？/ 217

问题 80：什么是股东表决权排除制度？/ 220

问题 81：股东投票权可委托他人行使吗？/ 223

问题 82：如何理解有限责任公司董事会及董事长？/ 225

问题 83：如何认识董事提名权？/ 228

问题 84：如何认识独立董事？/ 231

问题 85：董事可以在董事会决议上做出保留或附条件同意的意见吗？/ 234

问题 86：董事从公司擅自拿走资金，该如何处理？/ 236

问题 87：董事违反竞业禁止义务的行为是否有效？/ 238

问题 88：公司董事长因故不能履职，可以授权他人行使相关职权吗？/ 239

问题 89：董事、监事的职权可以委托他人行使吗？/ 241

问题 90：如何理解监事会？/ 243

问题 91：如何理解董事、监事选举中的累积投票制？/ 245

问题92：监事在外另成立公司,并把所任职公司的客户挖走,是否应当承担责任？／247

问题93：如何认识公司经理？／249

问题94：如何认识股东、高级管理人员等与公司之间的劳动关系？／252

问题95：财务总监、销售总监、研发总监属于公司高级管理人员吗？／255

问题96：行政部经理未与公司签订劳动合同,公司需要支付双倍工资吗？／257

问题97：如何认识"挂名"法定代表人及其风险？／259

问题98：公司或其他股东不配合,如何辞去公司法定代表人职务？／262

问题99：公司法定代表人变更后,应解除对原法定代表人的限制高消费措施吗？／264

问题100：如何认识董事及高级管理人员违反忠实义务时的归入权？／268

问题101：董事或经理如何运用商业判断规则免责？／271

问题102：如何认识高级管理人员的竞业禁止与竞业限制？／273

问题103：公司解聘高级管理人员职务时,劳动关系也一并解除吗？／275

问题104：如何防范公司印章管理中的法律风险？／277

问题105：如何索回被"抢占"的公司印章及证照？／281

问题106：如何理解公司决议不成立、无效和可撤销？／283

问题107：公司决议之诉中,能否停止决议的执行？／287

问题108：如何认识未通知部分股东参加股东会的决议效力？／289

问题109：进入清算程序的公司,股东有权查阅财务会计资料吗？／292

问题110：公司进入破产程序,股东能否行使知情权？／295

问题111：实际控制人应承担什么责任？／298

问题112：如何认识关联交易？／301

第四章 解散与清算

问题113：何为公司注销、吊销和撤销？／307

问题114：公司连续多年不开会,符合解散公司条件吗？／310

问题115：公司经营期限届满,小股东可以不同意延长期限吗？／313

问题116：如何理解公司强制清算？/ 315

问题117：公司强制清算与破产清算有何异同？/ 319

问题118：办理注销登记时，股东或者第三人承诺对公司债务承担责任有效吗？/ 322

问题119：公司解散时，股东有清算义务吗？/ 324

问题120：公司注销后，遗漏的债权、债务应如何处理？/ 327

附录一：股权与债权：从三个典型案例看"名股实债"的认定与预防 / 330

附录二：股权众筹纠纷典型案例梳理与总结 / 336

附录三：《股权投资协议》重要条款解读 / 342

附录四：股权投资相关协议模板（含导读、注解）/ 372

参考文献 / 400

探寻商业实践中的公司法则(代序)

在执业过程中,不少法官、律师及创业者向作者咨询公司法实务问题。有些问题比较浅显,《公司法》中有明确规定,容易解答;有些问题则比较疑难,《公司法》规定不明确,或者根本就没有规定。每次遇到这类问题,我必先查询资料与相关案例,审慎研判,唯恐因理解的偏误,影响咨询者的信任与决策。从2018年开始,回复完咨询者后,我便将这些回复整理成文字,以问答形式,在自己创办的"公司法则"公众号刊出,以记录我对这些问题的理解与思考。在与咨询者的对话中,不知不觉,已经过了三年半的时光,公众号也积累了不少有价值的问答。这些问答大多围绕股权、控制权及公司治理展开,我从这些问答中精选出120个,结集成本书,同时,把它作为作者拟撰写的"公司法实务三部曲"中的第一本出版。

从股权、控制权及公司治理之间的关系分析,股权架构是公司发展的基石,并决定公司控制权的分配。只有公司控制权配置得当,才能给公司治理带来效率,否则,容易导致公司控制权争夺,甚至纠纷,进而严重影响公司发展。因此,为解决公司纠纷,维持公司的持续经营,公司法主要规则的构建均围绕股权、控制权及公司治理展开。比如,资本多数决原则,解决股权比例与控制权的分配问题;董事、高级管理人员的忠实义务与勤勉义务,解决股东与经营者之间的代理问题等。

在以往论及公司治理的作品中,作者主要着墨于事实描述及问题归纳,大多缺乏解决方案,而本书力图弥补这一缺陷,从法律规则视角,为股权、控制权及公司治理中的实务问题提供一种解决框架。基于此,本书不做过多纯理论的探讨,而是以公司法规则为基础,从不同的角度审视股权、控制权及公司治理中,既带有普遍性,又比较疑难的问题。

以公司成立到解散为顺序,本书共分为四章。第一章是"公司设立",公司顺利成立,是公司得以运营的前提,也是股权、控制权及公司治理规则规范的对象，因此，本章主要围绕企业组织类型的选择、发起人责任及发起人协议的签订、公司章程的制定等问题展开。第二章是"股东与股权"，公司经营的基本目标是实现盈利，为股东创造财富。为达到这一目标，需要规范股东的行为，以避免股东损害公司利益，为此，本章主要围绕股东资格的认定、出资、股权融资及股权转让等问题展开。第三章是"控制权与公司治理"，有效的控制权分配与公司治理决定着公司运营的效率，为此，本章主要围绕"三会"的职权，董事、监事、高级管理人员及法定代表人的义务，公司印章、决议等问题展开。第四章是"解散与清算"，犹如任何一个生物体一般，公司也有其生命周期。当公司因正常或非正常的原因，需要退出市场时，关系到股东及其他利益相关者权益的保护，为此，本章主要围绕公司的解散条件、强制清算、股东的清算义务等问题展开。为加深对本书主题的理解，除了上述四章主题内容外，本书还有四个附录。这些附录均是作者近年带领团队研习公司法的心得，尤其是附录三"《股权投资协议》重要条款解读"，由作者与朱雪萍律师共同撰写。

本书难易适度，不求面面俱到，仅是对股权、控制权及公司治理实务中最可能遇到的问题进行解答。无论您是创业者、企业管理者，还是法官、律师等专业人士，作者相信本书均可以为您提供部分问题的答案，助力于股权、控制权及公司治理实务问题的解决。

凡 例

1. 本书中法律、行政法规名称中的"中华人民共和国"省略,例如《中华人民共和国民法典》,简称《民法典》,其余一般不省略。

2. 本书中下列司法解释及司法指导性文件使用简称:

(1)最高人民法院关于适用《中华人民共和国公司法》若干问题的规定(一),简称《公司法司法解释(一)》;

(2)最高人民法院关于适用《中华人民共和国公司法》若干问题的规定(二),简称《公司法司法解释(二)》;

(3)最高人民法院关于适用《中华人民共和国公司法》若干问题的规定(三),简称《公司法司法解释(三)》;

(4)最高人民法院关于适用《中华人民共和国公司法》若干问题的规定(四),简称《公司法司法解释(四)》;

(5)最高人民法院关于适用《中华人民共和国公司法》若干问题的规定(五),简称《公司法司法解释(五)》;

(6)《全国法院民商事审判工作会议纪要》,简称《九民纪要》。

第一章
公司设立

Chapter 1

问题 1：如何选择合适的企业类型开展经营活动？

问：目前，从事生产经营，在我国有哪些企业类型可供选择？

答：从我国传统社会中的商号，到现代社会的公司；从计划经济时代按所有制区分的企业形态，到今天市场经济环境下的现代企业制度。一定程度上，企业类型的变迁，反映了我国社会经济生活的变迁。如何在现有的法律框架下，正确选择适合创业者从事生产经营的企业类型，的确是创业者面临的首要问题。目前，我国企业类型有：个人独资企业、合伙企业、公司（含有限责任公司、股份有限公司）以及农民专业合作社等。另外，根据我国《民法典》的规定，个体工商户虽不属于企业，但从事经营活动，为市场中的特殊主体。

问：这些企业类型各有什么特点？

答：作为市场主体的企业类型，各有不同的特点，以下分别进行说明。

第一，个体工商户，是指经依法核准登记、从事工商业经营的自然人。严格地讲，个体工商户不是企业。个体工商户具有以下特点：(1)个体工商户不具有法人资格，以本人或家庭的财产对外承担债务。(2)个体工商户只能经营法律、政策允许个体经营的行业。(3)个体工商户可以起字号、刻印章、开设银行账户及与劳动者签订劳动合同等，但不得设立分支机构。

第二，个人独资企业，是指在中国境内设立，由一个自然人投资，财产为投资人个人所有，投资人以其个人财产对企业债务承担无限责任的经营实体。个人独资企业具有以下特点：(1)个人独资企业的出资人是一个自然人。(2)个人独资企业的财产归投资人个人所有。这里的企业财产不仅包括企业成立时投资人投入的初始财产，而且包括企业存续期间积累的财产。(3)个人独资企业不具有法人资格，投资人以其个人财产对企业债务承担无限责任。这是个人独资企业的重要特征。换言之,当投资人登记的出资不足以清偿个人独资企业经营所负的债务时,投资人就必须以其个人财产甚至是家庭财产来清偿债务。

第三,合伙企业,是指由各合伙人订立合伙协议,共同出资、共同经营、共享收益、共担风险,并对合伙企业债务承担无限连带责任的非法人组织。合伙企业具有以下特点:(1)合伙企业具有很强的人合性,合伙协议是合伙企业成立的基础。合伙人之间是平等的,合伙企业的利润和亏损,由合伙人依照合伙协议约定的比例分配和分担。合伙协议未约定利润分配和亏损分担比例的,由各合伙人平均分配和分担。(2)合伙企业不具有法人资格。(3)合伙企业的普通合伙人对企业债务承担无限连带责任。所谓无限连带责任,是指合伙企业财产不足以抵偿企业债务时,普通合伙人应以其个人甚至家庭财产清偿债务,而且债权人可以就合伙企业财产不足清偿的那部分债务,向任何一个合伙人要求全部偿还。

第四,公司,是指经依法设立,股东承担有限责任,拥有独立的法人财产,并以其全部财产对其债务承担责任的营利性法人。在我国,公司包括有限责任公司和股份有限公司两种形式。公司具有以下特点:(1)公司须依法成立,公司须依照公司法规定的设立条件和设立程序才能取得法人资格。(2)公司具有法人资格,公司财产独立于股东个人财产,公司责任独立于股东个人责任。公司以其全部财产对公司的债务承担责任,股东以其认缴的出资或认购的股份为限对公司承担责任。(3)公司以营利为目的,公司设立的最终目的是获得利益并且将所得利益分配于股东。

问: 这些企业类型之间有什么区别?

答: 企业类型之间除了人数、规模等有所区别外,最主要的区别是投资人承担的责任有差异。对这些企业类型之间的具体区别,以下分别进行说明。

一、个体工商户、个人独资企业、一人有限责任公司的主要区别

自然人投资创业,一般选择的组织形态为个体工商户、个人独资企业、一人有限责任公司。这三者之间具体区别如下。

(一)名称

个体工商户可以起字号,也可以不起字号;设立个人独资企业必须有合法的企业名称；一人有限责任公司应当具有公司名称。

（二）法律地位

个体工商户不具有法人资格，甚至一般不被称为企业；个人独资企业也不具有法人资格，虽然可以对外以企业名义从事民事活动，但也只是自然人进行商业活动的一种特殊形态；一人有限责任公司符合公司设立条件，是具有完全法人资格的市场主体。

（三）投资人

个体工商户既可以由一个自然人设立，也可以由家庭共同设立；个人独资企业的投资人只能是一个自然人；一人有限责任公司则可以由一名自然人股东或一名法人股东投资设立，但自然人设立的一人有限责任公司不能投资设立新的一人有限责任公司。

（四）承担责任的财产范围

个体工商户对所负债务承担的是无限清偿责任，即不以投入经营的财产为限，而应以其所有的全部财产承担责任。个体工商户的债务，个人经营的，以个人财产承担；家庭经营的，以家庭财产承担；无法区分的，以家庭财产承担。个人独资企业的投资人在一般情况下仅以其个人财产对企业债务承担无限责任，但个人独资企业投资人在申请企业设立登记时明确以其家庭共有财产作为个人出资的，应当依法以家庭共有财产对企业债务承担无限责任。一人有限责任公司的股东仅以其认缴的出资额为限对公司承担有限责任，但当一人有限责任公司的股东不能证明公司财产独立于股东自己的财产的，应当对公司债务承担连带责任。

（五）税收

税务机关对个体工商户和个人独资企业的税收管理相对宽松，对建账要求较低，在税款征收方式上主要采用定额或定率征收；而对于一人有限责任公司，要求则严格得多，在税款征收方式上主要采用定率或查账征收。此外，个体工商户或个人独资企业只需缴纳个人所得税，不用缴纳企业所得税；而一人有限责任公司必须缴纳企业所得税，对股东进行利润分配时还要缴纳个人所得税。

二、合伙企业与公司的主要区别

（一）成立的基础与关系

公司主要以资本为纽带而成立，而合伙企业是以合伙人之间的关系为基础而成立的。公司,尤其是股份有限公司,股东之间是典型的资合关系,虽然有限责任公司人合性较强,但由于有限责任制度的存在,资合的色彩也比较浓厚。合伙企业是靠合伙人之间的人合关系成立的,具体说就是靠人与人之间的信任基础成立的,所以,合伙人之间依附性比较强,一个合伙人不在了,可能影响到合伙企业的存续。

(二) 承担的责任

公司的股东都是承担有限责任,而合伙人中的普通合伙人承担的是无限连带清偿责任。

(三) 出资要求

合伙企业的合伙人可以用货币、实物、知识产权、土地使用权或者其他财产权利出资,也可以用劳务出资(有限合伙人除外),而公司的股东却不能用劳务出资。

此外,关于有限责任公司和股份有限公司的主要区别,将在问题2中进行说明。

问: 选择企业类型时,应考虑哪些因素?

答: 在我国,投资人必须向市场监督管理机关办理企业设立登记后,才能进行合法的投资、开展生产经营活动。那么面对不同的企业组织形态,创业者如何选择最适合自己的企业类型呢?目前,我国企业类型呈现多元化发展的趋势,最为常见的企业类型有公司制企业、合伙企业、个人独资企业三个大的类别,而公司制企业又细分为有限责任公司与股份有限公司两种类型。投资人在选择合适的企业类型时,应着重考虑以下因素:

第一,投资者的责任。如股东对公司承担有限责任,在公司经营失败时,不会用股东其他资产抵债;而承担无限责任的企业,如个人独资企业、合伙企业,一旦经营有闪失,不但个人资产要用于抵债,而且合伙人也要承担无限连带责任。

第二,设立的条件、程序和费用。相对而言,独资企业、合伙企业的设立条件较为宽松,设立程序较为简单,费用低廉;而股份有限公司则需要严格的设立条件、复杂的设立程序和较高的设立费用。

第三,企业的税负问题。税务问题往往是决定采用何种企业形态的关键因素。独资企业、合伙企业不必缴纳企业所得税,但是独资企业的企业主和合伙人必须从企业盈余分配所得中缴纳个人所得税。而公司则应以其经营所得先缴纳公司所得税,公司股东在分配缴纳完公司所得税的公司利润时,还要由各个股东分别就其分配所得的利润缴纳所得税,这就是所谓的"双重征税"原则。

第四,投资者对企业生命周期的期望。公司可无限永续地存在,而不受其股东生死去留的影响。合伙企业、独资企业却受合伙人、企业主的个体情况影响。

第五,企业成员的权利和对企业的控制程序。独资企业、合伙企业,投资者一般亲自参与经营管理,对企业的控制力较强;而公司的股东一般不参与公司经营管理,对公司的控制力较弱。

问题 2：如何理解有限责任公司与股份有限公司？

问：什么是有限责任公司？具有什么特点？

答：有限责任公司，又称为有限公司，在英美国家，常被称为封闭公司或私人公司，是指由一定人数的股东组成、股东只以其出资额为限对公司承担责任、公司以其全部资产对公司债务承担责任的营利性法人。主要特点包括：股东人数在 50 个以内；股东对公司债务承担有限责任；组织机构简单；股东之间的关系比较紧密。

问：什么是股份有限公司？具有什么特点？

答：股份有限公司，又称为股份公司，在英美国家，常被称为公开公司或公众公司，是指由一定人数以上的股东组成，公司全部资本划分为等额股份，股东以其所认购股份为限对公司承担责任，公司以其全部资产对公司债务承担责任的营利性法人。主要特点包括：股东人数较多；公司的全部资本划分成等额股份；股东责任具有有限性；股份流动性较强；公司组织机构较复杂。

问：有限责任公司与股份有限公司有什么联系？

答：我国《公司法》将公司类型划分为有限责任公司与股份有限公司。二者具有以下联系：

第一，实行资本三原则。一是资本确定原则。在公司设立时，必须在公司章程中确定公司固定的资本总额，并全部认足，即使增加资本额，也必须全部加以认购。二是资本维持原则。公司在其存续期间，必须维持与其资本额相当的财产，以防止资本的实质性减少，确保债权人的利益，同时，也防止股东对盈利分配的要求过高，确保公司正常的业务运行。三是资本不变原则。公司的资本一经确定，非按严格的法定程序，不得随意改变，否则，就会使股东和债权人利益受到损害。股东拥有转让股权的权利和自由，但不得抽回股本，公司在增资或减资时，必须严格按法定条件和程序进行。

第二，实行有限责任的原则。有限责任公司的股东以其出资额为限对公司承担责任，公司以其全部资产对公司的债务承担责任。股份有限公司的股东则以其所持股份为限对公司承担责任，公司以其全部资产对公司的债务承担责任。

第三，具有法人资格。法人是具有民事权利能力和民事行为能力，依法独立享有民事权利和承担民事义务的组织。公司属于营利性法人。所谓营利性法人，是指以取得利润并分配给股东等出资人为目的成立的法人。

第四，出现"两权分离"。股东的财产一旦投入公司，不得抽回投资，不再直接控制和支配这部分财产，这些财产构成公司的法人财产，股东对这些财产的所有权转化成为公司中的股权，即股东依法享有的资产收益权、重大事项表决权及管理者的选择权。在公司股东人数较少时，股东往往自己经营公司。当股东人数不断增加，基于专业化分工及股东"搭便车"的心理，不太愿意或没有能力经营公司，因此，出现了所有权与控制权的分离，即以董事会为代表的经营阶层享有公司的控制权，股东持有股权，成为被动的所有者。需要说明的是，在股份有限公司，尤其是上市公司中，由于股东人数众多，"两权分离"现象十分明显，而在有限责任公司中，由于股东人数较少，股东往往自己参与经营，因此，"两权分离"现象不太明显。

问：有限责任公司与股份有限公司有什么区别？

答：有限责任公司与股份有限公司具有如下区别。

第一，股东的数量不同。有限责任公司的股东最少1人，最多50人。股份有限公司的股东则没有数量的限制，有的上市公司的股东达几十万人，甚至上百万人。

第二，公司组织机构的设置不同。有限责任公司组织机构比较简单，可只设立执行董事或执行监事，董事会成员往往由股东个人兼任。股份有限公司则需设立股东大会、董事会及监事会。

第三，财务状况公开程度不同。有限责任公司的财务状况，只需按公司章程规定的期限送交各股东即可，无须公告和备查，财务状况相对保密，因而有封闭公司的说法；股份有限公司，由于股东较多，股东只有通过公司的财务报表，才能得知公司的经营状况，因此，财务比较公开，难以保密。

第四，股权转让的条件限制不同。有限责任公司的股东，对内可以自由转让股权，股东向股东以外的人转让股权，应当经其他股东过半数同意；经股东同意转让的股权，在同等条件下，其他股东有优先购买权。股份有限公司的股东除了对发起人、公司内部人员如公司董事、监事、高级管理人员等转让公司股份进行限制之外，基本可以自由交易和转让所拥有股票，但不能退股。

第五，股份增资要求不同。有限责任公司新增注册资本时，股东有权优先按照实缴的出资比例认缴出资。股份有限公司发行新股时，依照公司章程的规定由股东大会决定。

问题 3：什么是一人公司？

问：一人公司的含义是什么？

答：一人公司，是一人有限责任公司的简称。根据我国《公司法》第 57 条第 2 款的规定，一人有限责任公司，是指只有一个自然人股东或者一个法人股东的有限责任公司。公司的出资全部归属于单一股东。一人公司的法律特征主要包括股东的单一性、资本的单一性、责任的有限性、治理结构的特殊性等。

问：一人公司有什么法律特征？

答：第一，股东的单一性。无论是一人发起设立还是股权全部转归一人持有的一人公司，在其成立或存续期间，公司股东仅为一人，这里的"一人"包括自然人或法人。一人公司股东为法人时，其设立的一人公司就是通常所称的全资子公司。一人公司只能是有限责任公司。

第二，资本的单一性。公司的全部财产形式上或实质上归单个股东所有，不存在资本多元化及股份多数决。

第三，责任的有限性。一人公司的股东以其出资为限对公司债务承担有限责任，公司以其全部资产为限对公司债务独立承担责任。一人公司同合伙、独资企业的主要区别，就在于其责任的界定上。独资企业和合伙企业投资者承担的分别是无限责任和连带责任，而一人公司股东承担的是有限责任。

第四，治理结构的特殊性。一般公司的决策机制，以资本多数决为基础，其基本结构为股东会、董事会、监事会三会并立的体系。而在一人公司中，没有这些组织机构，一般公司中的决策机制，即资本多数决原则，都因一人股东独享数权而失去意义。

问：一人公司与一般有限公司有何异同点？

答：作为有限公司的一种类型，在法人资格、股东承担有限责任、认缴出资期限等方面相同。二者的主要区别是股东人数的差异，一人公司设立人数为1人；一般有限公司设立人数一般是2人至50人。

问：《公司法》对一人公司有哪些特别规定？

答：第一，再投资的限制。一个自然人只能投资设立一个一人有限责任公司，不能投资设立第二个。这一规定仅适用于自然人，不适用于法人。一个法人可以投资设立两个或两个以上的一人有限责任公司，由一个法人设立的一人有限责任公司可以再投资设立一人有限责任公司，成为一人有限责任公司的股东。

第二，财务会计制度方面的要求。一人有限责任公司应当在每一会计年度终了时编制财务会计报告，并经会计师事务所审计。

第三，人格混同时的股东连带责任。一人有限责任公司的股东不能证明公司财产独立于股东自己的财产的，即发生公司财产与股东个人财产的混同，进而发生公司人格与股东个人人格的混同，此时适用公司法人格否认制度，股东必须对公司债务承担连带责任，公司的债权人可以将公司和公司股东作为共同债务人进行追索。为此，我国《公司法》第63条规定，"一人有限责任公司的股东不能证明公司财产独立于股东自己的财产的，应当对公司债务承担连带责任"。

问：一人公司可以通过增资或股权转让，使公司变为多个股东吗？

答：我国《公司法》明确规定，多个股东的普通有限公司可以转变为一人公司，并未明确规定一人公司可以转变为多个股东的普通有限公司。依据"法无禁止即可为"的原则，可以通过增资或股权转让，将一人公司转变为拥有多个股东的普通有限公司。

问：股东与一人公司财产混同举证责任及认定标准是什么？

答：《最高人民法院公报》在2016年第10期刊载了应高峰诉嘉美德（上海）商贸有限公司、陈惠美其他合同纠纷案。在该案中，法院认为，在一人公司法人人格否认之诉中,应区分作为原告的债权人起诉所基于的事由。若债权人以一人公司的股东与公司存在财产混同为由起诉要求股东对公司债务承担连带责任,应实行举证责任倒置,由被告股东对其个人财产与公司财产之间不存在混同承担举证责任。而其他情形下需遵循关于有限责任公司法人人格否认举证责任分配的一般原则。一人公司的财产与股东个人财产是否混同,应当对公司是否建立了独立规范的财务制度、财务支付是否明晰、是否具有独立的经营场所等进行综合考量。

问: 根据我国《公司法》第62条"一人有限责任公司应当在每一会计年度终了时编制财务会计报告,并经会计师事务所审计"的规定,一人公司每一会计年度的财务会计报告应经会计师事务所审计,在诉讼中,如果股东没有提供经审计的财务会计报告,能否据此推断股东与公司的人格混同、股东应该对公司债务承担连带清偿责任?

答: 一人公司股东为一个自然人或法人,在缺乏股东相互制约的情况下,一人公司的股东容易利用控制公司的便利,损害债权人利益。在此情况下,为了保护公司债权人利益,降低交易风险,《公司法》通过年度法定审计和公司人格否认举证责任倒置来加重公司和股东义务,加强对一人公司的法律规制。如果一人公司存在未依法进行年度财务会计审计的情况,则其违反了法律规定的强制性义务,足以令人对其股东的个人财产是否独立于公司财产形成合理怀疑。但不能据此推断股东与公司的人格混同,股东应该对公司债务承担连带清偿责任。换言之,股东在庭审中未提供年度审计报告,仅是构成股东与公司人格混同的必要条件,而非充分条件,法院还应结合其他证据予以认定。

问: 一人公司股东转让股权后,仍要对公司债务承担连带责任吗?

答: 一人公司股东转让股权后,原股东在经营期间形成的公司债务,若原股东不能证明在此期间公司财产独立于其个人财产,债权人有权要求追加原股东对公司债务承担连带清偿责任。

问题 4：发起人及股东资格有特殊要求吗？

问：我国《公司法》对发起人资格有什么特殊限制？

答：发起人的资格，是指《公司法》对发起人的行为能力、身份、国籍、住所等所作的规定。各国对发起人资格的规定宽严不一。依据我国《公司法》规定，自然人与法人，甚至合伙企业均可以作为发起人。第一，作为自然人的发起人，必须是具有完全民事行为能力的人，无民事行为能力或者限制民事行为能力的人不能作为发起人。法律禁止设立公司的自然人不得成为发起人。比如公务员、检察官、法官等不得成为公司发起人。第二，对发起人国籍、住所提出要求或者限制，比如《公司法》第78条规定："设立股份有限公司，应当有二人以上二百人以下为发起人，其中须有半数以上的发起人在中国境内有住所。"第三，法人作为发起人和股东应当是法律允许的法人。我国法律禁止机关法人、事业单位法人作为设立公司的发起人，但经国家授权的国有资产管理机构作为发起人参与特定公司设立的除外。

问：未成年人可以成为公司股东吗？

答：2007年，原国家工商行政管理总局在《关于未成年人能否成为公司股东问题的答复》中载明："经请示全国人大常委会法制工作委员会同意，现答复如下：《公司法》对未成年人能否成为公司股东没有作出限制性规定。因此，未成年人可以成为公司股东，其股东权利可以由法定代理人代为行使。"据此，因立法工作机关已认为公司股东可以是未成年人，因此，自然人是否具有完全民事行为能力不影响其成为股东。值得指出的是，在实践中，工商部门如审查发现发起人中有未成年人，一般会拒绝登记。其理由在于：无民事行为能力和限制民事行为能力人的年龄、智力状况不足以处理制定公司章程，选举董事、监事等公司设立事务。加之,未成年人的财产状况和支付能力堪忧,不具备相关责任能力,因此认为其不适合充当发起人。

问:公务员就一定不能成为公司股东吗?

答:关于公务员能否成为公司股东,仍然存在一定的争议。以下为部分肯定性案例中的裁判规则,供参考:

(1)"公务员不得从事或者参与营利性活动,在企业或者其他营利性组织中兼任职务"的规定,属于管理性禁止性规范,并不属于效力性强制性规范。公务员若违反了该规范,应由其管理机关追究其相应责任,但并不因此影响合同效力。公务员作为隐名股东与显名股东签订的股权代持协议并不因违反上述规定而无效,可享有在代持协议项下相应股权所对应的财产权益,但不能被登记为显名股东。

(2)违反《公务员法》相关规定并不影响身为公务员的行为人从事民商法律的行为效力,且已经退休离职超过两年,违反管理性法律规定的情形也已消除,应确认具有公司股东资格。

(3)公司股东违反《公务员法》关于公务员不得从事营利性活动的规定,但该行为应由有关行政机关予以处理,并不能因此而认定其原始股东资格的不存在。且现三人已将股份转让给其他不具备公务员身份的人,公司不再存在公务员作股东的情形。

(4)公务员一旦被登记为公司股东,就应受到法律的平等保护,并不会因公务员身份而有所差别。

(5)不得从事或参与营利性活动之规定约束的主体是公务员,不包括国有企业的干部;不得参与的营利性组织的范围不包括民办非企业法人、事业单位法人等从事非营利性社会服务活动的社会组织;公务员在营利性组织担任职务是否违规的判断标准在于其是否获得经济利益。

问题 5：发起人如何承担责任？

问：如何界定发起人？

答：一般情况下，发起人是指为设立公司而签署公司章程、认缴或认购出资或者股份并履行设立职责的人，包括股份公司发起人和有限公司设立时的股东。在《公司法》股份有限公司的设立章节中，有关于发起人的规定，而在有限责任公司相关章节中，则没有发起人的相关规定。《公司法司法解释（三）》第1条规定，"为设立公司而签署公司章程、向公司认购出资或者股份并履行公司设立职责的人，应当认定为公司的发起人，包括有限责任公司设立时的股东"。依据上述规定，发起人应同时具备以下条件：

第一，发起人是为设立公司而签署公司章程的人。公司章程是公司自治规则，是公司设立的必备法律文件。经依法制定的公司章程，对公司、股东、董事、监事、高级管理人员具有约束力。公司章程的制定包括起草、讨论、协商、签署等多个环节，只有签署公司章程的人，才能对公司章程的制定和通过具有实质性影响，因此，只有公司章程的签署人才是发起人。需要注意的是，在股份有限公司中，《公司法》第76条第4项规定"发起人制订公司章程"；《公司法》第23条第3项规定"股东共同制定公司章程"，由此可见，尽管在有限责任公司中，《公司法》没有使用"发起人"的概念，而是使用"股东"一词，但二者均具有制定公司章程的法定义务，因此，《公司法司法解释（三）》第1条所界定的发起人，应包括有限责任公司设立时的股东。

第二，发起人是向公司认购出资或股份的人。2013年，我国《公司法》将公司注册资本制度，由实缴制改为认缴制，公司注册资本不需要实缴，只需进行认购，因此，只要有认购出资的行为，无论是否已经实际缴纳出资，均可认定为公司发起人。

第三,发起人是履行公司设立职责的人。设立公司的活动包括签订发起人协议、安排募集股份、认购出资、制定公司章程、选举董事及监事、向主管机关报送登记资料等。履行设立公司的职责,无须发起人亲自参与,发起人可以授权其他发起人代表自己从事公司设立的筹备活动,但不论发起人是否参与具体的筹办事务,都需对公司设立行为承担相应的责任。

最后,需要进一步说明的是,上述三个条件是构成发起人的法定条件,依据《公司法》追究发起人的法律责任时,该发起人应同时具备以上三个条件。

问: 发起人与股东之间是什么关系?

答: 在公司设立过程中,发起人的活动主要是两个方面:一是形成公司资本,包括认缴、实缴出资、对出资评估作价等;二是形成公司组织,包括申请预先核准名称、制定章程、设定住所、设立组织机构等。可见,公司股东和发起人不是一个概念,即发起人一定是股东,但股东不一定是发起人,比如后来受让股权的股东就不是发起人。具体分析,二者具有以下区别与联系:

第一,二者的含义有差异。发起人,是指参与订立发起协议、提出设立公司的申请、认购公司出资或股份并对公司设立承担责任的人。发起人为了实现设立公司的目的,通过签订设立公司的协议结合在一起,发起人受发起协议的约束,在公司成立后,具有股东身份。股东,是指对公司投资或基于其他的合法原因而持有公司资本的一定份额并享有股东权利的主体。投资人通过认购公司的出资或股份获得股东资格,包括发起人的认购、发起人以外的人的认购和公司成立后投资人对公司新增资本的认购及受让股份等方式取得。

第二,二者的身份不完全一致。发起人是股东,股东不一定是发起人。发起人作为公司的出资人,在公司成立后自然成为发起人股东,公司法没有限制股东必须具备发起人身份。股东不以发起人为限,在设立阶段和公司成立后认购、受让公司出资或股份的人都可以成为股东。

第三,二者承担的责任不同。无论是发起人股东,还是继受股东,其均以认缴或认购的出资额为限对公司承担责任。在公司设立阶段,发起人对外代表公司,对内执行设立任务。他们要对自己的发起设立行为承担相应的民事责任,并且各发起人之间承担连带责任。在公司设立后,发起人作为股东,负有资本充实责任。资本充实责任为公司法上确保公司财产基础的一项严格的法定责任,它不以发起人的过失为要件,属于无过失责任且不能以全体股东的同意来免责,也不受时效的约束,除此之外,发起人股东和其余股东的权利义务没有太大差异。

问:发起人的责任如何承担?

答:在改革开放后,尽管市场经济观念已深入人心,但人们在创办公司时,依然从熟人圈子开始,在同学、战友及亲朋好友之间寻求发起人,因此,发起人作为公司的筹办者,他们之间的关系犹如合伙,一起从事公司的筹建活动,同时也承担着相应的责任与义务。对内,如果公司未成立,发起人之间该如何分配责任?对外,如果在公司成立过程中,与第三人发生交易,形成合同之债,或侵害第三人合法权利,形成侵权之债,又该如何处理? 一般情况下,在对内关系,当公司未成立时,在发起人之间责任的承担依据发起人协议进行,如果协议没有约定或约定不明确的,发起人之间应相互承担受信义务。在对外关系上,当公司未成立且形成合同之债或侵权之债时,发起人应承担连带清偿责任;当公司顺利成立时,会依据公司是否接受合同之债及合同签订主体情况,分别处理。此外,需要指出的是,我国《民法典》第 75 条对法人设立行为的法律后果进行了一般规定,公司作为营利性法人,在《公司法》没有特别规定的情况下,应该援用《民法典》第 75 条的一般规定作为裁判依据。具体可归纳为以下情形:

第一,公司因故未成立,对设立费用和债务承担连带清偿责任。公司因故未成立,债权人请求全体或者部分发起人对设立公司行为所产生的费用和债务承担连带清偿责任的,人民法院应予支持。

第二,以自己名义对外签订合同,成立前,由发起人承担责任;成立后,相对人请求公司承担责任的,由公司承担责任。发起人为设立公司以自己名义对外签订合同,合同相对人请求该发起人承担合同责任的,人民法院应予支持。公司成立后合同相对人请求公司承担合同责任的,人民法院应予支持。

第三,以公司名义对外签订合同,公司成立后由公司承担责任,发起人谋私利的公司不担责,但是不能对抗善意合同相对人。发起人以设立中公司名义对外签订合同,公司成立后合同相对人请求公司承担合同责任的,人民法院应予支持。公司成立后有证据证明发起人利用设立中公司的名义为自己的利益与相对人签订合同,公司以此为由主张不承担合同责任的,人民法院应予支持,但相对人为善意的除外。

第四,发起人设立公司造成他人损害的,公司未成立由发起人承担连带损害赔偿责任,公司成立后由公司承担。发起人因履行公司设立职责造成他人损害,公司成立后受害人请求公司承担侵权赔偿责任的,人民法院应予支持;公司未成立,受害人请求全体发起人承担连带赔偿责任的,人民法院应予支持。公司或者无过错的发起人承担赔偿责任后,可以向有过错的发起人追偿。

第五,公司不能成立,返还所收股款的责任。《公司法》第94条规定:"股份有限公司的发起人应当承担下列责任:……(二)公司不能成立时,对认股人已缴纳的股款,负返还股款并加算银行同期存款利息的连带责任……"上述法律规定是对股份公司发起人责任的规定,对于有限责任公司,若公司不能成立,同理发起人也需返还所收出资款。

第六,出资瑕疵担保责任与出资连带责任。发起人在公司设立后,对于作为设立公司出资的非货币财产的实际价额显著低于公司章程所定价额的,应当由交付该出资的股东(发起人)补足其差额;公司设立时的其他股东(发起人)承担连带责任。此外,股东在公司设立时未履行或者未全面履行出资义务,公司、其他股东及债权人请求公司的发起人与被告股东承担连带责任的,人民法院应予支持;公司的发起人承担责任后,可以向被告股东追偿。

问题 6：股东（发起人）协议与公司章程有何区别及联系？

问：什么是股东协议？

答：股东协议，有时又称为发起人协议、股东合作协议或者项目投资协议等，其作为成立公司的一个基础性文件，尽管不需要在登记机关备案，但由于约定了股东之间的基本权利义务，其作用有时甚至超过了公司章程。股东协议的主要内容包括出资比例及时间、股东工作分工、公司治理结构安排、股东的权利义务等。

问：股东协议与公司章程有什么联系？

答：一般情况下，股东为明确发起人之间在设立公司过程中权利义务，都会签订股东协议。股东协议与公司章程之间存在着密切的联系：两者的目标高度一致，其目标都是为设立公司。内容上也有许多相同之处。例如都有公司名称、注册资本、经营范围、股东出资与比例，公司运营等内容。正常情况下，公司章程往往是以股东协议为基础而制定的。股东协议的主要内容，通常都会被公司章程所吸收。

问：股东协议与公司章程有何区别？

答：股东协议与公司章程有以下区别：

第一，公司章程是公司必备文件，而股东协议则是任意性文件。在现实生活中，许多人认为，签好股东协议最为重要，剩下的只是手续问题，这是一个极大的误区。其实，在公司成立与运营过程中，公司章程才是法律规定的必备文件，至于股东协议，除了外商投资企业要求有合同及股份有限公司要求有发起人协议外，法律对股东协议并没有强制要求，股东协议仅为任意性文件，可有可无。

第二,公司章程与股东协议的效力范围不同。公司章程对公司、股东、董事、监事及高级管理人员均具有约束力。而股东协议仅是股东之间签订的合同,依据合同相对性原则,其作用范围仅限于签约的股东之间。

第三,股东协议与公司章程的效力期限不同。股东协议主要约束在公司成立过程中股东之间权利义务,其大部分条款在公司成立后会失效。但公司章程的效力从公司设立开始到公司成立后的整个存续过程,再到公司解散并清算后终止。

问:股东协议与公司章程冲突时应如何处理?

答:一般情况下,公司章程会吸纳股东协议的大部分内容,因此,二者之间不会发生冲突。一旦发生冲突,可以依据以下原则处理:

第一,如股东协议与公司章程发生冲突时,应以公司章程为准。由于公司章程具有公开性,而股东协议是内部协议,为保障交易相对人的利益,维护交易的安全性,当二者的内容产生冲突时,应以公司章程为准。

第二,如公司章程中未规定的事项或公司未成立时,股东协议有约定,则股东之间的纠纷可适用股东协议的相关约定。股东协议一般只约定设立及运营过程中的相关权利义务,但也有一些约定公司设立及运营以外的事务,如设计产品买卖、劳务报酬等内容,只要这些内容不违反强制性法律规定,就可在股东之间发生效力。

问题 7：哪些事项可以由公司章程自由约定？

问：什么是公司章程？

答：公司章程，是指公司依法制定的、规定公司名称、住所、经营范围、经营管理制度等重大事项的基本文件，也是公司必备的规定公司组织及活动基本规则的书面文件。公司章程是股东共同一致的意思表示，载明了公司组织和活动的基本准则，是公司的"宪章"。

问：公司章程对哪些人员具有约束力？

答：设立公司必须依法制定公司章程。公司章程对公司、股东、董事、监事、高级管理人员具有约束力。

问：制定公司章程中有哪些常见问题？

答：在实践中，股东为了方便及登记部门审查的原因，喜欢采用登记部门提供的模板，即我们常说的"傻瓜章程"，这容易造成以下问题：

第一，不结合公司运作实际情况草拟章程。有些公司的章程大量简单照抄照搬《公司法》的规定，没有根据自身的特点和实际情况制定切实可行的章程条款，对许多重要事项未进行详细的规定，造成公司章程可操作性不强，制定出来的章程往往被束之高阁，甚至引发纠纷。

第二，草拟的公司章程不符合《公司法》精神。某些公司的章程，内容明显不符合《公司法》精神，甚至有剥夺或者变相剥夺股东固有权的情形，对董事、监事和高级管理人员的诚信义务强调不够，对公司管理层权限边界界定不够清晰，不能有效地保护中、小股东的权益。这些问题的存在，往往给公司的正常运作带来不利的影响。

第三,草拟的公司章程可操作性不强。目前,许多公司的章程采用的是登记机关提供的模板,章程内容几乎是一样的,差异只是表现在股东的姓名、住所、注册资本数额等方面,除此之外,公司章程的其他文字以及通过这些文字所要建立的自治机制几乎没有任何差异、千篇一律。由于缺乏个性化的设计,一旦遇到问题,这些草拟的公司章程就会操作性不强。

问: 公司章程需要记载什么事项?

答: 我国公司章程具有法定性、自治性。法定性就是《公司法》明确规定了公司章程必须记载的事项,如果违反规定未将必须登记的事项载入公司章程,公司将无法设立。自治性就是给予公司更大的自治空间和权限,将有些重大事项是否载入公司章程的权利赋予了公司,比如《公司法》存在大量以"但公司章程另有规定的除外"等类似表述形式,只要公司章程没有违反法律的强制性规定,均可由公司自行处理,国家强制力不会介入,这样就赋予了股东在公司章程制定过程中更高的自治权限,以便充分尊重股东的真实意思。根据公司章程的法定性和自治性,可以把公司章程的记载事项进行以下分类:

第一,绝对必要记载事项。随着现代公司理念的发展,国家越来越多地放宽了对设立公司的种种限制,并且赋予了公司更多的自治权。公司章程应记载的内容很多,当事人享有很大的发挥自己聪明才智的空间。但这种自由也并非不受任何限制,《公司法》规定的公司章程必须记载的事项是绝对必要记载事项,《公司法》有关公司章程绝对必要记载事项的规定属于强制性规范。从法理角度讲,若对此不记载或者记载违法,则可能导致公司章程无效,而公司章程无效的法律后果之一就是公司设立无效。绝对必要记载事项一般都是与公司设立或组织活动有重大关系的基础性事项,如公司的名称和住所、公司的经营范围、公司的资本数额、公司机构、公司的法定代表人等。公司章程的必要记载事项,一方面对于公司股东是否将该事项记载于公司章程的自由进行了限制,即记载与否并不由公司股东自行决定;但另一方面对于这些必要记载事项的具体内容法律并不作硬性规定,而是由股东自行决定。如公司的经营范围是公司的必要记载事项,缺少经营范围条款的规定将导致公司章程无效,这体现了法律的强制性，但公司具体经营什么，法律并不作强制的规定，这由股东根据市场和自身情况自行决定。

第二，相对必要记载事项。相对必要记载事项，是指《公司法》中规定的公司章程可以记载也可以不记载的事项。就性质而言，《公司法》有关相对必要记载事项的法律规范，属于授权性的法律规范。这些事项记载与否，都不影响公司章程的效力。它们一旦记载于公司章程，就要产生约束力。该类事项可以在公司章程中记载，也可以不予记载。如果记入章程，所记载事项发生法律效力；如果不计入章程，则不发生法律效力；如果记载的事项不合法，无效的仅为该事项，对整个公司章程的效力没有影响。章程的相对必要记载事项一般包括公司的设立费用、分公司的设立、公司解散的事由、特别股的种类和相应股东的权利义务等。

第三，任意记载事项。任意记载事项，是指在《公司法》中规定的绝对必要记载事项及相对必要记载事项之外，在不违反法律、行政法规强行性规定和社会公共利益的前提下，经由公司章程制定者同意自愿记载于公司章程的事项。任意记载事项的规定充分地体现了对公司自主经营的尊重。任意记载事项与相对必要记载事项既相类似也有不同。类似之处就在于两者记载与否都可以自由选择。不同之处则在于《公司法》列举了相对必要记载事项，但是对于任意记载事项《公司法》并没有提及。任意记载事项最大限度地表现了法律对公司章程自治的尊重。只要任意记载事项不违法，法律并不强加干预，如公司的存续期限、股东会的表决程序、高级管理人员薪酬等。

问：哪些事项可以由公司章程自由约定？

答：作为公司股东，不应一律采用登记机关提供的样本，而应该结合公司运营的实际情况，设计出最适合自己公司运作的章程。以下是股东在公司章程中可以自由约定的事项，供参考。

第一，公司经营范围。公司的经营范围由公司章程规定，并依法登记。公司可以修改公司章程，改变经营范围，但是应当办理变更登记。公司的经营范围中属于法律、行政法规规定须经批准的项目，应当依法经过批准。

第二,公司法定代表人。公司法定代表人依照公司章程的规定,由董事长、执行董事或者经理担任,并依法登记。公司法定代表人变更,应当办理变更登记。

第三,向其他企业投资或者为他人担保。公司向其他企业投资或者为他人提供担保,依照公司章程的规定,由董事会或者股东会、股东大会决议;公司章程对投资或者担保的总额及单项投资或者担保的数额有限额规定的,不得超过规定的限额。

第四,注册资本分期缴纳。股东应当按期足额缴纳公司章程中规定的各自所认缴的出资额。股东以货币出资的,应当将货币出资足额存入有限责任公司在银行开设的账户;以非货币形式出资的,应当依法办理其财产权的转移手续。

第五,有限责任公司约定分红、认购新增资本。股东按照实缴的出资比例分取红利;公司新增资本时,股东有权优先按照实缴的出资比例认缴出资。但是,全体股东约定不按照出资比例分取红利或者不按照出资比例优先认缴出资的除外。

第六,有限责任公司召开股东会议的通知时间。召开股东会会议,应当于会议召开 15 日前通知全体股东;但是,公司章程另有规定或者全体股东另有约定的除外。

第七,有限责任公司股东的表决权。股东会会议由股东按照出资比例行使表决权;但是,公司章程另有规定的除外。

第八,有限责任公司股东会的议事方式和表决程序。股东会的议事方式和表决程序,除本法有规定的外,由公司章程规定。

第九,有限责任公司董事长、副董事长的产生办法。董事会设董事长一名,可以设副董事长。董事长、副董事长的产生办法由公司章程规定。

第十,董事的任职期限。董事任期由公司章程规定,但每届任期不得超过 3 年。董事任期届满,连选可以连任。

第十一,有限责任公司董事会议事方式及表决程序。董事会的议事方式和表决程序,除本法有规定的外,由公司章程规定。

第十二,经理职权。公司章程对经理职权另有规定的,从其规定。

第十三,执行董事职权。股东人数较少或者规模较小的有限责任公司,可以设一名执行董事,不设董事会。执行董事可以兼任公司经理。执行董事的职权由公司章程规定。

第十四,有限责任公司监事会中职工代表的比例。监事会应当包括股东代表和适当比例的公司职工代表,其中职工代表的比例不得低于1/3,具体比例由公司章程规定。监事会中的职工代表由公司职工通过职工代表大会、职工大会或者其他形式民主选举产生。

第十五,有限责任公司监事的职权和议事方式。监事会的议事方式和表决程序,除本法有规定的外,由公司章程规定。

第十六,有限责任公司股权转让。公司章程对股权转让另有规定的,从其规定。

第十七,有限责任公司股东资格继承。自然人股东死亡后,其合法继承人可以继承股东资格;但是,公司章程另有规定的除外。

第十八,股份有限公司转让、受让重大资产或对外提供担保。《公司法》和公司章程规定公司转让、受让重大资产或者对外提供担保等事项必须经股东大会作出决议的,董事会应当及时召集股东大会,由股东大会就上述事项进行表决。

第十九,股份有限公司可创设累积投票制。股东大会选举董事、监事,可以依照公司章程的规定或者股东大会的决议,实行累积投票制。

第二十,股份有限公司监事会中职工代表的比例。监事会应当包括股东代表和适当比例的公司职工代表,其中职工代表的比例不得低于1/3,具体比例由公司章程规定。监事会中的职工代表由公司职工通过职工代表大会、职工大会或者其他形式民主选举产生。

第二十一,股份有限公司监事会的职权和议事方式。监事会的议事方式和表决程序,除本法有规定的外,由公司章程规定。

第二十二,对股份有限公司董事、监事、高级管理人员转让其所持公司股份的限制性规定。公司董事、监事、高级管理人员应当向公司申报所持有的本公司的股份及其变动情况,在任职期间每年转让的股份不得超过其所持有本公司股份总数的25%;所持本公司股份自公司股票上市交易之日起1年内不得转让。上述人员离职后半年内,不得转让其所持有的本公司股份。公司章程可以对公司董事、监事、高级管理人员转让其所持有的本公司股份作出其他限制性规定。

第二十三，有限责任公司财务会计报告送交股东的期限。有限责任公司应当依照公司章程规定的期限将财务会计报告送交各股东。

第二十四，股份有限公司不按所持股份来分红。公司弥补亏损和提取公积金后所余的税后利润，有限责任公司依照《公司法》第 34 条的规定分配；股份有限公司按照股东持有的股份比例分配，但股份有限公司章程规定不按持股比例分配的除外。

第二十五，公司解散条件。公司因公司章程规定的营业期限届满或者公司章程规定的其他解散事由出现而解散。

第二十六，承办公司审计业务的会计师事务所的聘用、解聘。公司聘用、解聘承办公司审计业务的会计师事务所，依照公司章程的规定，由股东会、股东大会或者董事会决定。

第二十七，对高级管理人员的界定。高级管理人员，是指公司的经理、副经理、财务负责人，上市公司董事会秘书和公司章程规定的其他人员。

问题 8：公司章程可以不记载注册资本、股东姓名、出资额吗？

问：公司章程中，可以不记载注册资本、股东姓名、出资额吗？如果没有记载，公司章程还有效吗？

答：依据《公司法》第25条、第81条规定，公司章程应当载明公司注册资本；股东的姓名或者名称；股东的出资方式、出资额和出资时间。股份有限公司章程应当载明公司股份总数、每股金额和注册资本；发起人的姓名或者名称、认购的股份数、出资方式和出资时间。可见，我国《公司法》把公司章程中的注册资本、股东姓名、出资额作为强制性规定，但如果公司章程没有记载注册资本、股东姓名、出资额，是否就一定无效？这取决于这一规范究竟是效力性强制规定，还是管理性强制性规定？如果属于效力性强制规定，违反则无效。如果属于管理性强制规定，则有效。效力性强制规定旨在维护"国家利益或者社会公共利益"，违反者无效。由于公司章程要向社会公示，其注册资本等相关信息会影响到交易相对人是否进行交易的判断，具有公共性，因此，《公司法》第25条、第81条规定，公司章程应当载明注册资本、股东姓名、出资额，应该属于效力性强制规定。如果公司章程中没有载明注册资本、股东姓名、出资额的，其公司章程因违反效力性强制，应属无效。

值得注意的是，最高人民法院在董海凤与河南天海电器有限公司股东资格确认案［最高人民法院（2015）民申字第710号］中，认为公司章程是关于公司的组织结构、内部关系和开展公司业务活动的基本规则和依据，亦是股东自治意思规则的载体，具有公司自治特点，只要股东达成合意，且不违背法律的强制性规范，公司章程即为有效，即使公司章程没有记载注册资本、股东姓名、出资额及出资比例等事项，也不影响公司章程的效力。换言之，最高人民法院在此案中认为，公司章程应当载明注册资本、股东姓名、出资额的规定，属于管理性强制规定,即使违反了,也不能否认其效力,这一观点值得商榷。

问:未经公司登记机关登记备案的公司章程修正案是否有效?

答:经法定程序修改的章程,如果股东之间没有特别约定,自股东达成修改章程的合意后即发生法律效力。登记备案并非章程的生效要件,这与公司设立时制定的初始章程应报经公司登记机关登记后才能生效有所不同。

问题 9：如何认识公司经营范围？

问：公司经营范围的核定依据是什么？

答：公司应当参照《国民经济行业分类》选择一种或多种小类、中类或者大类自主提出经营范围登记申请。对《国民经济行业分类》中没有规范的新兴行业或者具体经营项目，可以参照政策文件、行业习惯或者专业文献等提出申请。企业的经营范围应当与章程规定相一致。

问：什么是国民经济行业分类？

答：《国民经济行业分类》是一本 40 多万字的国家标准，标准号是 GB/T 4754－2011，由国家质量监督检验检疫总局、国家标准化管理委员会批准发布，统计、计划、财政、税收、工商等部门均执行此标准。该标准于 2011 年 11 月 1 日实施。其中规定了社会经济中全部行业门类，并对这些门类作出了具体表述的规定。该分类参照联合国《国际标准行业分类（修订四版）》（ISIC4），同时，依据我国近年来经济发展状况和趋势编写而成，基本概括了全部行业分类和经营范围，比较完善。

问：什么是一般经营项目、许可经营项目？

答：一般经营项目，是指取得营业执照后即可开展的经营活动项目。比如开一个贸易公司，经营范围就可以写"国内贸易"（不含专营、专卖、专控商品），取得营业执照后，卖服装、鞋包都不需要再审批。许可经营项目，是指不仅需要取得营业执照，还需取得相关许可部门审批后，才可以经营的项目。比如，如果想开一家餐馆，经营范围填"餐饮服务"，在取得了营业执照之后，还需要办理《食品经营许可证》，并经过相关部门的审批，餐馆才能正式开张。

问: 选择经营范围有什么常见的误区?

答: 第一,不关注经营范围的前后顺序。有些企业同时经营多个行业的业务,此时,经营范围中的第一项经营项目所在企业为所属行业,而税务局稽查时抽查指标经常也参考行业归属,因此,应注意排序。

第二,分支机构经营范围随便写。如果设立分公司,由于分公司不能独立承担民事责任,其经营范围不能超过总公司的经营范围。因此,分公司的经营范围应在总公司经营范围以内。但是,如果设立子公司,其经营范围不需要在总公司经营范围内。由于母子公司经常相互提供服务,母公司应增加商业服务业等经营范围,子公司也应增加为总公司提供服务的经营范围。

第三,没有考虑核定征收。打算申请核定征收的新设企业,应避免经营范围中出现不允许核定征收的经营范围。因此,打算核定征收的企业,更要注意经营范围的审核,避开国税函〔2009〕377号中规定的不能核定征收的类型。

第四,经营范围越多越好。由于超出经营范围的业务不能自行开具发票,需到税务局代开发票。财务人员为了节省麻烦,把能想到的经营范围都写进去了,但应注意有些经营业务是不能享受税收优惠的。

第五,经营范围随便抄。由于不同的行业,纳税可能存在差异,因此,网上列举的经营范围不要随便乱抄。

问题 10：超越经营范围从事经营活动，公司应承担什么责任？

问：现在某公司准备承接一个项目，这个项目不属于该公司经营范围，但由于时间比较紧张，来不及到登记机关办理变更经营范围的手续。公司的经营范围是指什么？如果不到登记机关办理变更手续，是否属于超越公司经营范围的行为？

答：经营范围是公司从事经营活动的业务范围，应当依法经公司登记机关登记。超越经营范围，是指公司超出登记机关核准的经营范围从事经营活动的行为。根据问题所述的情况，应该是属于超越经营范围的行为。

问：在这种情况下，还可以与客户签订合同吗？如果签订，合同有效吗？

答：超越经营范围签订的合同不一定无效。根据《民法典》第505条的规定，"当事人超越经营范围订立的合同的效力，应当依照本法第一编第六章第三节和本编的有关规定确定，不得仅以超越经营范围确认合同无效"。换言之，对公司超越经营范围订立的合同效力的判断，应当依据《民法典》第一编第六章第三节和合同编的有关规定确定，而不能简单地以超越经营范围认定合同无效。

在司法实践中，只要不违反限制经营、特许经营等法律、法规的强制性规定，公司超越经营范围签订的合同一般均认定为有效合同。上述所谓限制经营、特许经营的相关规定，体现了国家对相关产业的规制，在这些产业中，需要取得政府相关部门同意或许可才能进行经营。这些限制或特许经营产业主要包括金融、房地产、烟草专卖、广播电视、新闻出版、药品等。

问：如果该承接的项目不属于需要许可的业务，合同是否有效？

答：只要双方意思表示真实，且没有违反法律、法规的强制性规定，那么双方签订的合同就应该是有效的。

问：该公司还有其他的法律风险吗？

答：依据《市场主体登记管理条例》第46、47条规定，市场主体未依照本条例办理变更登记的，由登记机关责令改正；拒不改正的，处1万元以上10万元以下的罚款；情节严重的，吊销营业执照。市场主体未依照本条例办理备案的，由登记机关责令改正；拒不改正的，处5万元以下的罚款。由此可见，如果公司的经营活动超出了经营范围，但并未违反法律、法规强制性规定，应当认定合同有效。同时，尽管超出经营范围从事经营活动并不影响公司签订合同的效力，但为避免不必要的行政处罚，仍应当及时办理有关的变更登记。

问题 11：如何认识公司名称及其保护？

问：公司名称与公司品牌之间有何关系？

答：人们常说"人如其名"，其实公司也是如此。一个好的公司名称朗朗上口，令人印象深刻，更容易让消费者接受其产品和服务。如BMW(宝马)、Coca-Cola(可口可乐)、Google(谷歌)等名称就是如此。这些名称中不但包含创业者的精心设计，更体现了公司名称独有的商业价值，是公司无形资产的集中体现。当以公司名称为核心的知识产权积累到一定程度，就会形成商誉，进而发展成为公司品牌。一旦公司品牌形成，公司就会具有独立的生命，独立于公司的实物资产，而不会受到时间、区域的限制。好比Coca-Cola(可口可乐)这一品牌，无论在什么地方，只要标注上这一名称，消费者就知道是可口可乐公司的产品。

问：公司名称由什么要素组成？

答：公司名称由四个基本要素构成，即行政区划＋字号＋行业或者经营特点＋组织形式。如成都思维世纪科技有限责任公司中，成都是行政区划，思维世纪是字号，科技是行业，有限责任公司是组织形式。此外，跨省、自治区、直辖市经营的企业，其名称可以不含行政区划名称；跨行业综合经营的企业，其名称可以不含行业或者经营特点。

问：公司名称中不得含有哪些内容或文字？

答：公司名称中不得有下列情形：第一，损害国家尊严或者利益；第二，损害社会公共利益或者妨碍社会公共秩序；第三，使用或者变相使用政党、党政军机关、群团组织名称及其简称、特定称谓和部队番号；第四，使用外国国家(地区)、国际组织名称及其通用简称、特定称谓；第五，含有淫秽、色情、赌博、迷信、恐怖、暴力的内容;第六,含有民族、种族、宗教、性别歧视的内容;第七,违背公序良俗或者可能有其他不良影响;第八,可能使公众受骗或者产生误解;第九,法律、行政法规以及国家规定禁止的其他情形。

问: 如何向登记机关申请公司名称?

答: 企业名称由申请人自主申报。申请人可以通过企业名称申报系统或者在企业登记机关服务窗口提交有关信息和材料,对拟定的企业名称进行查询、比对和筛选,选取符合本规定要求的企业名称。申请人提交的信息和材料应当真实、准确、完整,并承诺因其企业名称与他人企业名称近似侵犯他人合法权益的,依法承担法律责任。在同一企业登记机关,申请人拟定的企业名称中的字号不得与下列同行业或者不使用行业、经营特点表述的企业名称中的字号相同:(1)已经登记或者在保留期内的企业名称,有投资关系的除外;(2)已经注销或者变更登记未满1年的原企业名称,有投资关系或者受让企业名称的除外;(3)被撤销设立登记或者被撤销变更登记未满1年的原企业名称,有投资关系的除外。

企业登记机关对通过企业名称申报系统提交完成的企业名称予以保留,保留期为2个月。设立企业依法应当报经批准或者企业经营范围中有在登记前须经批准的项目的,保留期为1年。申请人应当在保留期届满前办理企业登记。

问: 我国《民法典》对公司名称权的保护有何规定?

答: 我国《民法典》第1013条规定,"法人、非法人组织享有名称权,有权依法决定、使用、变更、转让或者许可他人使用自己的名称"。第1014条规定,"任何组织或者个人不得以干涉、盗用、假冒等方式侵害他人的姓名权或者名称权"。依据上述规定,公司作为营利性法人,享有名称权,其他主体不得侵害公司的名称权,否则,应承担赔偿损失等侵权责任。

问: 公司发现其他公司侵害其名称的,应如何处理?

答: 依据《企业名称登记管理规定》的相关规定,企业认为其他企业名称侵犯本企业名称合法权益的,可以向人民法院起诉或者请求为涉嫌侵权企业办理登记的企业登记机关处理。企业登记机关受理申请后,可以进行调解;调解不成的,企业登记机关应当自受理之日起3个月内作出行政裁决。利用企业名称实施不正当竞争等行为的,依照有关法律、行政法规的规定处理。使用企业名称应当遵守法律法规,诚实守信,不得损害他人合法权益。人民法院或者企业登记机关依法认定企业名称应当停止使用的,企业应当自收到人民法院生效的法律文书或者企业登记机关的处理决定之日起30日内办理企业名称变更登记。名称变更前,由企业登记机关以统一社会信用代码代替其名称。企业逾期未办理变更登记的,企业登记机关将其列入经营异常名录;完成变更登记后,企业登记机关将其移出经营异常名录。

问题 12：身份证被他人冒用注册公司，应该如何处理？

问：通过查询发现，某个自然人的身份证被他人冒用，在某省注册了几家公司，有办法撤销这些公司吗？

答：根据《市场主体登记管理条例》的规定，企业设立登记材料实质内容的真实性由申请人负责并承担相应责任，登记机关依法对申请材料是否齐全、是否符合法定形式进行审查。这意味着公司登记设立和变更并不需要投资人、股东本人亲自到场办理，仅需要一张身份证复印件即可实现，这就为身份证被冒用等问题埋下了隐患。从民事侵权角度看，被冒名登记相关纠纷构成了原《侵权责任法》所规定的侵权行为，被冒名人可以提起侵权之诉；从登记机关行政行为结果看，被冒名人可以向行政机关进行投诉、举报或者直接向人民法院提起行政诉讼。在前述处理过程中，如果发现刑事犯罪行为，可以向公安机关举报，追究其刑事责任。

问：如何撤销？有具体的操作途径吗？

答：第一，通过行政撤销程序直接解决。根据国家市场监督管理总局颁布的《关于撤销冒用他人身份信息取得公司登记的指导意见》之规定，被冒名者向工商部门反映情况后，提供身份证件丢失报警回执、身份证件遗失公告、银行挂失身份证件记录、由专业机构出具的笔迹鉴定报告等有助于认定冒名登记基本事实的文件材料。工商管理部门综合上述证据确认注册文件虚假事实后，由公司登记机关直接撤销公司登记或责成公司股东内部先自行处理冒名股东的股份问题，然后办理变更登记。

第二，通过法院民事诉讼途径解决。先由法院作出登记文件无效或类似文件无效的判决书，再请求登记机关依据法院判决书撤销公司登记，或作出相应变更。此类途径有:(1)确权之诉:被冒名者可以请求法院确认用以虚假注册公司的名称登记申请书、申请报告、股东会决议、公司章程、授权书、申请承诺书、承诺书、股权协议书等文件无效或股东资格无效;(2)侵权之诉:请求法院判令冒名者停止对被冒名者姓名权等权利的侵犯并赔偿相关损失,确认登记文件上签名全部虚假,在判决生效后持法院判决向登记机关申请撤销公司登记或注销被冒名股东、高级管理人员的登记信息。

第三,通过法院行政诉讼途径解决,即当事人起诉登记机关,请求法院判决登记机关撤销虚假登记。由于登记机关的履职方式主要为形式审查,其客观上无法对每份注册文件签章的真实性,通过文件鉴定或实际调查的方式进行全面的实质审查。但如果有确实的证据可以证明该份文件并非自己所签署,且存在身份证件遗失等客观事实,可以请求法院判决登记机关撤销错误登记。

第四,通过刑事诉讼途径解决。在冒名股东案件中,往往伴有伪造、变造身份证、私刻印章、伪造公司文件、伪造验资证明等行为,这些行为情节严重的,或构成虚报注册资本罪,或构成伪造、变造身份证罪,或构成伪造公司、企业、事业单位人民团体印章罪。对已经构成刑事犯罪的,可以通过追究刑事责任,然后再凭借刑事判决结果,请求登记机关撤销登记或作出处理。

前述四种解决方式,从被冒名人权益保护角度看,行政撤销程序是直接处理,程序最为简便,但行政机关与司法机关相比,客观上对事实的查明能力有所不足;尽管民事诉讼及行政诉讼程序更为严谨复杂、时间周期长,但可以对此类案件中法律关系,作出妥善处理和法律评判。

问:通过诉讼程序撤销,可能会花费不少时间,还是走登记机关撤销程序比较快。如果走行政撤销程序,应按什么程序进行?

答:根据国家市场监督管理总局颁布的《关于撤销冒用他人身份信息取得公司登记的指导意见》的规定,应按以下程序进行:

第一,反映情况。被冒用人本人向登记机关反映被冒名登记情况的,登记机关及时做好记录。被冒用人本人不能到场反映的,登记机关应对其进行远程身份核验。

第二，撤销管辖。撤销冒名登记工作由作出该次登记决定的登记机关负责。登记机关发生过变更的，由变更登记机关负责撤销。

第三，证据提供。被冒用人还可以一并提供身份证件丢失报警回执、身份证件遗失公告、银行挂失身份证件记录、由专业机构出具的笔迹鉴定报告等有助于认定冒名登记基本事实的文件材料。

第四，公示和调查。登记机关应将公司涉嫌冒名登记的情况（包括被冒名登记时间、具体登记事项、登记机关联系方式等）通过国家企业信用信息公示系统（以下简称公示系统）及时向社会公示，公示期为45日。公示期内调查终结并作出调查结论的，终止公示。登记机关要通过查阅冒名登记行为涉及的档案材料，对公司住所或经营场所进行现场检查，询问公司相关人员、登记代理人或利害关系人等方式，对冒名登记基本事实进行调查，并根据需要征询公安、税务、金融、人力资源社会保障等相关部门意见。利害关系人主张与冒名登记相关的民事权利正在诉讼过程中，人民法院尚未作出判决、裁定或生效判决、裁定尚未执行完毕的；或者有证据证明冒名登记涉及的股权存在争议，各方尚未达成一致的，登记机关应中止调查，并相应延长公示期。

第五，作出撤销登记决定。登记机关在调查终结或公示期满后作出调查结论，并据此作出撤销或不予撤销登记的决定。公司在调查前已被吊销营业执照的，不影响登记机关作出撤销登记的决定，但因提交虚假材料或者采取其他欺诈手段隐瞒重要事实取得公司登记、被吊销营业执照的除外。登记机关调查认定冒名登记基本事实清楚，或者公司和相关人员无法取得联系或不配合调查且公示期内无利害关系人提出异议，登记机关认为冒名登记成立的，应依法作出撤销登记决定。有证据证明被冒用人对该次登记知情或事后曾予追认，或者公示期内利害关系人提出异议经调查属实，登记机关认为冒名登记不成立的，应依法作出不予撤销登记决定。人民法院生效判决或裁定已认定冒名登记事实的，登记机关应作出撤销登记决定。公安、税务、金融、人力资源社会保障等相关部门出具书面意见不同意撤销登记，或者撤销登记可能对公共利益造成重大损害的，登记机关应作出不予撤销登记决定。登记机关应将撤销（不予撤销）登记决定送达冒名登记的公司及被冒用人。在调查过程中已发现公司通过登记住所或经营场所无法联系的，可以直接采取公告方式送达该公司。

第六,公示撤销信息。登记机关作出撤销登记决定后,应在登记注册系统标注作出撤销决定的状态,并通过公示系统向社会公示。撤销公司设立登记的,公示公司名称、成立日期、被撤销登记日期和原因、作出撤销决定的登记机关等基本信息。撤销公司变更登记的,恢复公示冒名登记前的信息,同时公示撤销冒名登记相关信息。撤销公司注销登记的,公示注销前的信息,并标注"已撤销注销登记,恢复主体资格"。

问题 13：挂靠其他公司经营合法吗？

问：在外贸、建筑、医药、运输等行业，因某一方资质欠缺等原因，挂靠在具有相应资质公司经营的现象比较普遍。什么是挂靠经营？

答：自我国改革开放以来，外贸、建筑、医药、运输等行业，从初兴到发展，挂靠经营现象一直相伴而生。虽然，我国相关法律法规一直禁止挂靠经营行为，但是由于挂靠经营适应相关行业的特点和我国国情，所以，法律禁止并没有使挂靠经营现象减少。鉴于挂靠经营现象存在于不同的领域，因此，很难给出一个统一的法律定义。一般情况下，需要根据行业的属性，对挂靠经营行为进行具体认定。比如，所谓"车辆挂靠"，是指个体道路运输经营者（挂靠者）将自有车辆注册登记在具备营运资质的运输公司名下，借助运输公司的《道路运输经营许可证》资质向道路运输管理部门申请《车辆营运证》（即道路运输证），并办理《道路运输从业人员从业资格证》，而后以该运输公司的名义独立从事经营活动，并向被挂靠的运输公司缴纳一定的管理费用的活动。又如，建设工程领域的挂靠，是指无资质或低资质单位、个人借用有资质或符合资质的施工单位的名义承揽工程的行为，包括参与投标、订立合同、办理有关施工手续、从事施工等活动。再如，药品经营领域的挂靠经营，是指药品经营企业为其他无证单位或个人提供药品经营场地、资质证明以及票据等条件，以使挂靠经营者得以从事药品经营活动。

问：挂靠经营的认定标准是什么？

答：依据不同的行业，挂靠经营的认定标准有所差异。比如在建筑行业，2019年，住房和城乡建设部发布的《建筑工程施工发包与承包违法行为认定查处管理办法》（以下简称《办法》）给出了对挂靠的认定标准。根据《办法》第10

条的规定,存在下列情形之一的,属于挂靠:(1)没有资质的单位或个人借用其他施工单位的资质承揽工程的;(2)有资质的施工单位相互借用资质承揽工程的,包括资质等级低的借用资质等级高的,资质等级高的借用资质等级低的,相同资质等级相互借用的;(3)本《办法》第8条第1款第3—9项规定的情形,有证据证明属于挂靠的。需要注意的是,2019年《办法》修订过程中将2014年《办法(试行)》中有关挂靠的几种情形纳入了转包的情形,如第8条第1款第3—9项中提到的,项目主要管理人员没有劳动社保工资关系、材料设备由承包人以外他人采购、专业作业的发包单位不是该工程承包单位,施工合同主体之间没有工程款收付关系等,在没有证据证明挂靠的情况下认定为转包。

又如在药品经营领域,挂靠经营药品行为的判断标准如下。第一,行为人是否具有药品经营企业员工的身份。从《药品管理法》的规定来看,个人是不得经营药品的。第二,行为人是否借用了企业的经营场地、资质证明等经营条件。行为人借用企业的条件是挂靠经营的形式要件。若行为人使用药品经营企业的资质证明购进、销售药品,用药品经营企业的购销系统开具购销票据,则符合挂靠的形式要件。第三,行为人经营药品的行为是否具有独立性。挂靠者独立经营药品是挂靠经营的实质要件。根据药品管理相关规定,药品业务的联系、洽谈,药品的购进、收货验收、储存养护、出库等,均应由不同的职务人员来负责。如果行为人名义上为药品经营企业的员工,实质上是一个人完成药品经营的全部工作,则应认定行为人为挂靠药品经营企业的名义购销药品,实质是无证经营药品。

总之,无论是什么行业,挂靠经营最本质的特征是挂靠人借用被挂靠人名义从事经营活动,被挂靠人收取一定比例的管理费。

问:挂靠经营有什么法律风险?

答:不同行业的挂靠经营,有不同的法律风险,且根据不同的违法行为可能承担民事、行政或刑事责任。首先,在民事责任方面。比如,针对建筑行业的挂靠经营,最高人民法院《关于审理建设工程施工合同纠纷案件适用法律问题的解释(一)》第1条第2项规定,没有资质的实际施工人借用有资质的建筑施工企业名义签订的建设工程施工合同无效。第7条规定,"缺乏资质的单位或者个人借用有资质的建筑施工企业名义签订建设工程施工合同,发包人请求出借方与借用方对建设工程质量不合格等因出借资质造成的损失承担连带赔偿责任的,人民法院应予支持"。其次,在行政责任方面。比如,针对建筑行业的挂靠经营,《建筑工程施工发包与承包违法行为认定查处管理办法》第 15 条规定,县级以上人民政府住房和城乡建设主管部门对本行政区域内发现的违法发包、转包、违法分包及挂靠等违法行为,应当依法进行调查,按照本办法进行认定,并依法予以行政处罚。最后,刑事责任方面。挂靠行为还可能涉及刑事犯罪,比如,挂靠经营药品的行为可能构成非法经营罪;车辆挂靠经营中,可能构成交通肇事罪、重大责任事故罪;建筑施工挂靠经营可能构成职务侵占罪、挪用资金罪和伪造公司印章罪等。

问:挂靠经营的确有比较大的风险,那么,这些风险可以规避吗?

答:由于挂靠经营本身的违法性,要规避这些风险是比较困难的。

问:挂靠医药公司销售合格药品,构成非法经营罪吗?

答:第一,医药行业不同于建筑工程等领域,药品经营资质挂靠不仅涉嫌行政违法,更涉嫌犯罪。根据最高人民法院、最高人民检察院《关于办理危害药品安全刑事案件适用法律若干问题的解释》第 7 条第 1 款、第 3 款的规定,违反国家药品管理法律法规,未取得或者使用伪造、变造的药品经营许可证,非法经营药品,情节严重的,依照《刑法》第 225 条的规定以非法经营罪定罪处罚。实施前两款行为,非法经营数额在 10 万元以上,或者违法所得数额在 5 万元以上的,应当认定为《刑法》第 225 条规定的"情节严重";非法经营数额在 50 万元以上,或者违法所得数额在 25 万元以上的,应当认定为《刑法》第 225 条规定的"情节特别严重"。"挂靠"药品经营资质的行为,在本质上属于未取得药品经营许可证的行为,可能构成非法经营罪。

第二,挂靠资质销售的药品即使属于合格产品,也可以构成非法经营罪。本案罪名是非法经营罪,强调的是药品经营资质的取得,即使药品属于合格产品,有合法的销售来源,但是药品经营关系到人民群众的身体健康等权益,国家对此实行特许经营,没有经营资质的,也可以构成非法经营罪。

问题 14：如何认识及并购分公司？

问：什么是分公司？

答：有限责任公司和股份有限公司根据生产经营的需要，可以设立分公司。分公司是相对于总公司而言的，它是总公司的分支机构，也可以说是总公司的一个组成部分。分公司不论是在经济上还是在法律上，都不具有独立性。分公司的非独立性主要表现在以下几个方面：一是分公司不具有法人资格，不能独立享有权利、承担责任，其一切行为的后果及责任由总公司承担；二是分公司没有独立的公司名称及章程，其对外从事经营活动必须以总公司的名义进行，遵守总公司的章程；三是分公司在人事、经营上没有自主权，其主要业务活动及主要管理人员由总公司决定并委任，并根据总公司的委托或授权进行业务活动；四是分公司没有独立的财产，其所有资产属于总公司，并作为总公司的资产列入总公司的资产负债表中。基于上述特性，《公司法》第 14 条第 1 款明确规定了分公司的法律地位，即分公司不具有法人资格，其民事责任由公司承担。

问：如何设立分公司？

答：根据《市场主体登记管理条例》的规定，公司设立分支机构，应当向分支机构所在地的登记机关申请登记，领取营业执照。公司申请注销登记前，应当依法办理分支机构注销登记。

问：许多分公司有自己相对独立的资产及人员，甚至有的还有自己的品牌，因此，分公司往往具有一定的并购价值。但分公司又不具有法人资格，法律上允许其成为并购对象吗？

答：并购方通常是通过收购目标公司的股权，从而实现对目标公司的控制。

问题的关键是分公司由总公司投资设立,不存在股东或股权,换言之,不存在并购转让标的物——股权,因此,并购分公司不能采用通常的股权并购方式进行,但这并不意味着分公司不能成为独立的并购对象。在国外的并购实践中,许多大公司的事业部也不具有法人资格,仅是公司的一个内设部门,也往往成为并购的对象。加之,我国的法律也没有禁止分公司的并购。

问:不能采用股权并购的方式,那么该如何实现对分公司的并购呢?

答:并购主要采用股权并购和资产并购两种方式,既然分公司没有"股权"一说,那么我们可以考虑资产并购这种解决方案。

问:资产并购具体如何操作呢?

答:并购分公司的本质是购买资产。可以考虑如下操作步骤:第一,清点分公司资产及人员;第二,锁定并购的范围(如资产、人员、债务、名称等),签订并购协议;第三,将资产及人员移交至受让主体;第四,由总公司清理债权债务后,注销分公司,完成分公司的并购。

问:如果拟收购的分公司是一家医疗公司设立的两家诊所,通过以上步骤可以实现收购目标吗?

答:因为医疗机构涉及行政许可,其转让有一定的特殊性,能否并购以诊所形式存在的分公司,可能涉及行政许可资格证书转移问题,建议进一步咨询医疗监管机构。

问题 15：如何理解公司承包经营行为？

问：什么是公司承包经营行为？

答：公司承包经营，原称为企业承包经营，其源于我国20世纪80年代的国有企业改革，因具备自主灵活、易于激发员工生产积极性等特点，对实现公司的所有权与经营权相分离，提高生产效率和经济效益起到了一定的积极作用。随后，在民营企业中也逐渐获得认可，并被广泛运用于生产制造业、超市零售业、酒店餐饮服务等各个行业。公司承包经营合同是公司与承包人签署的、由承包人承担公司的经营管理工作和经营风险、由发包公司依约定收取相对固定的投资收益的商事合同。公司承包经营合同的一方当事人为发包公司而非发包公司的股东，一方当事人为承包人。其中的承包人既可以是自然人，也可以是法人或者其他组织；既包括股东，也包括股东之外的第三人。

公司承包经营合同在《民法典》合同编中没有明确规定，属于无名合同。其核心法律特征有三：第一，承包人对公司承包期间发生的全部债务承担清偿责任，股东依然对公司债务享受有限责任待遇；第二，承包人能否取得承包收益取决于承包人的经营绩效与市场风险等不特定因素，而公司的收益具有可预见性与可确定性；第三，发包公司事先概括授予承包人在承包期间享受为开展承包经营所必需的广泛经营管理权限，公司治理机构的经营管理权限受到相应的限制和影响。

问：公司承包经营合同具有法律效力吗？

答：发包方与承包方签订的公司承包经营合同如系真实意思表示，且符合《民法典》相关规定的，应为有效。但以公司承包经营模式回避法定禁止直接交易或出借资质、权属等情形，可能会因违反法律法规强制性规定而被认定为无效。此外,公司承包经营合同还包括企业内部承包经营合同,是指企业与员工之间就企业经营目标和责任达成的承包协议,一般是企业所有者(总公司)将企业中的一个项目、部门或分支机构(分公司)发包给企业员工,类似于岗位责任制。实践中,此类合同订立的名称通常为"经营目标责任考核协议",约定承包方遵守公司相关目标考核制度并负责承包项目或分支机构的经营与管理。该类合同的实质是企业内部管理合同,只要不违反劳动法及其他法律法规,一般宜认定为合法有效。

问:公司承包经营合同应包括哪些条款?

答:实践中,公司承包经营合同的必要条款主要包括:双方主体及承包经营期限、发包方及承包方的权利和义务、承包经营的方式和内容、承包所得收益的分配方式、承包经营期间对于原有人员的安排、劳动管理、违约责任、损失赔偿、相关资产设备的清点及移交程序等。

问:公司承包经营过程中产生的债权债务应如何分配?

答:在公司承包经营期间,承包方以发包方名义对外签订合同产生的债务,原则上由发包方公司承担,发包方与承包方的内部追责机制依照双方之间签订的承包经营合同确定,因此,发包方应在公司承包经营合同中对债务的承担做明确的约定,并实时关注承包方在经营活动中的债务变动情况。

问:应如何理解公司承包经营合同与《公司法》之间的关系?

答:公司承包经营合同的内容涉及投资收益和亏损的分配、对内决策权和对外代表权的一系列权利义务安排,因而不可避免地对传统公司法中的某些制度设计带来某些冲击。但公司制度是横跨公司资本、公司治理、债权人保护等诸多领域的制度系统,而承包经营合同仅在公司日常管理权限和收益分配两个方面对传统公司制度做了局部修改。即使公司股东会、董事会和监事会的权力行使受到一定限制甚至冻结,但这并不意味着公司治理机制的失效,因为一旦承包人出现违约行为,发包人公司可以解除承包经营合同,经营管理权也将回归发包公司。

第二章
股东与股权

Chapter
2

问题 16：如何理解股东资格认定标准？

问：在有限责任公司中，认定股东资格应采取什么原则？

答：一个无争议的有限责任公司股东通常具备以下特征：合法取得股权；名字记载于公司章程；名字登记于股东名册；公司成立后签发出资证明书；由本人实际行使股东权利。但是，对于一个有争议的有限责任公司股东的资格认定，就需要综合考虑多种因素，包括实际出资、公司章程、股东名册、出资证明书、工商登记、是否行使股东权利等。总的来说，股东资格的认定采取"内外有别"的基本原则。对于公司内部而言，是否具有股东资格，侧重于审查实质要件，关注当事人之间的真实意思表示；而对于公司外部而言，股东资格的取得注重商事外观主义和于形式要件。具体如下。

在公司内部，认定某人或某公司是否具有股东资格，应从以下几个方面进行认定：第一，是否实际出资。出资方式有两种：原始出资和继受出资。出资是股东具有股东权利的最初来源，也是股东最基本的义务，如果未对公司出资或未承诺履行出资，则无法取得股东资格。第二，是否实际参与了公司的经营管理。参与公司经营管理是股东最主要的职权，也是股东权利的体现。第三，是否获得公司其他股东的认可。这一点对于人合性较强的有限公司来说比较重要，同时，获得其他股东认可也是隐名股东显名化的必经之路。

在公司外部，认定股东资格主要看提交工商登记的相关资料中是否载明股东信息。根据商事外观主义，交易第三人依据的是工商登记信息来认定某人或某公司是否具有股东资格。这既是为节约交易成本，提高交易效率，也是为维护商事交易安全，保护善意第三人的合法权益。

问: 可以采用哪些证据认定股东资格?

答: 根据股东资格认定的形式要件与实质要件,可以把证明股东资格的证据分为形式要件类证据与实质要件类证据。

一、形式要件类证据

(一) 工商登记资料

工商登记主要为外部第三人识别公司股东提供渠道,在有争议的有限责任公司股东资格认定上,仅以工商登记资料记载为据,并不能直接得出工商登记资料载明的股东就是公司真实股东的结论。因为对于股东资格的取得而言,工商登记只具有公示的功能和意义,不具有设权的性质与功能。

(二) 公司章程

公司章程是公司发起人为规范公司内部各种权利义务关系而制定的,规定公司组织、内部关系和开展业务活动的基本准则,也是公司设立的基本依据。有限责任公司章程应当载明股东的姓名或者名称,并且股东应当在公司章程上签名或者盖章。公司章程需要提交工商登记机关,成为公司工商登记资料的一部分。股东签署公司章程的行为实质上是股东对于章程效力的确认,是对公司章程所记载内容的认可,包括愿意成为公司股东并接受公司章程的约束,也包括对其他签署公司章程股东的身份的承认,因此,如无相反证据,公司章程记载的姓名或者名称,应当被确认为公司的股东。

(三) 股东名册

股东名册有如下特点:(1) 是有限责任公司必须具备的文件;(2) 必须记载股东的姓名或名称、持股数量等内容;(3) 当股东转让股权或者发生其他应当变更股东名册记载事项时,公司应当予以变更;(4) 股东名册的记载具有权利推定力,即虽不是确定股东权利所在的根据,但却是确定谁可以无举证地主张股东的形式上资格的依据(最重要的法律特征)。

(四) 出资证明书

出资证明书是表现有限责任公司股东地位或者股权权益的一种要式证券,是公司提供给股东的一种书面凭证和股东对抗公司证明自己已经履行对公司出资义务的内部凭证。

二、实质要件类证据

(一) 实际出资证据

例如,转账凭证或公司开具的收条等。

(二) 股权转让、赠与的合同或其他文件

通过继受方式取得股权的公司股东可以凭借此类证据来证明股东资格的取得。

(三) 参与公司经营管理的证据

例如,签字确认的股东会决议、会议记录等。

(四) 分红证据

对于同时具有股东资格和劳动者身份的特殊人员来说,应要求公司转账时明确备注转账用途,以区分转账究竟是分红款、工资,还是福利待遇的发放。

在上述诸多证据中,公司章程的证明效力最高。因为公司章程不仅对内部股东具有约束力,而且公司章程经工商登记后对公司外部人员也起到了公示效力。因此,公司章程同时具备了形式和实质这两个要件。

问:目标公司登记股东为甲、乙夫妻二人,登记时间为2008年,登记注册资本500万元。现在丙、丁作为原告,以目标公司为被告提起诉讼,要求确认其二人享有股东资格。提供的证明材料是由目标公司出具的收据,出具时间为2008年,记载分别收到其二人100万元,收款事项记载为股份。丙、丁从没有参加过公司经营,也没有任何股东会决议之类文件反映出丙、丁与目标公司有关。但是丙、丁提供了两份转账凭证,系由股东甲转给其款项50万元和90万元,丙、丁主张该款项系分红款。但是甲及目标公司均不认可分红事实,该事实难以得到认定。这种情况能否认定丙、丁享有股东资格?

答:原告十几年了,都没有参加经营,确实令人生疑。被告提供了什么反驳证据吗?

问：被告没有提供任何书面证据，只是否认该事实，且陈述仅仅出具了收据，没有收到钱。各方一致确认原告没有参加经营，也没有任何材料显示丙、丁有参与股东会等事宜。

答：原告说钱是如何交付的？是现金还是转账？有相关的凭证吗？

问：现金交付。

答：这么多钱拿现金，有点不太可信。

问：假如收据真实，就凭这个收据能否认定股东资格。

答：从形式上说，收据类似于出资证明书。如果被告举不出反驳证据，依据《公司法司法解释（三）》第22条规定，已经依法向公司出资或者认缴出资，且不违反法律法规强制性规定，应该可以认定其股东资格。

问题 17：股东有何权利义务？

问：股东有哪些主要权利？

答：我国《公司法》第 4 条规定："公司股东依法享有资产收益、参与重大决策和选择管理者等权利。"具体来说，股东享有以下权利：(1) 出席或委托代理人出席股东(大)会并对公司重大决策问题行使表决权；(2) 选举公司董事、监事权和被选举为公司董事、监事和高管人员权；(3) 股息、红利分配请求权；(4) 依法转让出资或股份的权利；(5) 临时股东(大)会的召集请求权和提案权；(6) 公司章程、股东会会议记录、董事会会议决议、监事会会议决议和财务会计报告的查阅和复制权；(7) 公司会计账簿查阅权；(8) 公司增资或发行新股的优先认缴(购)权；(9) 公司剩余财产的分配请求权；(10) 特殊情况下要求公司收购其股权的请求权；(11) 强制解散公司的权利；(12) 公司章程规定的其他权利。需注意的是，尽管有限责任公司与股份公司股东的权利基本相同，但仍然有细微差别。例如股东知情权，有限责任公司股东有权查阅、复制公司章程、股东会会议记录、董事会会议决议、监事会会议决议和财务会计报告，而股份公司股东仅有权查阅公司章程、股东名册、公司债券存根、股东大会会议记录、董事会会议决议、监事会会议决议、财务会计报告。

问：股东享有的权利应如何分类？

答：股权依不同标准可划分为不同的类型。以股权行使的目的和内容为标准，将股权划分为自益权与共益权，是最基本的分类。凡股东以自己的利益为目的而行使的权利是自益权。自益权主要是财产权，是股东投资的本来目的所在。自益权主要包括发给出资证明或股票的请求权、分配股利的请求权、分配公司剩余财产请求权等。凡股东以自己的利益兼以公司利益为目的而行使的权利是共益权。共益权主要是管理权,实际上是股东参与公司经营管理的权利。共益权主要包括表决权;任免董事等公司管理人员的请求权;对公司董事、监事提起诉讼权等。自益权与共益权相辅相成,共同构成了股东所享有的完整权利。

问:股东应承担哪些义务?

答:公司股东的义务一般包括以下几项:(1)缴纳所认缴的出资;(2)公司设立登记后,不得抽回出资;(3)不得滥用股东权利,损害其他股东、债权人及公司的利益。(4)公司章程规定的其他义务,即应当遵守公司章程,履行公司章程规定的义务。

问题 18：股东如何出资？

问：股东出资与股东享有有限责任保护之间有何关联？

答：在发起人签订股东协议,确定认缴的注册资本数额后,将所承诺的财物交付给公司,公司才具有运营的物质基础,因此,股东出资的种类、数额及时间安排等,对公司的发展意义重大。所谓"出资",是指发起人在公司设立时或设立后,为取得公司股权,根据法律及章程的规定,向公司交付财产或履行其他给付义务的一系列行为。一般来说,股东出资制度适用于公司设立与增加资本等阶段。在发起人签订股东协议时,由于公司经营或项目运作的需要,协议所约定的出资额一般会大于公司章程中载明的注册资本数额,即发起人将出资额分为两个部分,其中一部分计入注册资本,另一部分计入公司资产,这里所讲的出资,是指发起人对注册资本部分的出资,而计入公司资产的那部分,可以称为投资额。股东以其认缴(购)的出资额(股份)为限,对公司及债权人承担相应的责任。但股东承诺认缴,并不等同于就可以享有有限责任制度的保护。股东要享有有限责任制度的保护,最为关键的步骤是将公司章程中承诺的出资,按章程规定的时间安排交付公司,从而完成出资,唯有如此,股东才可以享有有限责任制度的保护。否则,股东因未完成出资义务,而不能享受有限责任制度的保护。

问：如何理解股东出资形式的法定主义？

答：在股东出资制度上,《公司法》实行的是出资形式法定主义,即股东以何种财产出资,不完全取决于股东自身拥有何种财产或资源,也不完全取决于公司经营需要何种财产或资源,而是由法律直接规定何种财产可以作为股东对公司的出资。法律对股东出资形式的规定并非随意,构成公司资本的股东的出资不仅要求能为公司所用,具有经营的功能,而且还必须具有债务清偿的功能,即能够用于公司对外债务的清偿,因此,用于出资的财产应具备以下两个特征。

其一,货币估价。股东用于出资的财产在价值上应具有确定性,以便于准确计量股东出资的货币价值,以衡量股东是否完成出资。同时,还可以确定出资财产清偿公司债务时的计算依据,无法估价的财产也就无法确定股东是否履行了出资的义务,也无法用于公司债务的清偿。

其二,可以依法转让。用于出资的财产不仅可以由股东交付于公司,作为公司经营所用。而且在公司对外清偿债务时,可以有效地从公司转移给债权人。

问:经常听说现在成立公司,不需要实际出资,只需要认缴出资,请问认缴出资的具体含义是什么?

答:为促进创新创业,我国2013年修订了《公司法》,针对公司资本制度,除了27类特殊公司外,规定了注册资本的认缴制。认缴资本制度改变了原来的实缴注册资本制度。在成立公司时,不要求股东将注册资本实缴,而是按期足额缴纳公司章程中规定的各自所认缴的出资额即可。注册资本认缴制最大的特点是,股东可以在公司章程中依据意思自治的原则,自由约定出资期限。按照原来的规定,一般公司2年内出资完毕,投资公司5年内出资完毕,现在完全将出资期限交给股东,由股东通过意思自治确定。值得注意的是,依据《九民纪要》的规定,在注册资本认缴制下,股东依法享有期限利益。债权人以公司不能清偿到期债务为由,请求未届出资期限的股东在未出资范围内对公司不能清偿的债务承担补充赔偿责任的,人民法院不予支持。但是,下列情形除外:(1)公司作为被执行人的案件,人民法院穷尽执行措施无财产可供执行,已具备破产原因,但不申请破产的;(2)在公司债务产生后,公司股东(大)会决议或以其他方式延长股东出资期限的。

问:股东可以用什么财产出资?

答:股东可用于出资的财产类型包括以下三种。

第一,货币出资。货币属于种类物,由于用货币出资,不需要进行评估,也不存在溢价等问题,所以是股东最常用的出资方式。那么,犯罪所得货币用于出资是否有效？依照《公司法司法解释(三)》第7条第2款规定,"以贪污、受贿、侵占、挪用等违法犯罪所得的货币出资后取得股权的,对违法犯罪行为予以追究、处罚时,应当采取拍卖或者变卖的方式处置其股权"。可见,股东即使以贪污、受贿、侵占、挪用等违法犯罪手段取得的货币出资,该出资行为仍是有效的,股东认缴资金的来源不影响股东在公司的股东资格或身份的认定,犯罪所得出资后所得的股权应采取拍卖或者变卖的方式处置。

第二,非货币财产出资。股东可以用实物、知识产权、土地使用权等可以用货币估价并可以依法转让的非货币财产作价出资。这里所指的实物包括房屋、车辆、设备、原材料、成品及半成品等。知识产权主要包括专利权、商标权、著作权等。土地使用权主要指通过出让方式取得的国有土地使用权,此外,以划拨土地使用权出资,或者以设定权利负担的土地使用权出资,公司、其他股东或者公司债权人主张认定出资人未履行出资义务的,人民法院应当责令当事人在指定的合理期间内办理土地变更手续或者解除权利负担;逾期未办理或者未解除的,人民法院应当认定出资人未依法全面履行出资义务。

第三,不得作为出资的财产。劳务、信用、自然人姓名、商誉、特许经营权或者设定担保的财产不能作为股东出资。

问:股东可以用持有的其他公司的股权出资吗?

答:可以的。股权出资,是指股东依据法律和公司章程的规定,用其持有的在其他公司的股权作价出资设立新公司的行为。新公司设立后,股东将其在其他公司的股东权益转让给新公司,使其成为新设公司财产的一部分。股权出资需要满足以下条件:第一,出资的股权由出资人合法持有并依法可以转让;第二,出资的股权无权利瑕疵或者权利负担;第三,出资人已履行关于股权转让的法定手续;第四,出资的股权已依法进行了价值评估;第五,出资股权没有设立质权;第六,公司章程没有约定该股权不能转让;第七,法律、行政法规或者国务院决定规定,股权所在公司股东转让股权应当报经批准的已经获得批准;第八,法律、行政法规或者国务院决定没有规定不得转让的其他情形。

问：股东可以用债权出资吗？

答：可以的。债权人可以将其依法享有的对在中国境内设立的公司的债权，转为公司股权。转为公司股权的债权应当符合下列情形之一：第一，债权人已经履行债权所对应的合同义务，且不违反法律、行政法规、国务院决定或者公司章程的禁止性规定；第二，经人民法院生效裁判或者仲裁机构裁决确认；第三，公司破产重整或者和解期间，列入经人民法院批准的重整计划或者裁定认可的和解协议。用以转为公司股权的债权有两个以上债权人的，债权人对债权应当已经作出分割。债权转为公司股权的，公司应当增加注册资本。

问：股东会决议约定股东退股且不再履行出资义务，能否免除股东法定的出资义务？

答：股东出资既是约定的义务，也是法定的义务。股东应当按期足额缴纳公司章程中规定的各自所认缴的出资额。公司的股东会决议内部约定股东退股，且不再履行出资义务的，不能免除股东的法定出资义务。

问：股东以机动车出资的，如何认定其出资义务已履行完毕？

答：对于汽车等特殊动产，虽然需要办理过户登记才能产生对外的公示公信力，但对公司内部而言，自机动车交付公司使用时起，该机动车的所有权人即为公司，股东的出资义务就已经完成。

问：股东履行出资义务时，需要注意些什么？

答：股东履行出资义务时，应注意以下几点。

第一，股东投资行为是其真实意思表示，否则，将因违反《民法典》第143条的规定而无效；股东应按约及法律规定出资，否则，将因违反股东间的约定而承担违约责任；股东出资后抽逃出资的行为，也将导致其向被投资公司、其他股东承担违约责任。

第二，股东履行出资时应注意留存履行出资过程中的证据。依据《公司法司法解释（三）》第20条的规定，当事人之间对是否已履行出资义务发生争议，原告提供对股东履行出资义务产生合理怀疑证据的,被告股东应当就其已履行出资义务承担举证责任。因此,在出资时,应注意保留收款收据、出资证明书等书面证据。

第三,注意非货币财产出资的价值评估。在货币出资时,将用于出资的货币转入公司指定的账户即可。在用非货币财产出资时,应注意将财产权变更至公司名下,同时,应注意评估作价、核实财产,不得高估或者低估作价。因此,对于非货币财产出资的,建议委托有资质的评估机构出具评估报告。

问题 19：医生如何用技术作价入股？

问：公司章程规定，注册资本 1000 万元，医生出货币 200 万元、技术评估作价 250 万元，合计出资 450 万元，占股 45%。另外两名股东以现金、房产出资 550 万元，占股 55%。请问医生可以用技术作价出资吗？

答：技术如果没有转化为专利等知识产权，在本质上可归属于劳务。目前，依据我国《市场主体登记管理条例》规定，股东不得以劳务作价出资，因此，直接将医生的技术作价出资还是存在法律上的障碍。

问：为什么劳务不能用于出资？

答：所谓劳务出资，是指股东以精神上或身体上的劳务作为出资取得股东身份。劳务具有以下特点：第一，具有不确定性，不以实物形态出现，而是表现为智力或体力的付出；第二，人身专属性，专属于特定劳动者的人身，其作用的实现易受个人主观因素和环境的影响；第三，不可转让性，不能直接用于偿还债权；第四，评估的随意性和不确定性，这在兑现和清算、强制执行时，便会遇到障碍。基于以上理由，我国《公司法》规定，禁止股东采用劳务作价出资。

问：在互联网时代，大多公司以"轻资产"为主，其员工，尤其是技术性员工，就是其核心资产。如果劳务不能用于出资，那如何留住这些员工？

答：对于一些科技型公司来讲，这确实是一个大问题。目前，尽管我国《公司法》禁止以劳务出资，但可以采用一些变通的办法加以处理。其一，普遍做法是将员工的技术折算为工资，然后扣留员工一定数额的工资，扣留下来的工资用于出资。其二，在深圳市启迪信息技术有限公司与郑州国华投资有限公司、开封市豫信企业管理咨询有限公司、珠海科美教育投资有限公司股权确认纠纷案

[最高人民法院(2011)民提字第6号民事判决书]中,最高人民法院认为,在公司注册资本符合法定要求的情况下,各股东的实际出资数额和持有股权比例应属于公司股东意思自治的范畴。股东持有股权的比例一般与其实际出资比例一致,但有限责任公司的全体股东内部也可以约定不按实际出资比例持有股权,这样的约定并不影响公司资本对公司债权担保等对外基本功能实现。如该约定是各方当事人的真实意思表示,且未损害他人的利益、不违反法律和行政法规的规定,应属有效,股东按照约定持有的股权应当受到法律的保护。依据该案的精神,只要股东之间达成协议,且不损害其他人利益的情况下,员工的技术是可以折算为货币,由其他股东代为出资。

问: 这些变通的方法有法律风险吗?

答: 这些变通的方法需要专业的律师协助完成,否则,很容易导致因规避法律强制性规定而无效。在实践中,律师协助客户处理的一些案例,从目前运作来看,还没有发生什么大问题。

问题 20：在未约定出资期限的情况下，股东应如何出资？

问：股东在草拟公司章程时，没有约定出资时间。除了公司成立时，股东们总共出资 200 万元以外，至今各个股东没有再出资。现在公司经营困难，希望股东补足出资，但股东因没有约定出资时间，而拒绝出资。请问，如果公司章程没有规定出资期限，股东们是否就可以不出资？

答：在现行《公司法》框架下，股东出资事宜已交由股东之间约定。尽管《公司法》规定，章程中应约定出资时间等事项，但这条规定并非对股东的强制性要求，因此，在实践中，由于某种原因未对出资期限做出具体约定的，股东出资义务的履行又应如何判断，经常产生争议或纠纷。

问：公司如果起诉到法院，要求股东补足出资，可以得到法院的支持吗？

答：在司法实践中，对此问题的认识存在不同的观点。一种观点认为，公司章程未就出资期限作出约定的，股东应当随时履行出资义务。尤其当该出资的拖延已经严重影响到公司实际经营，或者对公司债权人债权的实现带来严重隐患时，公司、股东或者债权人更有权要求未出资股东履行出资义务。在出资责任诉讼中，法院应根据公司经营状况以及股东认缴的出资额判定出资提前到期或者股东应承担补充赔偿责任。另一种观点认为，在新《公司法》框架下，股东出资事宜已交由股东之间约定，法院对股东出资义务的审查应严格遵守公司章程的约定，未约定出资期限是股东作出的共同选择，并不违背相应的法律规定，法院对此不能加以干涉。股东之间未达成出资期限的约定，代表公司已经陷入僵局状态，或者存在股东恶意拖延债权实现的可能，无论从哪一种情况来看，以破产的方式宣告公司终结都是可行的途径。因此，出资责任诉讼将无法得到支持。

问：如果以公司名义起诉股东，要求其承担出资责任，仍存在一定的风险吗？

答：由于规则的缺失，加之，实践中裁判结果也不一致，起诉到人民法院确实有一定的风险。这里提供两条思路以供参考：其一，可向公司登记机关发函，阐述由于公司章程没有规定出资期限，给公司经营带来困难，希望登记机关出面协调，完善公司章程中关于出资期限的规定；其二，通过起诉到人民法院，给股东施压，寻求在人民法院的协调下解决出资问题。

问题 21：非专利技术如何出资？

问：1993年《公司法》"股东可以用货币出资，也可以用实物、工业产权、非专利技术、土地使用权作价出资"的规定，明确将非专利技术纳入可用作出资的财产范围。随后，2005年《公司法》出台，"非专利技术"的字眼从可用作出资的财产中暂时消失，因此，"非专利技术"指的是什么？可以用"非专利技术"来出资吗？

答：非专利技术（Know-how），又称为专有技术，是指尚未公开和取得工业产权法律保护的某种产品或某项工业设计、工艺流程、配方、质量控制和管理方面的技术知识，如技术图纸、资料、数据、技术规范等。最高人民法院于1995年发布的《关于正确处理科技纠纷案件的若干问题的意见》的司法解释现虽已失效，但仍具有借鉴意义，其中规定非专利技术成果应当具备下列条件：第一，包含技术知识、经验和信息的技术方案或技术诀窍；第二，处于秘密状态，即不能从公共渠道直接获得；第三，有实用价值，即能使所有人获得经济利益或竞争优势；第四，拥有者采取了适当保密措施，并且未曾在没有约定保密义务的前提下将其提供给他人。

问：针对非专有技术出资有哪些具体规定，又如何认识？

答：(1)2013年《公司法》第27条规定："股东可以用货币出资，也可以用实物、知识产权、土地使用权等可以用货币估价并可以依法转让的非货币财产作价出资；但是，法律、行政法规规定不得作为出资的财产除外。"该条款未对非专利技术出资的适格性作明确肯定。

(2)《市场主体登记管理条例》第13条规定，出资方式应当符合法律、行政法规的规定。公司股东不得以劳务、信用、自然人姓名、商誉、特许经营权或者设定担保的财产等作价出资。该条款未明确否定非专利技术出资的适格性。

(3)《促进科技成果转化法)》第 16 条第 5 项规定:"以该科技成果作价投资,折算股份或者出资比例。"该条款对科技成果作价投资予以鼓励,但未对非专利技术出资的适格性作明确肯定。

(4)原国家工商行政管理总局《关于充分发挥工商行政管理职能作用鼓励和引导民间投资健康发展的意见》第 1 条第 3 款规定:"拓宽非货币出资方式,鼓励投资者依法以股权、债权、知识产权等非货币形式评估作价出资,支持以不需要办理权属登记的自有技术作为公司股东的首次出资。"该条款鼓励拓宽非货币资产出资的范围,但亦未对非专利技术出资的适格性作明确肯定。

从上述规定可以发现,无论是法律还是行政法规,均未明确肯定或否定非专利技术出资的适格性;而部门规章对科技成果的转化持积极和鼓励的态度;地方层面,深圳市在全国率先制定的《深圳市企业非专利技术出资登记办法(试行)》对非专利技术出资的概念、条件、程序及监督管理等方面均作出较为明确的规定,因此,非专利技术作为一种非货币财产,用其出资具有可能性。

问:以非专利技术出资存在什么问题?

答:第一,非专利技术判定标准的缺失。非专利技术,又称为专有技术,是指未申请专利或未获得专利权的技术秘密。当股东以非专利技术作价出资时,由于它是一项技术秘密,而且是不需要申请专利或未获得专利权的技术,登记机关就很难准确判断作为非货币财产出资的技术是否为非专利技术。

第二,非专利技术出资是否到位难以确认。《公司法》第 28 条规定,"以非货币财产出资的,应当依法办理其财产权的转移手续"。非专利技术作价评估后,如何将其真实、完整地转移至新设立的公司,登记机关往往难以确认。比如,甲、乙双方共同出资设立公司,乙方以非专利技术出资,甲方投产后发现乙方未将该项非专利技术完整移交,且得知乙方已对相关技术申请了专利,这就容易导致双方产生纠纷。

第三,如何提交登记申请材料有待规范。由于《公司法》及相关法律、法规对于非货币财产出资登记如何提交申请材料尚未作出详细规定,导致基层登记机关在具体实践中标准不一，给申请人办理登记注册带来诸多不便，对于防范登记注册风险也不利。

问：用非专利技术出资应注意什么问题？

答：第一，非专利技术具有一般知识产权的无形性，更具有缺乏法定权属证明形式，因此是否交付需要通过有形的形式体现出来。

第二，对于非专利技术出资人来讲，需要保留能够证明交付的有形证据，如交接清单、邮件、会议纪要等；或者，后期以所出资的公司名义申请的专利、软件著作权等。

第三，对于非专利技术出资的股东来讲，更注重专有技术出资实际对于生产经营的价值，因此，非专利技术出资的股东需要对于专有技术是否实际出资设定较为详细、符合所涉技术特点的相关指标。

第四，由于非专利技术出资在现行《公司法》中没有明确规定，地方实践也各有差异，因此，用非专利技术出资前，应到当地登记机关查询相关政策并与其做好沟通、解释工作。

问题 22：国有土地使用权如何出资及确定出资额？

问：我国《公司法》对国有土地使用权出资有何规定？

答：我国《公司法》第 27 条明确规定了土地使用权可以用来出资设立公司。在实践中，随着我国土地使用权制度的变化，土地使用权出资出现了一系列问题，因此，《公司法司法解释（三）》第 8、9、10 条都规定了土地使用权出资瑕疵的股东责任。

问：这些条文如何具体规范国有土地使用权出资的？

答：《公司法》第 27 条规定，股东可以用货币出资，也可以用实物、知识产权、土地使用权等可以用货币估价并可以依法转让的非货币财产作价出资；但是，法律、行政法规规定不得作为出资的财产除外。对作为出资的非货币财产应当评估作价，核实财产，不得高估或者低估作价。法律、行政法规对评估作价有规定的，从其规定。《公司法司法解释（三）》第 8、9、10 条规定，出资人以划拨土地使用权出资，或者以设定权利负担的土地使用权出资，公司、其他股东或者公司债权人主张认定出资人未履行出资义务的，人民法院应当责令当事人在指定的合理期间内办理土地变更手续或者解除权利负担；逾期未办理或者未解除的，人民法院应当认定出资人未依法全面履行出资义务。出资人以非货币财产出资，未依法评估作价，公司、其他股东或者公司债权人请求认定出资人未履行出资义务的，人民法院应当委托具有合法资格的评估机构对该财产评估作价。评估确定的价额显著低于公司章程所定价额的，人民法院应当认定出资人未依法全面履行出资义务。出资人以房屋、土地使用权或者需要办理权属登记的知识产权等财产出资，已经交付公司使用但未办理权属变更手续，公司、其他股东或者公司债权人主张认定出资人未履行出资义务的，人民法院应当责令当事人在指定的合理期间内办理权属变更手续;在前述期间内办理了权属变更手续的,人民法院应当认定其已经履行了出资义务;出资人主张自其实际交付财产给公司使用时享有相应股东权利的,人民法院应予支持。出资人以前款规定的财产出资,已经办理权属变更手续但未交付给公司使用,公司或者其他股东主张其向公司交付、并在实际交付之前不享有相应股东权利的,人民法院应予支持。

问:某有限责任公司有4名股东,认缴注册资本5000万元。公司章程规定,其中一名股东以权证号为170867的国有土地使用权出资,认缴出资额2000万元,占比40%,公司设立之后1月内办理过户手续。除这个股东外,其他股东已经以现金出资到位。由于这块土地存在纠纷,最近该股东才把纠纷解决完毕。为此,公司要求该股东将这块土地过户至公司名下,以履行其出资义务。但该股东以这块土地已升值到4000万元为由拒绝全部过户,只同意过户一半土地到公司名下。该股东的说法有道理吗?

答:这位股东的说法没有道理。公司章程规定,该股东"以权证号为170867的国有土地使用权出资,认缴出资额2000万元,占比40%,公司设立之后1月内办理过户手续"。该出资条款的落脚点在于该股东以权证号为170867整块地的土地使用权出资,而非部分土地使用权出资,因此,该股东应该把整块土地过户到公司名下用于出资,而非该股东所说,由于该土地已升值,只用一半土地使用权就可完成出资。

问:在国有土地使用权出资的情况下,可以用国有土地使用权的部分期限出资吗?

答:在《关于"股东以土地使用权的部分年限对应价值作价出资,期满后收回土地是否构成抽逃出资"的答复》中,最高人民法院民二庭认为,发起人将土地使用权的部分年限作价作为出资投入公司,在其他发起人同意且公司章程没有相反的规定时,并不违反法律法规的禁止性规定,此时发起人投入公司的资本数额应当是土地使用权该部分年限作价的价值。在该部分年限届至后,土地使用权在该部分年限内的价值已经为公司所享有和使用,且该部分价值也已经凝结为公司财产,发起人事实上无法抽回。由于土地使用权的剩余年限并未作价并用于出资,所以发起人收回土地使用权是取回自己财产的行为,这种行为与发起人出资后再将原先出资的资本抽回的行为具有明显的区别,不应认定为抽逃出资。发起人取回剩余年限的土地使用权后,公司的资本没有发生变动,所以无须履行公示程序。依据上述观点,股东既可以用国有土地使用权全部期限出资,也可以用部分期限出资。

问题 23：何为虚假出资？

问：什么是虚假出资，其与抽逃出资有什么区别？

答：出资义务是股东对公司最基本的义务，虽然《公司法》对股东出资作了灵活规定，但并未免除该项义务。股东未履行出资义务，既损害了公司利益，也损害了公司债权人和其他已出资股东的合法权益。虚假出资和抽逃出资均属于瑕疵出资。虚假出资，是指股东表面上出资而实际未出资或未足额出资，本质特征是股东未支付相应对价或未足额支付对价而取得公司股权。抽逃出资，是指股东在公司成立后将所缴出资全部或部分暗中撤回。

在司法实践中，股东未按期足额缴纳出资、在公司成立前非法将其缴纳的出资款全部或部分抽回，或者作为出资的非货币财产未经评估作价且实际价额显著低于公司章程所定价额的，构成虚假出资；股东在公司成立后非法将其缴纳的出资全部或者部分抽回的，构成抽逃出资，但根据出资款的来源、抽逃的时间等足以证明股东有虚假出资意图的视为虚假出资。

问：虚假出资需要承担什么民事责任？

答：虚假出资依据不同情况可能承担相应的民事、行政及刑事责任。就民事责任而言，主要包括以下四个方面。

第一，对公司承担补足出资的责任。《公司法司法解释（三）》第13条第1款规定，"股东未履行或者未全面履行出资义务，公司或者其他股东请求其向公司依法全面履行出资义务的，人民法院应予支持"。因此，股东的虚假出资行为侵害了公司的法人财产权，虚假出资股东应当向公司补交相应的出资及法定利息。因虚假出资行为给公司生产经营造成经济损失的，也应当予以赔偿。

第二，对按期足额缴纳出资的股东承担违约责任。《公司法》第28条第2款规定,"股东不按照前款规定缴纳出资的,除应当向公司足额缴纳外,还应当向已按期足额缴纳出资的股东承担违约责任"。据此,无论各股东之间因出资产生的纠纷发生在公司设立期间,还是在公司成功设立之后,只要股东未按照公司章程或股东协议的约定缴纳出资,损害其他股东利益的,其他按期足额缴纳出资的股东均可对违约股东提起违约之诉。

第三,在未出资本息范围内对公司债权人承担补充赔偿责任。《公司法司法解释(三)》第13条第2款规定,"公司债权人请求未履行或者未全面履行出资义务的股东在未出资本息范围内对公司债务不能清偿的部分承担补充赔偿责任的,人民法院应予支持"。据此,虚假出资股东应在未出资本息范围内,对公司债权人承担补充赔偿责任。

第四,公司设立时的其他发起人或股东,可能对虚假出资行为承担连带责任。《公司法司法解释(三)》第13条第3款规定,"股东在公司设立时未履行或者未全面履行出资义务,依照本条第一款或者第二款提起诉讼的原告,请求公司的发起人与被告股东承担连带责任的,人民法院应予支持;公司的发起人承担责任后,可以向被告股东追偿"。可见,在股东虚假出资的情形下,公司设立时的其他发起人或股东,还有可能对虚假出资行为承担连带责任。

问题 24：如何认定抽逃出资？

问：什么是抽逃出资？

答：注册资本是公司财产中的最基本资产，确定和维持公司一定数额的资本，对于奠定公司基本的债务清偿能力，保障债权人利益和交易安全具有重要价值。股东向公司完成出资后，出资财产即转变为公司的法人财产，其独立于股东个人的财产而构成公司独立人格的物质基础，因此，不得非法抽逃出资是《公司法》规定的股东必须承担的不作为义务。而抽逃出资，是指在公司完成注册后，股东将所实际缴纳出资暗中撤回，却仍保留股东身份和原有出资数额的欺诈性违法行为。抽逃出资行为侵犯了公司财产权，违反了资本维持原则，并可能侵犯公司债权人的利益，因而为《公司法》所禁止。

问：如何认定抽逃出资？

答：《公司法》第 35 条规定，"公司成立后，股东不得抽逃出资"。《公司法司法解释（三）》第 12 条规定，"公司成立后，公司、股东或者公司债权人以相关股东的行为符合下列情形之一且损害公司权益为由，请求认定该股东抽逃出资的，人民法院应予支持：（一）制作虚假财务会计报表虚增利润进行分配；（二）通过虚构债权债务关系将其出资转出；（三）利用关联交易将出资转出；（四）其他未经法定程序将出资抽回的行为"。

根据上述规定，抽逃出资的认定应具备以下要件：首先，公司已经成立，且股东已经依照公司章程规定期限和数额将相应出资缴纳完毕。如果股东尚未缴纳出资，也就不具备实施抽逃出资的前提条件。其次，股东实施了《公司法司法解释（三）》所规定的四种行为之一，即"制作虚假财务会计报表虚增利润进行分配、通过虚构债权债务关系将其出资转出、利用关联交易将出资转出、其他未经法定程序将出资抽回的行为"。再次,股东实施的上述四种行为同时损害了公司权益,主要表现为造成公司资产减少。最后,有权提起股东抽逃出资认定诉讼的主体为公司、公司其他股东、公司债权人。由于股东抽逃出资,造成公司可支配、可分配资产减少,侵害了公司的法人财产权,损害了公司其他股东的可期待利益,降低了公司的偿债能力,所以公司、公司其他股东、公司债权人有权对抽逃出资的股东进行追索。

问:股东抽逃出资应承担哪些责任?

答:依据不同的情形,抽逃出资的股东可能承担不同的责任。

第一,民事责任方面。其一,股东抽逃出资,公司或者其他股东有权请求其向公司返还出资本息;公司债权人有权请求抽逃出资的股东在抽逃出资本息范围内对公司债务不能清偿的部分承担补充赔偿责任。其二,在破产程序中,管理人享有对股东抽逃出资予以追收的权利。

第二,行政责任方面。公司的发起人、股东在公司成立后,抽逃其出资的,由公司登记机关责令改正,处以所抽逃出资金额5%以上15%以下的罚款。

第三,刑事责任方面。在我国实行认缴资本制后,除依法实行注册资本实缴登记制的公司以外,对申请公司登记的单位和个人不再以虚报注册资本罪追究刑事责任;对公司股东、发起人不再以虚假出资、抽逃出资罪追究刑事责任。

问:如何应对股东抽逃出资行为?

答:实践中,对于股东抽逃出资的行为,抽逃出资股东除应承担上述责任外,公司还可以采用以下措施,保障公司合法权益。

第一,限制抽逃出资股东的权利。对于抽逃出资股东,公司可在公司章程或者股东会决议中对其利润分配请求权、新股优先认购权、剩余财产分配请求权等股东权利作出相应的合理限制。如在公司章程中,约定按实缴出资比例享有上述权利等。

第二,通过减资,降低公司经营风险。对于抽逃出资股东,公司可通过减资程序,减少各股东应承担的出资额,减轻股东应承担的出资义务。此时,对于部分抽逃出资的股东,可能通过该程序变为完全出资的股东。但应注意,公司进行减资时,应履行以下法定程序:(1)公司需要减少注册资本时,必须编制资产负债表及财产清单;(2)公司应当自作出减少注册资本决议之日起10日内通知债权人,并于30日内在报纸上公告。债权人自接到通知书之日起30日内,未接到通知书的自公告之日起45日内,有权要求公司清偿债务或者提供相应的担保。

第三,解除股东资格。对于抽逃全部出资的股东,经公司催告返还,其在合理期间内仍未返还出资的,公司可通过股东会决议解除该股东的股东资格。该种情况下应注意,解除股东资格后,相应部分的股权可由公司其他股东或第三人缴纳出资后依法享有;若无人缴纳出资,则公司应及时办理法定减资程序。

第四,要求股东返还出资不受诉讼时效限制。股东抽逃出资后,公司、其他股东、公司债权人(要求债权未过诉讼时效)请求抽逃出资的股东承担返还责任的,不受诉讼时效限制。

问题 25：如何正确开除未履行出资义务的股东？

问：一个混合所有制公司，国有企业拥有大部分股权。现在国有企业已经完成出资，但至今仍有两名小股东没有完成出资，针对未完成出资的部分，是否可以召集临时股东会，做出减资决议，使未完成出资的两名小股东退出呢？

答：依据《公司法》规定，股东会会议作出减少注册资本的决议，必须经代表2/3以上表决权的股东通过。另外，公司章程对减资问题有特殊规定没有？

问：公司章程规定，如果减资，需要经全体股东一致通过。

答：那比较麻烦。如果公司打算通过减资来调整股权结构，或者说通过减资使未出资的两名小股东退出公司，可能行不通。因为依据公司章程规定，减资需要经过全体股东一致同意，两名未出资的小股东在临时股东会上一定不会同意减资的。在减资的股东会决议无法通过的情况下，就达不到让未出资的股东退出公司的目的。

问：既然不能通过减资使未出资的股东退出公司，那么还有其他办法调整公司股权结构吗？

答：在股东就减资问题不能达成一致的情况下，只有考虑将未出资的股东除名了，但开除股东需要具备严格的条件，两名小股东是完全没有出资吗？

问：是的。自从公司成立至今，两名小股东完全未履行出资义务，根本没有出资。在这种情况下，公司可以启动除名程序吗？

答：依据《公司法司法解释（二）》规定，股东未履行出资义务，经公司催告缴纳后，其在合理期间内仍未缴纳的，公司可以以股东会决议解除该股东的股东资格。同时，公司应当办理法定减资程序或者由其他股东或者第三人缴纳相应的出资。换言之，在股东未履行出资义务的情况下，经催告仍不缴纳的，公司可以通过股东会决议的形式解除股东资格。

问：在做出开除决议的股东会上，应如何表决？拟被开除的股东在股东会上也有表决权吗？

答：依据司法实践，拟被开除的股东在股东会上针对开除决议没有表决权，开除决议只要经过其他股东过半数的表决权通过即可。

问：除了将未出资的股东予以除名外，这些未出资的股东还应承担其他责任吗？

答：股东应当按期足额缴纳公司章程中规定的各自所认缴的出资额。股东未按期缴纳出资的，应当向已按期足额缴纳出资的股东承担违约责任。

问：持股1%的小股东可以开除持股99%的大股东吗？

答：股东除名权是为消除不履行出资义务的股东对公司和其他股东所产生不利影响而享有的一种法定权能，不以征求被除名股东的意思为前提和基础。当股东会就股东除名事项进行决议时，被除名股东无权对该项除名决议行使表决权。换言之，只要大股东不履行出资义务，持股1%的小股东也可以开除持股99%的大股东。

问题 26：什么是隐名股东及其如何显名？

问：什么是隐名股东？

答：隐名股东，又称为实际出资人，是指实际认购出资，却不在公司章程、股东名册或工商登记材料中实际记载为股东的出资人。与此相对应，实际未出资，而对外显示为股东的则被称为显名股东或名义股东。

问：隐名股东具有哪些特征？

答：一般说来，隐名股东具有以下特征：第一，隐名股东实际认缴公司资本，但其姓名或名称未记录在公司章程、股东名册、出资证明书中。第二，显名股东同意隐名股东使用自己的名称或姓名。这是隐名股东与冒名股东的区别。在冒名投资中，实际出资人系盗用他人名义出资，并未取得被冒名股东的同意。第三，隐名股东承担公司的盈亏风险。这是隐名出资与借贷的根本区别。如果一方实际出资，另一方以股东名义加入公司，但实际出资人不承担投资风险的，双方之间不应认定为隐名出资关系，可按借贷关系处理。

问：为什么我国存在隐名投资现象？

答：隐名投资的出现，不但与我国传统文化中"低调、沉稳"的国民性格有关，还可能是投资人为规避实体法律强制性规定。具体有以下三种情形。

第一，规避法律对投资主体身份的限制。如我国《公务员法》规定，禁止公务员从事或者参与营利性活动，以保证公务员的廉洁性。而在现实中，由于公务员手中掌握着公权力，投资经营活动通常会带来可观的经济效益，少部分公务员通常会采取隐名的手段，以亲属或他人的名义投资；又如根据《公司法》第 148 条的规定，董事、高级管理人员未经股东会或者股东大会同意，不得利用职务便利为自己或者他人谋取属于公司的商业机会,自营或者为他人经营与所任职公司同类的业务,即所谓的"竞业禁止"义务。实践中,有些董事或高级管理人员为了规避这一规定,以隐名出资的方式设立同类行业的公司以牟取不正当利益。

第二,规避法律对投资领域的限制。部分外商为规避我国外商投资公司准入制度,利用隐名出资方式进入一些关系国计民生的领域进行投资。

第三,规避对投资主体人数的限制。由于我国《公司法》第24条对有限责任公司股东人数作了50人以下的限制,现实中就出现了由数名职工合为一股,以其中一名职工名义向公司出资的现象,在公司登记的职工成为公司的显名股东,其他仅出资而未在公司登记的职工则成为公司的隐名出资人。

问: 隐名投资具有合法性吗?

答: 尽管我国法律并不鼓励隐名投资,但法律也没有禁止。《公司法司法解释(三)》第24条规定,有限责任公司的实际出资人与名义出资人订立合同,约定由实际出资人出资并享有投资权益,以名义出资人为名义股东,实际出资人与名义股东对该合同效力发生争议的,如无法律规定的无效情形,人民法院应当认定该合同有效。前款规定的实际出资人与名义股东因投资权益的归属发生争议,实际出资人以其实际履行了出资义务为由向名义股东主张权利的,人民法院应予支持。名义股东以公司股东名册记载、公司登记机关登记为由否认实际出资人权利的,人民法院不予支持。

问: 隐名投资具有什么风险?

答: 不管基于什么目的,隐名股东和显名股东之间一般会签订代持股协议。该协议依据《民法典》中有关的合同规则处理。如果该协议内容不违反法律的禁止性规定,则应按照有效合同的规定处理,但协议内容不能对抗善意第三人。隐名投资对隐名股东存在如下法律风险。

第一,隐名股东的股东权利有被显名股东滥用的法律风险。比如擅自出让股权或者滥用表决权。在隐名投资中,有的实际出资人并不参加公司的经营和管理。在这种情况下,出资人的股东权利包括经营管理权、表决权、分红权、增资优先权等一系列的权利实际上都是由显名股东行使,这显然是存在巨大的道德风险。比如显名股东可能因个人目的转让代持的股权、质押代持的股权等。

第二,隐名股东的股权有被法院冻结或被执行的风险。当显名股东出现不能偿还债务时,法院和其他有权机关是可以依法查封在工商局注册登记的股权,并用该股权偿还显名股东的债务。此时,隐名股东只有依据代持股协议向显名股东主张赔偿责任。

第三,隐名股东的身份得不到其他股东认可的风险。隐名股东请求公司变更股东、签发出资证明书、记载于股东名册、记载于公司章程并向公司登记机关办理登记的,必须经公司其他股东半数以上同意,如果未经其他股东半数以上同意的,人民法院不予支持。

第四,隐名股东有可能卷入遗产继承纠纷的风险。当显名股东出现意外情况死亡,其名下的股权可能成为显名股东的继承人争夺的遗产标的。隐名股东要想取回自己的财产权,不得不卷入到这种遗产继承纠纷案中。

问:在隐名股东不想让显名股东代持股权时,应该如何显名?

答:在股东资格确认的问题上,实际投资人(一般称为"隐名股东")与公司股东名册记载或者公司登记机关的登记(一般称为"显名股东")不一致的时候,就会产生显名股东和隐名股东的问题。我国《公司法司法解释(三)》对隐名投资问题做了全面的规范,为隐名股东显名化提供了指引。

第一,实际出资人与名义股东之间具有隐名持股的合意,且实际出资人具有自身成为股东的意思表示。实际出资人与名义股东之间需具有隐名持股合意,即由实际出资人出资,但公司股权登记在名义股东名下,由名义股东持有并出面行使股权,但实际出资人享受股权收益。具有隐名持股合意是认定实际出资人股东资格的前提条件。同时,股东以出资额为限对公司债务承担责任,也就是说,股东承担公司的盈亏风险。如若实际出资人与名义股东约定,实际出资人不承担公司盈亏风险,那实际出资人本身就没有意愿成为公司股东,其不具有自身成为股东的意思表示,故而实际出资人不能取得股东身份,实际出资人与名义股东之间可按债权债务关系处理。

第二,隐名出资行为未违反法律、法规的禁止性规定。如前所述,在我国,隐名出资一般分为两类:其一,规避法律的目的。我国《公司法》和其他法规对投资领域、投资主体、投资比例等方面有一定的限制。例如,国家工作人员不得设立公司;外方投资不得低于某一比例;有限责任公司的股东不得超过50人,等等。为规避这些限制,有些投资者采用隐名的方式予以出资。其二,非规避法律的目的。有些隐名出资并非出于规避法律的目的,而只是由于隐名出资人不愿公开自己的经济状况等原因造成。前者有可能违反法律、法规的强制性规定,而导致隐名出资行为无效;后者在没有损害国家、集体、第三人利益的情形下,隐名出资行为有效。

第三,实际出资人需要有实际出资行为。公司的资本是公司成立和存续的基础,投资人享有股权、具有股东资格需要以出资为"对价",出资是股东应当履行的一项法定义务,是取得股权的实质条件。依据《公司法司法解释(三)》第22条之规定,当事人之间对股权归属发生争议,一方请求人民法院确认其享有股权的,应当证明出资的事实。故而,实际出资人实际出资是认定实际出资人股东资格的必要条件。

第四,隐名股东显名需要公司其他股东过半数同意。有限责任公司更多强调公司的人合性,有限公司的人合性要求各股东之间建立一种互相了解、友好信任的关系,如果股东之间缺乏信任,可能会对有限公司的日常经营造成很大的障碍。在隐名出资的情况下,公司的其他股东并不知道实际出资人的存在,他们所认同的合作伙伴是显名股东,假设其他股东知道其真正的合作伙伴是实际出资人,他可能就不允许实际出资人加入公司,或者自己不向公司出资。因此,实际出资人要求成为公司股东,应当经其他股东过半数同意,否则,实际出资人不具有显名股东资格。需进一步指出的是,实际出资人能够提供证据证明有限责任公司过半数的其他股东知道其实际出资的事实,且对其实际行使股东权利未曾提出异议的,对实际出资人提出的登记为公司股东的请求,人民法院依法予以支持。公司以实际出资人的请求不符合《公司法司法解释(三)》第24条的规定为由抗辩的,人民法院不予支持。

问题 27：在有限公司中，隐名股东显名后股东人数超过 50 名，该如何处理？

问：某有限责任公司，发起时因为人数太多，超过 50 名。遂有部分出资人挂在他人名下，公司亦出具了出资证明书，其他股东也知道这件事。现因工商登记的显名股东有债务，隐名股东担心自己的股权被查封或拍卖，隐名股东向法院提起诉讼，要求确认其持有某公司的股权且该股权记载于某某名下，但不要求工商登记。请问这样的诉请，是支持还是驳回？

答：我国《公司法》第 24 条规定，有限责任公司由 50 名以下股东出资设立。因此，股东不得超过 50 名；如果超过了，不能进行工商登记及变更。基于以下的理由，可考虑驳回诉讼请求：其一，隐名股东显名需要经过其他股东半数以上同意；其二，股东不得超过 50 人为禁止性规定，如果隐名股东显名后超过了 50 人，显然违反了该规定。

问：应该是取得股东资格才能判决原告持有股权，而取得股东资格必须符合法定程序，即过半数股东同意和不能超出法定人数，对吗？原告律师的逻辑是不要求显名，那就不存在突破 50 人的上限规定，至于其他过半数股东同意，这个原告觉得可以做到，因此，才要求确认持有股权，而不要求显名。这个逻辑是否有问题？

答：是的。其一，如果确认了原告的股权，就变相突破了《公司法》中关于有限责任公司中股东不得超过 50 人的规定，这势必将架空《公司法》中关于股东人数的限制。其二，如果支持了他的诉讼请求，就为采用这种方式进行股权融资，寻找到了新的方法，这也变相突破了《证券法》中关于公开募资需要经过审批的相关规定。

问:在有限公司中,是否有解决办法,可以让股东人数超过50名?

答:要直接突破是不可能的,因为这属于《公司法》中的禁止性规定。在实践中,如果股东超过50名,可考虑采用一些间接持股办法解决,即让隐名股东成立一个持股平台(一般为公司或合伙企业),然后持股平台再持有公司股权。这样,隐名股东就通过持股平台间接持有公司股权,同时,股东也可以突破50名的限制。

问题 28：有限责任公司章程中可以规定"同股不同权"吗？

问：在有限责任公司和股份有限公司中能否通过公司章程设定"同股不同权"？

答：在股份有限公司中，同种类的每一股份应当具有同等权利，这是一个基本原则。但在有限责任公司中对此却没有强制性的规定。一般情况下，股东会会议由股东按照出资比例行使表决权，但是，公司章程可以对表决权问题另外作出规定。比如，一个股东出资占注册资本的30%，但可在公司章程中规定在股东会投票时拥有50%，甚至更多的表决权。

问：在股份有限公司中，"同股同权"制度又是如何体现的呢？

答：在股份有限公司中，"同股同权"制度主要体现在三个层面：其一，相同的股份应当有相同的投票权；其二，相同的股份应当获得相同的收益；其三，每一股份上的投票权和收益权应当是相称相应的。另外，这里的"同股同权"，是指同一种类别的股份，如果属于不同类别的股份则应另当别论了。比如，目前我国上市公司中试行的优先股制度，拥有优先股股票的股东的投票权是受到一定程度的限制的。

问：既然在有限责任公司章程中可以规定"同股不同权"，那么在公司章程中，是否可以规定某个股东享有100%的投票权或"一票否决权"。

答：在风险投资（VC/PE）的交易结构中，投资人或创始股东为保留对公司的控制权，经常会涉及一些重大事项的"一票否决权"，对此，我国《公司法》没有禁止性规定，应该说可以在公司章程中做此类规定。但如果规定某个股东享有100%的投票权，则违反了股东享有管理公司权利的基本原则，这容易导致公司沦落为某个股东的工具，蜕变为一人公司。因此，该规定属于《公司法》禁止的行为，即使公司章程中这样规定了，亦属于无效条款。

问：为简便省事，在办理公司设立登记时，股东一般都会依照工商登记机关提供的章程模版来提交资料。在实践中，如果股东对章程模板进行了改动，比如规定"同股不同权"，工商登记机关可能不同意这种修改。那么，在这种情况下，应该如何保障"同股不同权"的实现呢？

答：这是基于认识问题的差异。在实践中，一些地方工商登记部门确实不允许修改章程模板。为了解决这一问题，在拟定公司章程及注册之前，一方面，可以与工商登记部门充分沟通，使登记机关认识到"同股不同权"是《公司法》赋予股东的自由权利；另一方面，可以在投资协议或股东协议中约定"同股不同权"的条款，使这一条款具有合法性。当然，要使这一权利得到保障，最好还是在公司章程中加以明确规定。

问：在国外，还有一种双层股权结构（AB股），我国法律允许吗？

答：双层股权架构（Dual-class share structure），即将股票分为A/B两个层次，对外部投资者发行的A股有1票投票权，而管理层持有的B股每股有N票投票权（假设每股有10票投票权，则管理层有10倍于其持股比例的投票权），这使得采用双层股权架构的公司管理层牢牢掌控着对公司的管理事宜，外部投资者很难掌握话语权。双层股权结构（或者AB股）在美国是常见的，并受到上市高科技集团的青睐。例如，谷歌（Google）的创始人曾经辩称，B类股票——每股有10份投票权，而A类股票是1股1票，则可以让持股者在不受新投资者压力的情况下追求创新。又如，Facebook采用了双层股权结构。其创始人马克·扎克伯格不仅持有B类股，还签订了"表决权代理协议"，即B股投资者可授权他代为表决，加上他本身持有的B股，这样一来扎克伯格就拥有公司56.9%的投票权。这使得扎克伯格牢牢掌握公司控制权，可以对公司进行长远规划，也不必担心上市后可能遭遇来自资本市场的恶意收购。

《关于在上海证券交易所设立科创板并试点注册制的实施意见》及上海证券交易所发布《科创板股票上市规则》规定，允许科技创新企业发行特别表决权的股份。换言之，目前，在科创板上市的股份有限公司允许设立AB股。

问题 29：如何理解员工持股平台？

问：作为小公司的创始人，由于公司刚起步，没有更多资金发给核心员工，但又想留住这些员工，不知是否可以给员工股权来留住他们？

答：采用股权激励是公司留住核心员工的普遍性做法。通过将公司股权分配给员工，将公司的发展与员工捆绑在一起，一举两得。因此，作为初创期公司，完全可以考虑采用员工持股的方式，留住对公司发展特别重要的核心员工。

问：如果给员工股权，是直接让他们成为公司的股东吗？还是有其他的方式？

答：对于员工持股，常见的持有平台或方式是直接持有、通过持股平台持有及代持持有等。

问：这几种持有方式的区别是什么？

答：直接持有，就是在员工获得股权以后要进行工商变更，员工成为法定股东，直接显示在公司章程上。通过持股平台持有，又称为间接持有，是指员工通过成为有限合伙企业的有限合伙人或有限责任公司的股东，再通过有限合伙企业或有限责任公司间接持有公司的股权。在这种持股方式下，构建了一个持股平台，将员工装入一个有限合伙企业或有限责任公司，同时，员工的股权也不直接显示在公司章程中。代持持有，是指员工的股权由其他人代为持有，在公司章程中不显示员工姓名，这个代持人大多数情况下是创始人。

问：这几种持股方式都有什么优缺点呢？

答：第一，在直接持股的方式下，员工直接成为公司股东。优点是法律关系明晰,减少了股权行使过程中的沟通成本。缺点是:其一,有限责任公司股东上限为50人,且如果员工股东过多,可能使得决策效率低下;其二,在员工出现退休或辞职时,需要做工商变更登记,容易使得股权结构不稳定。

第二,通过持股平台持有,由于公司涉及双重征税问题,目前,将有限责任公司作为持股平台已非主流,大多数公司采用有限合伙企业作为持股平台。将有限合伙企业作为持股平台具有诸多优势:其一,避免双重征税,合伙人仅缴纳个人所得税;其二,设立程序简单,无注册资金要求;其三,员工进入、退出有限合伙企业方便,不影响公司股权结构稳定;其四,利于创始人控制公司。缺点是普通合伙人需要对有限合伙企业债务承担无限连带责任;同时,合伙人不得超过50人。

第三,采用代持方式,在员工与代持人之间通过代持协议约定权利义务。优点是操作简便,且不用做工商变更。缺点是如果企业发展良好,代持人可能违反代持协议,不给员工股权,影响员工权益实现。另外,在企业IPO时,也不允许股份代持情况存在。

问:针对小公司的实际,应该采用哪种持股方式比较合适?

答:针对小公司而言,采用直接或持股平台都可以,这取决于公司的决策。

问:如果采用有限合伙企业作为持股平台,又该如何搭建呢?

答:将有限合伙企业作为持股平台,其实搭建程序很简单。第一步,成立有限合伙企业。创始股东可以作为普通合伙人,即常说的GP;员工作为有限合伙人,即常说的LP。依据法律规定,普通合伙人是有限合伙企业的执行合伙人,代表有限合伙企业执行事务,且对有限合伙企业债务承担无限责任。有限合伙人不参与有限合伙企业事务的执行,仅以认缴的出资额为限承担有限合伙企业的债务。第二步,通过有限合伙企业持有你公司的股权。经过这两步,就可以实现员工持股。当然,在搭建员工持股平台时,需要签订一系列的协议,比如股权激励协议、合伙协议等,这需要专业的律师协助起草。

问：听说有一种员工持股会模式，在做股权激励时，能作为持股平台吗？

答：在20世纪90年代初期，在国有企业改制的过程中，员工持股会确实是一种常见的持股载体。但是，2000年民政部下发的《关于暂停对内部职工持股会进行社团法人登记的函》否认了员工持股会的法人资格，因此，在目前的法律政策框架下，该解决方案存在制度性障碍。

问题 30：采用过桥资金出资的发起人，将股权转让后还应承担责任吗？

问：公司设立时，一位发起人没有真实出资，而是采用过桥资金履行的出资义务，随后代垫支的公司又把这笔出资抽回去了。后来，这位发起人又把股权转让出去，并办理了工商变更登记。现在公司起诉发起人与受让股东返还出资，并且认为二人应承担连带责任。但问题是发起人已经转让了股权，退出了公司，他还应承担连带责任吗？

答：在《公司法司法解释（三）》关于股东出资纠纷诉讼的规定中，明确规定了"有限责任公司股东未履行或未全面履行出资义务即转让股权"的处理规则，但却没有明确抽逃出资的情形下转让股权后应如何处理？在司法实践中，对于股东抽逃出资后，又将股权转让，原股东与受让股东分别应该承担什么责任？存在一定的分歧。往往导致类似案件有不同的裁判结果。

问：实践中，对这个问题是如何处理的？

答：对于抽逃出资的股东责任问题，目前司法实践的观点基本一致，即股东抽逃出资行为侵害了公司的财产权，损害了债权人的债权；即使股东将股权转让，抽逃出资股东也应对公司或债权人在应缴的注册资本的本息范围内补充承担连带赔偿责任。发生争议的是受让股东是否应该承担连带责任？这主要源于对《公司法司法解释（三）》第18条的理解不同，即"未履行或未全面履行出资义务"是否包括抽逃出资的情形？一种观点认为，"未履行出资义务"应包括抽逃出资的情形，只要受让人对此知道或者应当知道原股东抽逃出资的情况，受让股东就应对原股东抽逃出资后需返还出资的义务承担连带责任。另一种观点认为，"未履行或未全面履行出资义务"属于虚假出资，与抽逃出资不同，《公司法司法解释（三）》也是分别规定的，因此，受让股东不应对原股东抽逃出资后需返还出资的义务承担连带责任。

问：看来实践中对这个问题确实有争议，那么，对上述提到的案件，应该如何处理？

答：发起人采用过桥资金完成出资后，又由代垫资金的公司抽走出资的行为，显然属于抽逃出资，无论股权是否转让，依据《民法典》侵权责任编、《公司法》等应该承担返还出资的义务。对于受让股东如何承担责任的问题，应本着保护公司法人财产的完整性及债权人的利益出发，根据受让股东是否有过错，是否知道或应当知道发起人抽逃出资的行为，再结合具体证据材料判定是否应承担相应责任。

问：针对受让股东，还应该注意什么？

答：通过这个案例，可以得到两点启示：第一，对发起人而言，应按期足额履行出资义务，且出资之后不能抽逃出资，否则，即使将股权转让，其也应当在应缴纳出资的本息范围内对公司及债权人承担赔偿责任。第二，对受让股权的股东而言，在股权转让前，应做好尽职调查，核实转让股东是否已经足额缴纳出资、是否存在抽逃出资的状况，否则，一旦受让有瑕疵出资的股权，有可能与出让股东一起承担连带责任。

问题 31：公司章程能否禁止股东转让股权及"人走股留"？

问：某个公司一共有5名股东，某股东拥有30%比例的股权。最近，他准备出售20%的股权，但公司章程规定，未经其他股东同意，不得对外转让股权。请问，公司章程这样规定合法吗？他持有的公司股权可以对外转让吗？

答：在股权投资中，为避免股权频繁转让给公司带来的不稳定，经常会约定股东未经其他股东同意且未达到一定的情形，股权不得对外转让。我国《公司法》第71条第1款规定："有限责任公司的股东之间可以相互转让其全部或者部分股权。"第2款规定："股东向股东以外的人转让股权，应当经其他股东过半数同意。股东应就其股权转让事项书面通知其他股东征求同意，其他股东自接到书面通知之日起满三十日未答复的，视为同意转让。其他股东半数以上不同意转让的，不同意的股东应当购买该转让的股权；不购买的，视为同意转让。"可见，只要满足法律规定的条件和程序，《公司法》并不限制有限责任公司股东转让股权。但我国《公司法》第71条第4款但书规定"股东向股东以外的人转让股权……公司章程对股权转让另有规定的，从其规定"。该款规定考虑到有限责任公司的人合性，认可股东可以通过公司章程对股东间股权转让、股东对外转让股权，作出与《公司法》第71条前三款不一致的规定。

问：既然法律有这样的除外规定，是否意味着该公司章程的规定是有效的？

答：我国《公司法》第71条第4款规定公司章程可以对股权转让作出特别规定，那么，这个特殊规定的界限如何？公司是否可以通过公司章程限制股东转让股权？目前，主流观点认为，股权就其本质而言是财产权，因此股权对应的财产权利依法应当受到保护，而财产权中最重要的一部分即处分权（也就是买卖、交易的权利），虽然有限责任公司的章程可以对股权对外转让进行一定限制，却不能完全禁止。如要完全禁止对外转让,则公司章程中应有相应的救济途径保证对内转让成功实现,否则,将侵犯股权自由转让这一《公司法》的基本原则,因此,公司章程作出禁止股东转让股权的规定是无效的。《公司法司法解释(四)(征求意见稿)》第29条曾规定,"有限责任公司章程条款过度限制股东转让股权,导致股权实质上不能转让,股东请求确认该条款无效的,应予支持"。可是遗憾的是,这一条文最终没有被采纳,因此,现行《公司法司法解释(四)》中根本没有相同或类似的条款。

问:换言之,股东可以不理会公司章程中的规定,直接依据《公司法》规定的程序转让股权,是吗?

答:应该是这样的,但为了避免股东之间的纷争,建议先通知其他股东行使优先购买权,看看其他股东是否愿意购买。

问:公司章程中能够约定"人走股留"吗?

答:宋文军与西安市大华餐饮有限公司股东资格确认纠纷案(最高人民法院指导性案例96号)确立了以下裁判规则:国有企业改制为有限责任公司,其初始章程对股权转让进行限制,明确约定公司回购条款,只要不违反《公司法》等法律强制性规定,则可认定为有效。有限责任公司按照初始章程约定,支付合理对价回购股东股权,且通过转让给其他股东等方式进行合理处置的,人民法院应予支持。

问题 32：什么情形下可以否认公司人格，让股东对公司债务承担连带责任？

问：什么是公司人格否认制度？

答：所谓公司人格否认制度（disregard of corporate personality），又称为"刺破公司的面纱"（piercing the corporation's veil）或"揭开公司面纱"（lifting the veil of the corporation），是指为阻止公司独立法人人格的滥用和保护公司债权人利益及社会公共利益，就具体法律关系中的特定事实，否认公司与其背后的股东各自独立的人格及股东的有限责任，责令公司的股东（包括自然人股东和法人股东）对公司的债权或公共利益直接负责，以实现公平、正义目标之要求而设置的一种法律措施。我国在2005年10月修订《公司法》时，增加了"公司人格否认"条款，即第20条第3款"公司股东滥用公司法人独立地位和股东有限责任，逃避债务，严重损害公司债权人利益的，应当对公司债务承担连带责任"及第64条"一人有限责任公司的股东不能证明公司财产独立于股东自己的财产的，应当对公司债务承担连带责任"；并在《民法典》第83条中规定："……营利法人的出资人不得滥用法人独立地位和出资人有限责任损害法人债权人的利益；滥用法人独立地位和出资人有限责任，逃避债务，严重损害法人债权人的利益的，应当对法人债务承担连带责任。"《九民纪要》对公司人格否认案件的基本原则、判断标准及诉讼主体等问题进行了完善。

问：如何掌握公司人格否认制度的适用原则？

答：公司人格独立和股东有限责任是《公司法》的基本原则，审判实践一直都是从严掌握公司法人人格否认制度的适用条件。《九民纪要》明确了公司人格否认案件的基本原则：一是慎用，只有在股东实施了滥用公司法人独立地位及股东有限责任的行为，且该行为严重损害了公司债权人利益的情况下，才能适用;二是合理限定责任主体,只有实施了滥用法人独立地位和股东有限责任行为的股东才对公司债务承担连带清偿责任,而其他股东不应承担此责任;三是个案认定,公司人格否认不是全面、彻底、永久地否定公司的法人资格,否认公司人格的判决仅及于该案当事人,不适用于其后判决;四是综合判断,强调对此类案件需对各种因素进行综合判断,既审慎适用,又当用则用。

问:如何理解公司人格否认制度的构成要件?

答:一般认为,公司人格否认的法律要件包括主体要件、主观要件、结果要件和因果关系要件。

第一,主体要件。公司人格否认案件的原告是公司债权人;公司人格否认案件的被告是实施了滥用公司法人独立地位和股东有限责任行为,且是其行为严重损害了公司债权人利益的股东,而非其他股东。

第二,主观要件。滥用公司法人独立地位和股东有限责任的股东,其目的是逃避债务,主观上有明显过错,是故意为之。如果股东主观上没有过错,或者过错不明显,属于过失,也没有必要否认公司人格。换言之,公司股东的行为必须达到"滥用"公司法人独立地位和股东有限责任的程度,才有必要否认公司人格。如果没有达到"滥用"的程度,就没有必要否认公司人格。

第三,结果要件。从债权人角度分析,其因股东实施的"滥用"公司法人独立地位和股东有限责任的行为,受到的损害必须达到"严重"程度,才有必要否认公司人格,让股东对公司债务承担连带责任。否则,没有必要对公司独立人格和股东有限责任进行突破。

第四,因果关系要件。债权人的债权受到"严重"损害,是因为股东"滥用"公司法人独立地位和股东有限责任行为造成的,即股东实施"滥用"行为是"因",债权人受到"严重"损害是"果"。虽然债权人受到"严重"损害,但如果不是股东"滥用"行为造成的,而是其他原因,如市场原因、公司经营管理不善等原因,那么就不能突破公司法人独立地位和股东有限责任的原则。

问：如何认定公司人格与股东人格的混同？

答：实践中，股东滥用公司法人人格的情形多种多样，难以一一列举，主要依靠法官在个案中根据实际情况予以判断。为此，如何认定公司股东实施了滥用法人人格的行为成为司法认定的难点。《九民纪要》则对实践中典型的三类股东滥用公司法人独立地位的情形作了细化规定。人格混同是股东滥用公司法人人格的情形之一。股东与公司常常存在多方面的混同，如财产混同、业务混同、人事混同、场所混同等。《九民纪要》明确了判断人格混同的最根本判断标准是"公司是否具有独立意思和独立财产，最主要的表现是公司的财产与股东的财产是否混同且无法区分"。在认定是否构成人格混同时，应当综合考虑以下因素：(1)股东无偿使用公司资金或者财产，不作财务记载的；(2)股东用公司的资金偿还股东的债务，或者将公司的资金供关联公司无偿使用，不作财务记载的；(3)公司账簿与股东账簿不分，致使公司财产与股东财产无法区分的；(4)股东自身收益与公司盈利不加区分，致使双方利益不清的；(5)公司的财产记载于股东名下，由股东占有、使用的；(6)人格混同的其他情形。

问：如何认定公司股东对公司的过度支配与控制？

答：过度支配与控制是股东滥用公司法人人格的情形之一。在股东过度支配与控制公司的情形下，股东操纵公司的决策过程，使得公司丧失独立性，沦为股东为适用有限责任的工具，最终形骸化。在此情形下，就应当否认公司人格，同时《九民纪要》也列举了可认定股东过度支配与控制的常见情形。《公司法》第20条关于法人人格否认的原则性规定，未规定关联公司之间人格否认的情形，造成司法实践中对该类型案件审理思路方面的困惑。特别是最高人民法院在徐工集团工程机械股份有限公司与成都川交工贸有限责任公司等买卖合同纠纷案（最高人民法院指导性案例15号）作出判决后，引发了实务界和理论界的热烈讨论。为规范关联公司之间的人格混同问题，《九民纪要》规定："控制股东或实际控制人控制多个子公司或者关联公司，滥用控制权使多个子公司或者关联公司财产边界不清、财务混同，利益相互输送，丧失人格独立性，沦为控制股东逃避债务、非法经营，甚至违法犯罪工具的，可以综合案件事实，否认子公司或者关联公司法人人格,判令承担连带责任。"

问:如何认定公司"资本显著不足"?

答:公司"资本显著不足"是股东滥用公司法人人格的情形之一,具体指公司设立后在经营过程中,股东实际投入公司的资本数额与公司经营所隐含的风险相比明显不匹配。股东利用较少资本从事力所不及的经营,表明其没有从事公司经营的诚意,实质是恶意利用公司独立人格和股东有限责任把投资风险转嫁给债权人。由于资本显著不足的判断标准有很大的模糊性,特别是要与公司采取"以小博大"的正常经营方式相区分,因此在适用时要十分谨慎,应当与其他因素结合起来综合判断。

问:在公司人格否认之诉中,应如何确定当事人的诉讼地位?

答:审理公司人格否认纠纷案件时,应当根据不同情形确定当事人的诉讼地位:(1)债权人对债务人公司享有的债权已经由生效裁判确认,其另行提起公司人格否认诉讼,请求股东对公司债务承担连带责任的,列股东为被告,公司为第三人;(2)债权人对债务人公司享有的债权提起诉讼的同时,一并提起公司人格否认诉讼,请求股东对公司债务承担连带责任的,列公司和股东为共同被告;(3)债权人对债务人公司享有的债权尚未经生效裁判确认,直接提起公司人格否认诉讼,请求公司股东对公司债务承担连带责任的,人民法院应当向债权人释明,告知其追加公司为共同被告。债权人拒绝追加的,人民法院应当裁定驳回起诉。

问:如何评价《九民纪要》中对公司人格否认制度的规定?

答:经发起人申请,公司获准登记、取得营业执照的,公司正式成立。成立意味着公司取得权利能力,即法人资格。法人资格的享有,使公司财产与其成员的财产相区隔,公司也可能永续存在。而股东的有限责任,是指股东无须在其出资之外再投入资源清偿公司债务。换言之,股东缴足出资后,通常情况下对于公司的债权人或者其他第三人均不负任何责任。股东是否对公司债务承担责任,取决于法律是否规定其承担有限责任,与公司有无法人资格无关。股东对公司债务承担有限责任,不仅限定了股东的投资风险,还降低了股东之间的监督成本,使股份易于转让。法律赋予公司以法人地位、予股东以有限责任,是为了锁定股东的投资风险,便于公司以自己名义独立开展商业活动,独立承担法律责任,而不涉及股东的个人财产。如果公司法律人格被用于不正当目的、不正当地损害他人利益或者妨碍公共政策的实施,那么在具体案件中,法院有理由不承认该公司的法人独立地位,使股东对公司的债务承担连带责任。为此,《九民纪要》对审理公司人格否认的基本原则进行了规范,同时,对股东实施了滥用法人人格行为的典型情形进行了细化,有助于司法审判实践对股东是否实施滥用行为进行判断。对于一人有限责任公司而言,我国《公司法》规定:"一人有限责任公司的股东不能证明公司财产独立于股东自己的财产的,应当对公司债务承担连带责任。"可见,一人有限责任公司中债权人主张股东财产与公司财产混同的,由股东就公司财产独立于股东的财产承担举证责任。但对于除此之外的公司法人人格否认案件,均需债权人对股东有滥用公司法人人格独立和有限责任的行为进行举证,在债权人作为公司外部人员,对于股东的滥用行为尤其是极为常见的"财务混同"情形是难以充分举证的,若举证责任都加之于债权人,则或会让公司法人人格否认制度对于债权人的保护沦为形式。因此,司法实践中,如何分配举证责任,将关系到公司人格否认相关制度能否得到有效适用。

问题 33：股东负有竞业禁止（限制）义务吗？

问：三人准备成立一家公司，从事科技研发。由于所从事业务的技术性、保密性都很强，为防止股东因个人原因离开公司后自己成立公司，三人准备在公司章程中约定股东应负有竞业禁止义务，而且在退出公司后也应承担禁止限制业务，否则，应向其他股东及公司承担相应的违约责任。这样的约定合法有效吗？

答：首先，应当注意竞业禁止与竞业限制的区别。我国法律并没有明确提出竞业禁止的概念，但《公司法》第 148 条规定："董事、高级管理人员不得有下列行为：……（五）未经股东会或者股东大会同意，利用职务便利为自己或者他人谋取属于公司的商业机会，自营或者为他人经营与所任职公司同类的业务。"可见，竞业禁止义务是公司董事、高级管理人员负有的法定义务，其目的是约束董事、高级管理人员的行为，维护公司和股东的利益。竞业限制是用人单位为避免其商业秘密被侵犯，而与劳动者约定，在劳动关系存续期间或劳动关系结束后的一定时期内，不得到生产同类产品或经营同类业务且具有竞争关系的其他单位兼职或任职，也不得自己生产与原单位有竞争关系的同类产品或经营同类业务。约束的是作为劳动者的高级管理人员、高级技术人员和其他负有保密义务的人员。其目的是防止公司的商业秘密被泄露或侵犯。可见，竞业禁止义务针对的是董事、高级管理人员，而竞业限制针对的是与公司有劳动关系的高级管理人员、高级技术人员和其他负有保密义务的人员。

问：那股东既非董事、高级管理人员，也与公司没有劳动关系，是否就不受竞业禁止与竞业限制的约束呢？

答：首先，股东如果担任董事及高级管理人员，则负有董事和高级管理人员的竞业禁止义务。其次，股东如果与公司具有劳动关系且属于高级管理人员、高级技术人员和其他负有保密义务的人员,公司可以与他们签订竞业限制协议。换言之,只要股东具备特定身份,就受到竞业禁止与竞业限制的约束。

问:为避免股东干预公司经营,准备请职业经理人运营该公司,股东在公司中不担任董事及高级管理人员。股东在公司不担任任何职务的情况下,股东会受到竞业禁止与竞业限制吗?

答:首先,如果股东未担任董事及高级管理人员,则《公司法》并没有特别规定股东有竞业禁止义务。但公司可以通过其章程或股东协议约定特定的股东或全部的股东负有竞业禁止义务,并约定违反竞业禁止义务的后果。这种约定,只要不违反法律效力性强制规定,即为有效。违反竞业禁止义务的股东,应当承担违约责任。

其次,股东不负有竞业禁止义务也并非绝对。例如,上市公司控股股东的投资或经营行为就要受到一定程度的限制。例如,上海证券交易所《上市公司控股股东、实际控制人行为指引》第2.6.1条规定,"控股股东、实际控制人应当支持并配合上市公司建立独立的生产经营模式,不得与上市公司在业务范围、业务性质、客户对象、产品可替代性等方面存在可能损害上市公司利益的竞争"。

最后,股东之间或股东和公司之间可以约定股东在退出公司后受到竞业限制。只要不存在无效事由,即为有效约定。劳动合同关系中的竞业限制,比如期限和经济补偿金等规定,可以参照适用于股东之间竞业限制协议。

问:如果在公司章程中约定股东应负有竞业禁止(限制)义务,是有效的吗?

答:是的。在司法实践中,如果股东之间事先对竞业禁止(限制)义务做出约定,是有效的。但需要注意的是,由于约定竞业限制影响到公民的劳动权,因此,在对股东做出竞业限制时,应明确其竞业期限和经济补偿金。这一点,可以参照《劳动合同法》第24条的规定,时间不得超过2年。同时,应该给予一定的经济补偿金。

问题 34：大股东能否随意缩短出资期限？

问：现行《公司法》规定，有限责任公司股东以认缴的出资额为限、股份有限公司股东以认购的股份为限，对公司承担责任。在注册资本认缴制下，股东的出资期限由公司章程规定，请问认缴出资期限的具体含义是什么？

答：在现行《公司法》下，对公司股东适用出资认缴制，体现的是合同意思自治属性，属于股东与股东之间、股东与公司之间的约定。换言之，股东有权在公司章程中设置分期缴纳出资条款，除法律有特别规定外，在股东认缴出资期限届满前，股东可暂时不用承担对公司的出资缴纳义务。

问：那什么情况下，股东的出资义务可以加速到期呢？

答：属于《破产法》第 35 条、《公司法司法解释（二）》第 22 条规定的破产或解散情况时，股东的期限利益不予保护。此外，《九民纪要》规定，股东请求未届出资期限的股东在未出资范围内对公司不能清偿的债务承担补充赔偿责任的，人民法院应予支持：（1）公司作为被执行人的案件，人民法院穷尽执行措施无财产可供执行，已具备破产原因，但不申请破产的；（2）在公司债务产生后，公司股东（大）会决议或以其他方式延长股东出资期限的。

问：某家公司的小股东，持有公司 30% 的股权，另一大股东持有 70% 的股权。公司发来临时股东会议通知，拟讨论对公司章程中规定的股东出资期限进行修改，将原定于截至 2040 年 12 月 31 日的出资期限，提前到 2020 年 7 月 16 日。由于小股东持有 30% 的股权，无论是否参会及是否同意，大股东都可以单独做出股东会决议。大股东是否可以通过修改章程缩短小股东的出资期限？

答：我国《公司法》并没有规定股东会不能缩短出资期限，相反，股东会作为公司的权力机构,有权对经营管理重大决策进行决议。因出资期限系公司章程规定事项,股东会需要按照修改章程的程序对出资期限进行修改。这是否意味着,只要公司按程序召开股东会并以2/3表决权通过缩短股东出资期限的决议,该决议就一定有效呢?并不是,程序上的合法并不能作为认定该决议有效的唯一条件,该决议是否有效,其内容合法性亦须作为衡量标准。根据《公司法》第20条的规定,公司股东不得滥用股东权利损害公司或者其他股东的利益。第22条规定:"公司股东会或者股东大会、董事会的决议内容违反法律、行政法规的无效。"也就是说,如果大股东利用其绝对控股地位、滥用股东权利损害小股东的利益,该决议是无效的。换言之,大股东强行通过的缩短出资期限的股东会决议是否有效,除程序上必须合法外,还要结合公司的实际情况判断是否存在大股东滥用股东权利损害小股东利益的情形。

问:缩短出资期限的正当理由有哪些?

答:依据司法实践,缩短出资期限的正当理由具体包括:第一,全体股东一致同意。公司章程的规定,在公司股东之间是合同关系。因此,在全体股东一致同意下,可以对出资期限进行修改。第二,维持公司运营的需要。注册资本既是公司对外承担责任的保证,也是公司维持正常运营的需要。当公司运营过程中出现资金短缺,难以为继时,为了能够维持公司的正常运营,避免公司破产,即便有部分股东不同意修改出资期限,公司也可以通过股东会决议的方式,修改公司章程。公司实缴期限变更后,股东不应当以公司成立时约定的出资期限还未到为由拒绝缴纳。第三,其他具有合理性和紧迫性的事由。因为出资期限的提前涉及股东的根本利益,因此只有当公司具有合理、紧迫的理由时,才能够要求股东提前出资。例如,公司有一项紧急业务,能够给公司带来较高的盈利,但是该业务需要大量资金支持,公司目前资金欠缺,此种情况下,公司要求股东提前出资可以视为是合理和紧迫的。

问:需要具备什么条件或程序,大股东通过的缩短出资期限的股东会决议才合法有效?

答:在全体股东达成一致合意的情况下,缩短注册资本出资期限,按照公司章程修改的一般程序进行即可。在全体股东不能达成一致合意的情况下,如确实需要缩短出资期限,须满足以下条件:第一,有正当理由。为了维持公司经营的需要、避免公司破产等原因,一般情况下都可以认定为缩短出资期限的正当理由。如没有正当理由,则各股东均应遵守公司成立时关于资本出资期限的约定。不得不顾其他股东的反对,强行通过股东会决议,缩短出资期限。第二,给予合理的出资期限。在公司有正当理由,作出缩短出资期限的决议时,应当给予股东合理的缴款期限。合理期限的确定,可以从以下几个方面考虑:一是认缴资本数额的大小;二是股东的经济实力;三是公司经营需要资金的紧迫性。如果公司确实需要资金,但修改后的出资期限明显过早、没有必要,则该期限就很难被认定为是合理期限。第三,需要经法定程序。《公司法》规定,股东的出资方式、出资额和出资时间应当在公司章程中载明。因此,如果对出资时间进行修改,则需要按照《公司法》以及公司章程规定的程序进行修改。不符合法定程序的,可能导致修改决议无效。

问题 35:"夫妻公司"在工商登记中的股权比例,是否构成夫妻之间的财产约定?

问:"股权"是否属于夫妻共同财产?

答:依据《民法典》第1062条的规定,夫妻在婚姻关系存续期间,因"生产、经营、投资的收益"为夫妻共同财产。换言之,股权投资作为财产的一种形式,如果在婚姻关系存续期间取得,且夫妻之间没有明确约定归一方所有,则应视为夫妻共同财产。

问:在离婚案件中,涉及分割夫妻共同财产中以一方名义在有限责任公司的出资额,另一方不是该公司股东的,该如何处理?

答:审理离婚案件时,涉及分割夫妻共同财产中以一方名义在有限责任公司的出资额,另一方不是该公司股东的,按以下情形分别处理:(1)夫妻双方协商一致将出资额部分或者全部转让给该股东的配偶,过半数股东同意、其他股东明确表示放弃优先购买权的,该股东的配偶可以成为该公司股东;(2)夫妻双方就出资额转让份额和转让价格等事项协商一致后,过半数股东不同意转让,但愿意以同等价格购买该出资额的,人民法院可以对转让出资所得财产进行分割。过半数股东不同意转让,也不愿意以同等价格购买该出资额的,视为其同意转让,该股东的配偶可以成为该公司股东。用于证明前款规定的过半数股东同意的证据,可以是股东会决议,也可以是当事人通过其他合法途径取得的股东的书面声明材料。

问:如果作为股东的夫妻一方抽逃出资,且公司或债权人要求返还抽逃出资的,是否构成夫妻共同债务?

答:依据我国《民法典》的规定,构成夫妻共同债务的应是"为夫妻共同生活所负的债务"。如果股东抽逃出资,并无证据表明抽逃的资金用于夫妻共同生活;且该出资义务,股东和其配偶并未承诺过以夫妻共同财产作为出资,则不应认定为夫妻共同债务。

问:"夫妻公司"在工商登记的持股比例,是否视为夫妻财产约定并在离婚时按照该持股比例进行分割?

答:夫妻双方在工商登记的持股比例,在没有其他书面约定情形下,不应视为对夫妻财产的约定。在离婚时,应作为夫妻共同财产进行分割。

问:离婚时,法院可以强制分割股份有限公司的股份吗?

答:夫妻双方分割共同财产中股票、债券、投资基金份额等有价证券以及未上市股份有限公司股份时,协商不成或者按市价分配有困难的,人民法院可以根据数量按比例分配。换言之,在协商不成时,人民法院可以强制分割股份有限公司的股份。

问题 36：如何理解股权投资？

问：什么是股权？

答：股权是一种民事权利，其不同于物权，是一种糅合了财产权与社员权的复合权利，归入"投资性权利"范畴。要持有股权，需要具备股东资格并向公司认缴出资，同时，股东以认缴（购）的出资额为限对公司债务承担责任。股东对公司债务承担有限责任，增加了股权的流动性，分散了投资者的风险，因此，有限责任制度成为公司制度的基石。

问：如何区分股权、股份及股东权利？

答：目前，我国将公司类型划分为两种，即有限责任公司与股份有限公司。在实践中，股权与股份经常混用，即使在一些司法解释中也是如此。比如《公司法司法解释（二）》第5条关于公司解散诉讼的规定，未区分有限责任公司和股份有限公司，混同使用了"股份"的概念。又如《公司法司法解释（五）》第5条，关于审理涉及有限责任公司股东重大分歧案件的规定，又使用了"股份"的概念。严格说来，我国《公司法》对股权、股份的适用范围，有明确的区分。"股权"是有限责任公司的专有概念，它所对应的是股份有限公司的"股份"。

股东持有公司股权，依法享有资产收益、参与重大决策和选择管理者等股东权利。"股东权利"是有限责任公司、股份有限公司的普适概念，适用于所有类型的公司，与"股权"具有不同的法律内涵，并非简称与全称的关系。

问：什么是股权投资？

答：股权投资并非法律意义上的严格概念，主要出现在投资或金融领域。其含义也比较宽泛，要义是为一定的投资目的，通过投资购买公司股权，参与或控制某一公司经营活动的行为。这里的"股权"不仅指有限责任公司的股权,也指股份有限公司的股权。这种购买行为,可以发生在公开的股票交易市场上,也可以发生在公司的发起设立或募集设立场合,还可以发生在股份的非公开转让场合。日常中所称的股权投资,是指投资于非上市公司股权(份)的行为。

问:股权投资的目的是什么?

答:股权投资的目的比较复杂,由于股权具有财产权性质,持有公司股权,就相当于持有了相对应股权比例的公司财富,因此,实现财富的保值增值是股权投资的首要目的。此外,发现新的商业机会、调整产业结构及获得资产控制权等也可能成为股权投资的目的。

问:与债权投资相比,股权投资具有什么优、劣势?

答:在金融学上,将融资工具主要划分为债权与股权,债权的本质特征在于保本保息,因此,风险及收益均较低,而股权的价值会随着公司经营状况的变化而变化,当公司没有现金流时,可以说股权毫无价值;但当公司拥有稳定的现金流,甚至上市后,股权的价值获得成百上千倍的提升,这也就是股权投资的魅力所在——高风险高收益!需要进一步指出的是,尽管股权具有准物权的特征,但近年来,随着日益注重财产的交换价值,股、债之间的区分日益模糊,甚至出现股权债权化的趋势,比如出现了可转换公司债券、股权让与担保等新型融资工具。

问:个人能够从事股权投资吗?

答:我国法律鼓励个人成为公司股东,因此,自然也不禁止个人从事股权投资。在实践中,为分散投资风险,个人持有多个公司的股权,就往往属于这种情况。随着专业化的发展,越来越多的股权投资由私募投资管理人募集私募股权基金(PE)进行。这些管理人以受托人的身份,募集社会资金,从"募、投、管、退"四个环节,进行专业的股权投资。

问：股权投资中，采用何种方式可获取被投资公司股权？

答：无论是以个人形式，还是以有组织的私募股权基金形式进行股权投资，为获取公司股权，一般都采用股权转让或增资的方式进行。通过股权转让，不会增加公司的注册资本，但创始股东可能会因出让股权而退出公司，除非投资协议特别约定，否则投资资金不会滞留在公司。实践中，股权投资一般采用增资的方式进行，尽管增资会增加注册资本的金额，但通过增资方式投入公司的资金会滞留在公司，用于公司的经营发展。需注意的是，如果采用增资的方式投资有限责任公司，应约定创始股东放弃优先认购权。

问：股权投资大致的交易流程是什么？

答：私募股权投资基金的投资工作，主要包括"募、投、管、退"四个环节。其业务流程主要围绕投资决策开展，通常包括项目开发与筛选、项目立项、签订框架投资协议、财务及法务尽职调查、投资决策、签署投资协议、投资交割等环节。

问题 37：公司如何引进外部投资者？

问：如何采用增资的方式引进外部投资者？

答：增资扩股是企业融资常用的方法之一。除了将公司未分配利润和法定公积金转为注册资本外，增资扩股主要有两种方式：其一，按照原有出资比例增加出资额，并不改变出资额比例。这种方式主要适用于股东内部增资，并非引进外来投资者。其二，公司引进外来投资者，增加公司注册资本改变企业的股权比例。这种方式可能由外来投资者单独认购公司增加的注册资本，也有可能由外来投资者与原有股东一起出资购买公司拟增加的注册资本。

问：公司增资扩股的操作流程是什么？

答：在引进外来投资者的情况下，公司增资扩股一般需要经过以下流程。

第一步，投资人与目标公司达成初步合作意向。投资人与目标公司达成初步合作意向，是增资扩股的第一步。初步合作意向的达成，表明双方愿意就目标公司的增资扩股、引进新的投资人事项进行深入谈判。

第二步，制订公司增资方案。根据《公司法》的规定，由董事会制订公司增资方案。

第三步，如涉及目标公司为有限责任公司，原股东应放弃优先认购权，股东会做出增资扩股决议。根据《公司法》的规定，目标公司原股东对增资部分享有优先认购权，因此，目标公司原股东应书面承诺放弃增资。同时，有限责任公司股东会对增资方案作出决议，必须经代表 2/3 以上表决权的股东通过；股份有限公司必须经出席会议的股东所持表决权的 2/3 以上通过。

第四步，签订增资扩股协议。在增资扩股协议中，明确目标公司的原有股东接受投资方作为新股东对公司以现金或其他方式增资扩股。此外，增资扩股协议还包括增资的股本总额、增资后的注册资本、股本结构、每股金额等。

第五步,形成股东(大)会决议,修改公司章程,缴纳新增注册资本。根据增资扩股协议或协商一致,形成股东(大)会决议,修改公司章程,投资者按照修改后的公司章程缴纳投资款。

第六步,向公司登记机关办理变更登记。采取增资扩股形式的,可能同时涉及注册资本和股东的变更,这需要到公司登记机关办理变更登记。

问:在引进外部投资人时,一般都喜欢采用增资的方式进行。增资协议与公司章程之间有何区别及联系?

答:由于增资具有将投资款留在目标公司的功能,且创始股东不退出目标公司,因此,在现实中,做股权投资普遍采用增资而非股权转让的方法进行。基于先签订增资协议,后修改公司章程的程序,增资协议和公司章程之间往往具有一致性,比如公司注册资本、股东构成、出资形式和数额等事项均是两者必须注明的事项。但两者之间也有不少区别。

其一,二者适用的法律依据不同。增资协议是不要式法律文件,根据当事人之间的意思表示形成,其内容更多地体现了当事人的意志和要求,属于契约,需要遵守合同法的一般规则;公司章程是要式法律文件,公司章程必须依据《公司法》制定,并需要到公司登记机关备案,对外公示。

其二,二者约束的对象不同。增资协议是投资人与全体股东、增资标的公司订立的,主要调整的是股东之间的关系,在股东之间具有法律约束力。而公司章程调整的是股东之间、公司与股东之间、公司与公司的治理机构之间的法律关系,既对股东有约束力,也对公司、董事、监事、高级管理人员具有约束力。

其三,在是否属于公司必备的法律文件方面有差异。公司章程是法律规定的公司必备法律文件,产生在增资协议之后,因此,根据增资协议修改后的公司章程进行工商变更登记后,具有对外的公示效力,应当以公司章程作为准则,且增资协议和公司章程发生矛盾时,应以公司章程规定为准。

问：如果目标公司、创始股东与投资人已经签订了增资协议，但在后续股权变更时，因针对公司章程发生争议，对章程内容无法协商一致，这种情况下，目标公司或创始股东是否可以解除增资协议？是否涉及违约责任承担问题？

答：依前所述，是先签订增资协议，后修改公司章程，增资协议与公司章程之间相对独立。如果增资协议对修改公司章程的具体内容有约定，应依照其约定。如果增资协议没有对公司章程修改进行具体约定，目标公司或创始股东不得随意解除增资协议。只能按照增资协议完成增资，不得对增资以外的公司章程内容进行修改，否则构成违约，应承担相应的违约责任。

问题 38：股东必须要参与增资吗？

问：某有限责任公司现有 5 名股东，拟增资 1000 万元。股东在讨论增资时，出现了分歧：其中 3 名股东同意增资，但其他 2 名股东不愿意增资，同意增资的股东要求不愿增资的股东也要同比例出资。公司增资时，股东必须参与增资吗？

答：为了充实公司资本规模或引进外部投资人，公司会进行增资。由于有限责任公司的股东之间相互信赖、比较紧密，因此，当公司新增资本时，股东有权优先按照实缴的出资比例认缴出资。换言之，在公司新增注册资本时，应当由本公司的股东首先认缴，以防止新增股东打破公司原有股东之间的紧密关系，此即为股东的优先认缴权。优先认缴权是法律赋予股东的一种权利，既然是权利，股东可以行使，也可以放弃。公司部分股东放弃增资，是他们的自愿选择，是对自己权利的处分，因此，该公司同意增资的股东要求不愿增资的股东也要同比例出资是不妥当的。

问：公司增资的决策程序是什么？
答：按照法律规定，增加注册资本必须经代表 2/3 以上表决权的股东通过。

问：如果增资决议经股东会通过，并要求不愿增资的股东进行出资，这样的股东会决议是否合法？
答：这需要具体分析：其一，如果增资决议经过代表 2/3 以上表决权的股东通过，关于增资的部分是有效的；其二，股东会决议要求不愿增资的股东进行出资，这侵害了股东的优先认缴权，因此，此部分决议内容是无效的。不愿认购的股东可以向人民法院提起诉讼，请求人民法院确认股东会决议中此部分内容无效。

问：如果股东放弃对增资部分的优先认缴权，那么股东的股权比例是否会被稀释？

答：法律规定股东的优先认缴权，其中一个重要目的就是确认股东的出资比例不被稀释。如果股东自愿放弃优先认缴权，公司增资后，其股权比例自然会被稀释，这也是股东自己做出的一种选择。

问：增资过程中，部分股东放弃认缴权，其他股东对放弃的部分能否主张优先认缴权？

答：在贵州捷安投资有限公司与贵阳黔峰生物制品有限责任公司等新增资本认购纠纷申请再审案[最高人民法院（2010）民申字第1275号民事判决书]中，最高人民法院认为，优先购买权作为一种排斥第三人竞争效力的权利，对其相对人权利影响重大，必须基于法律明确规定才能享有，其发生要件及行使范围须以法律的明确规定为根据。《公司法》明确规定了在全体股东无约定的情况下，有限责任公司新增资本时股东优先认缴出资的权利以及该权利的行使范围以"实缴的出资比例"为限，超出该法定的范围，则无所谓权利的存在。所以，原股东对于其他股东放弃的增资并无优先认缴权。

问题 39：股份有限公司增资时，股东享有优先认购权吗？

问：请问股份有限公司增资时，应重点关注什么？

答：在我国《公司法》中，股份是股份有限公司特有的概念，是股份有限公司资本的最基本的构成单位。股份有限公司股份的发行，包括设立发行（募集设立方式）和新股发行两种情况。设立发行，是指股份有限公司在设立的过程中为了募集资本而进行的股份发行；新股发行，俗称"增资"，是指股份有限公司成立以后，在运营过程中为了增加公司资本而进行的股份发行。股份有限公司增资时，应重点关注如下问题。

第一，增资的决策机构。股东大会作出增加注册资本的决议，必须经出席会议的股东所持表决权的 2/3 以上通过。

第二，股份发行的原则。股份的发行，实行公平、公正的原则，同种类的每一股份应当具有同等权利。同次发行的同种类股票，每股的发行条件和价格应当相同；任何单位或者个人所认购的股份，每股应当支付相同价额。

第三，股票发行价格。股票发行价格可以等于票面金额，也可以超过票面金额，但不得低于票面金额。同时，股份有限公司以超过股票票面金额的发行价格发行股份所得的溢价款应当列入公司的资本公积金，可用于转增公司资本。

第四，增资（发行新股）决议的内容。公司在成立以后，是否需要发行新股、什么时候发行新股、发行新股的数量是多少，应由公司根据自身的经营情况和资金需求情况以及市场状况等确定。股份的发行包括向社会公开募集的发行和向特定对象募集的不公开发行两种方式。对于向特定对象私募进行的新股发行，《公司法》只要求公司发行新股应当由股东大会决议；但是，向社会公开募集发行新股，还应当符合证券法的有关规定。我国《公司法》第 133 条规定："公司发行新股，股东大会应当对下列事项作出决议：（一）新股种类及数额；（二）新股发行价格;(三)新股发行的起止日期;(四)向原有股东发行新股的种类及数额。"

第五,发行新股的价格确定因素。公司发行新股,可以根据公司经营情况和财务状况,确定其作价方案。在实际操作中,公司在确定新股作价方案时,需要考虑的因素很多,如公司的投资计划、公司的盈利状况、公司的发展前景等;通过公开发行的方式发行新股的,同时还要考虑股票市场的状况,如股票一级市场的供求情况以及二级市场的整体股价水平、股票市场的走势、股票的市盈率、同类股票的价格水平以及同期银行利率水平等因素。总而言之,股份有限公司发行新股所确定的作价方案,应当是适当的,要保证新股的发行价格能够为投资者所接受,能够吸引到足够的投资者,筹集到公司所需要的资金。

第六,变更登记、公告。公司发行新股募足股款后,公司的注册资本以及股份构成、股东姓名或者名称等事项都会发生变化,这些事项属于法定的公司登记事项的,公司应当按照有关规定向原公司登记机关提交依法设立的验资机构出具的验资证明以及有关证明,申请办理变更登记并公告。

问:在有限责任公司新增资本时,股东有权优先按照实缴的出资比例认缴出资,即股东对新增资本享有优先认缴权。股份有限公司增资时,股东也享有优先认购权吗?

答:为了维护有限责任公司人合性的经营特征,《公司法》将股东优先认购权设定为强制性规范,有其合理性。针对股份有限公司,由于股东数量较多,特别是存在无记名股票股东,笼统地规定股东享有优先认购的权利,实践中难以操作。因此,股份有限公司在新增资本时,《公司法》并未对其增资行为设定优先认购权的强制性规范。在《公司法》未规定的情况下,股份有限公司增资行为系其内部经营决策合意的结果,在不违反相关强制性法律法规的前提下,公司具体的增资方式、增资对象、增资数额、增资价款等内容应遵照公司章程约定的内容执行。

问:有股份有限公司增资纠纷的相关案例吗?

答:在张仁与云南纺织(集团)股份有限公司新增资本认购纠纷案[云南省

昆明市中级人民法院(2015)昆民五终字第 44 号]中,法院认为,公司进行增资扩股系公司内部治理的经营决策行为,由公司的决策机构作出决议并遵照执行。《公司法》第 34 条规定的股东增资优先认缴权,是《公司法》基于保护有限责任公司人合性的经营特征,对有限责任公司增资扩股行为发生时所做的强制性规范,目的在于保护有限责任公司基于人合基础搭建起来的经营运行稳定性,该规定仅适用于有限责任公司。对于股份有限公司,基于其资合性的组织形式与管理运行模式,《公司法》并未对其增资扩股行为设定优先认购权的强制性规范,股份有限公司的增资扩股行为系其内部经营决策合意的结果,在不违反相关强制性法律法规的前提下,公司具体的增资方式、增资对象、增资数额、增资价款等均由其股东(大)会决议并遵照执行。

问:股份有限公司增资时,如果股东要享有优先认购权,可以事先在公司章程中规定或增资时由股东大会决定吗?

答:如果公司章程事先没有约定、增资时股东大会也未决定股东享有优先认购权,那么股东是不享有优先认购权的。

问题 40：如何认识公司债券？

问：公司债券的含义是什么？

答：公司债券，又简称"公司债"，是公司依照法定程序发行、约定在一定期限内还本付息的有价证券。

问：公司债券发行主体是谁？

答：公司债券发行主体是公司，即有限责任公司和股份有限公司。我国《公司法》第64条第2款规定，"国有独资公司，是指国家单独出资、由国务院或者地方人民政府授权本级人民政府国有资产监督管理机构履行出资人职责的有限责任公司"。第66条规定，"国有独资公司的合并、分立、解散、增加或者减少注册资本和发行公司债券，必须由国有资产监督管理机构决定"。因此，国有独资公司作为有限责任公司，经过国有资产监督管理机构审批，也可以发行公司债券。

问：企业债和公司债有何区别？

答：第一，企业债发行主体一般是国有企业（发改财金〔2018〕1806号提出符合条件的优质民营企业也可以发行企业债券），公司债发行主体是有限责任公司和股份有限公司。当然，国有企业，如果是公司制形态，也可以发行公司债。

第二，企业债受到行政机制的严格控制，其规模和指标由国务院审批。发行企业债券的法律依据是《企业债券管理条例》，同时需要遵守国家发展改革委办公厅《关于进一步改进企业债券发行工作的通知》（发改办财金〔2013〕1890号）和国家发展改革委《关于推进企业债券市场发展、简化发行核准程序有关事项的通知》（发改财金〔2008〕7号）等部门规定。当然，如果发行企业债的企业是公司制形态，也要遵守《公司法》和《证券法》。公司债主要受《公司法》和《证券法》约束,更多的是公司基于融资需要的市场行为。

第三,发行企业债的国有企业,具有"国家信用",利率不得高于银行相同期限居民储蓄定期存款利率的40%;发行公司债的公司因为其资产质量、经营状况、盈利水平和可持续发展能力等具体情况不尽相同,因此,信用评级也不同,这些因素决定了公司债的发行规模、利率和期限。

第四,在国家发展改革委印发《关于支持优质企业直接融资 进一步增强企业债券服务实体经济能力的通知》(发改财金〔2018〕1806号)后,符合条件的优质企业可以发行企业债券,并实行"一次核准额度、分期自主发行"的发行管理方式。按照此规定发行的企业债券与公司债券的区别已不大,但政策性更强。

问题 41：何为控股股东滥用控制权及小股东应如何应对？

问：什么是控股股东？

答：控股股东，是指其出资额占有限责任公司资本总额50%以上或者其持有的股份占股份有限公司股本总额50%以上的股东；出资额或者持有股份的比例虽然不足50%，但依其出资额或者持有的股份所享有的表决权已足以对股东会、股东大会的决议产生重大影响的股东。

问：如何理解控股股东？

答：控股股东是公司的股东，而且是能够控制公司重大决策的股东。股东对公司的影响力主要表现在表决权上，因此，一般情况下，如果股东想控制公司重大决策，就必须要想办法控制一定比例的表决权。根据《公司法》的规定，控股股东依其直接控股的多少分为绝对控股股东和相对控股股东。绝对控股股东，是指其出资额占有限责任公司资本总额50%以上或者其持有的股份占股份有限公司股本总额50%以上的股东。相对控股股东，是指其出资额或者持有股份的比例虽然不足50%，但依其出资额或者持有的股份所享有的表决权已足以对股东会、股东大会的决议产生重大影响的股东。可见，判断某个股东或者某些股东是否对公司具有控制权，是否成为公司控股股东，并非完全以其出资额或所持股份是否达到某一比例为绝对标准，而是以单个股东或联合股东是否具有对公司实质上的持续性影响力与决定力而定。不论是绝对控股股东还是相对控股股东，都必须遵守法律、行政法规和公司章程，依法行使股东权利，不得滥用股东权利损害公司或者其他股东的利益，不得利用其关联关系损害公司利益。

问：控股股东滥用控制权的主要表现是什么？

答：第一，利用关联交易，直接获取不当利益。控股股东往往利用其掌控投票表决权的优势地位直接或间接决定公司经营，使公司与控股股东及其控制下的其他公司之间产生购买、销售等行为，即关联交易，通过关联交易转移公司财产。

第二，未按规定对外借款、对外担保。控股股东未经股东会决议，或以其掌控投票表决权的优势地位通过股东会决议，以不合理的高息向其他企业拆借资金、向个人借款或为控股股东的关联方提供担保。

第三，利用"资本多数决"优势，架空中小股东权利。中小股东要实现股利分配、剩余财产分配、发行新股的优先认购权、选择公司管理者等实体权利，必须要通过股东会决议。根据"资本多数决"原则，如果控股股东凭借表决权优势否决中小股东的相关提议，中小股东的实体权利就落不到实处。

问：面对控股股东滥用控制权，小股东应如何应对？

答：从小股东应对方式来说，大致可以分为管理公司的权利、退出公司的权利和对侵权行为的诉权。下面分别进行论述。

第一，管理公司的权利。除了小股东享有正常的股东权利外，占股 1/10 以上的小股东，还有特定条件下自行召集股东会的权利，从而在程序上获得对抗大股东的权利。

第二，退出公司的权利。小股东可以采用股权转让、异议股东股权收购请求权及申请解散公司权等方式退出公司。

第三，对侵权行为的诉权。股东有以下两种方式进行诉讼：其一，小股东直接诉讼。小股东的直接诉讼，是指当控股股东滥用控制权直接损害了小股东的利益时，如利用股东会剥夺小股东的分红权利时，小股东可以向人民法院提起诉讼。其二，股东代表诉讼。股东代表诉讼，是指当公司的合法权益受到不法侵害而公司却怠于起诉时，公司的股东即以自己的名义起诉，而所获赔偿归于公司的一种诉讼形态。需要注意的是，股东提起代表诉讼前应穷尽前置程序，而且股东提起代表诉讼获得胜诉后，利益归于公司，提起诉讼的股东只是按照持股比例间接分享公司由此获得的利益。

问题 42：公司如何正确地为他人提供担保？

问：最近，某公司的一名股东准备采购一批原材料，金额大约有 500 多万元。提供原材料的供应商想让某公司提供担保。我国《公司法》中，对公司为他人提供担保有何规定？给公司股东提供担保又需要履行什么程序？

答：我国《公司法》第 16 条规定，"公司向其他企业投资或者为他人提供担保，依照公司章程的规定，由董事会或者股东会、股东大会决议；公司章程对投资或者担保的总额及单项投资或者担保的数额有限额规定的，不得超过规定的限额。公司为公司股东或者实际控制人提供担保的，必须经股东会或者股东大会决议。前款规定的股东或者受前款规定的实际控制人支配的股东，不得参加前款规定事项的表决。该项表决由出席会议的其他股东所持表决权的过半数通过"。依据上述规定，公司为他人提供担保，程序上应注意以下两点：第一，依据是否为股东或者实际控制人提供担保，决策程序不一样。为公司股东或者实际控制人提供担保的，必须经股东会或者股东大会决议；为他人提供担保的，是由股东会或股东大会决议还是董事会决议，由公司章程规定。第二，公司提供担保不得突破规定的限额。公司为他人提供担保，还必须遵守公司章程规定的限额。公司章程对担保总额及单项担保的数额有限额规定的，董事会、股东会或者股东大会在作出担保决议时，不得超过规定的限额。

问：某公司为股东购买原材料提供担保，需要经过股东会决议吗？
答：需要经过股东会决议才能提供担保。

问：公司为他人提供担保，都需要有公司决议吗？是否有例外情形？
答：在实务中，公司法定代表人等没有经公司决议而自行对外担保的情况比较普遍。仅因为公司没有作出决议，就认定公司不承担担保责任，容易滋长公司恶意逃避担保责任的道德风险，为此，最高人民法院《关于适用〈中华人民共和国民法典〉有关担保制度的解释》第8条规定，"有下列情形之一，公司以其未依照公司法关于公司对外担保的规定作出决议为由主张不承担担保责任的，人民法院不予支持：（一）金融机构开立保函或者担保公司提供担保；（二）公司为其全资子公司开展经营活动提供担保；（三）担保合同系由单独或者共同持有公司三分之二以上对担保事项有表决权的股东签字同意。上市公司对外提供担保，不适用前款第二项、第三项的规定"。

问：公司法定代表人越权担保的效力和责任是什么？

答：公司的法定代表人违反《公司法》关于公司对外担保决议程序的规定，超越权限代表公司与相对人订立担保合同，人民法院应当依照《民法典》第61条和第504条等规定处理：（1）相对人善意的，担保合同对公司发生效力；相对人请求公司承担担保责任的，人民法院应予支持。（2）相对人非善意的，担保合同对公司不发生效力；相对人请求公司承担赔偿责任的，参照适用最高人民法院《关于适用〈中华人民共和国民法典〉有关担保制度的解释》第17条的有关规定。法定代表人超越权限提供担保造成公司损失，公司请求法定代表人承担赔偿责任的，人民法院应予支持。前述所称善意，是指相对人在订立担保合同时不知道且不应当知道法定代表人超越权限。相对人有证据证明已对公司决议进行了合理审查，人民法院应当认定其构成善意，但是公司有证据证明相对人知道或者应当知道决议系伪造、变造的除外。

问：上市公司提供担保有何特殊规定？

答：相对人根据上市公司公开披露的关于担保事项已经董事会或者股东大会决议通过的信息，与上市公司订立担保合同，相对人主张担保合同对上市公司发生效力，并由上市公司承担担保责任的，人民法院应予支持。相对人未根据上市公司公开披露的关于担保事项已经董事会或者股东大会决议通过的信息，与上市公司订立担保合同，上市公司主张担保合同对其不发生效力，且不承担担保责任或者赔偿责任的,人民法院应予支持。相对人与上市公司已公开披露的控股子公司订立的担保合同,或者相对人与股票在国务院批准的其他全国性证券交易场所交易的公司订立的担保合同,适用前述规定。

问:一人公司为其股东提供担保的效力?

答:一人公司为其股东提供担保,公司以违反《公司法》关于公司对外担保决议程序的规定为由主张不承担担保责任的,人民法院不予支持。公司因承担担保责任导致无法清偿其他债务,提供担保时的股东不能证明公司财产独立于自己的财产,其他债权人请求该股东承担连带责任的,人民法院应予支持。

问:公司分支机构未获授权能否为他人提供担保?

答:公司的分支机构未经公司股东(大)会或者董事会决议以自己的名义对外提供担保,相对人请求公司或者其分支机构承担担保责任的,人民法院不予支持,但是相对人不知道且不应当知道分支机构对外提供担保未经公司决议程序的除外。

金融机构的分支机构在其营业执照记载的经营范围内开立保函,或者经有权从事担保业务的上级机构授权开立保函,金融机构或者其分支机构以违反《公司法》关于公司对外担保决议程序的规定为由主张不承担担保责任的,人民法院不予支持。金融机构的分支机构未经金融机构授权提供保函之外的担保,金融机构或者其分支机构主张不承担担保责任的,人民法院应予支持,但是相对人不知道且不应当知道分支机构对外提供担保未经金融机构授权的除外。担保公司的分支机构未经担保公司授权对外提供担保,担保公司或者其分支机构主张不承担担保责任的,人民法院应予支持,但是相对人不知道且不应当知道分支机构对外提供担保未经担保公司授权的除外。

公司的分支机构对外提供担保,相对人非善意,请求公司承担赔偿责任的,参照最高人民法院《关于适用〈中华人民共和国民法典〉有关担保制度的解释》第17条的有关规定处理。

问题 43：如何理解公司向其他企业投资的限制性规定？

问：新旧《公司法》对公司向其他企业投资有何规定及区别？

答：现行《公司法》第15条规定，"公司可以向其他企业投资；但是，除法律另有规定外，不得成为对所投资企业的债务承担连带责任的出资人"。2004年《公司法》第12条规定，"公司可以向其他有限责任公司、股份有限公司投资，并以该出资额为限对所投资公司承担责任。公司向其他有限责任公司、股份有限公司投资的，除国务院规定的投资公司和控股公司外，所累计投资额不得超过本公司净资产的百分之五十，在投资后，接受被投资公司以利润转增的资本，其增加额不包括在内"。总体来说，新旧《公司法》对公司向其他企业投资均有限制性规定，但两者有显著区别。

第一，投资对象的扩大。2004年《公司法》规定的投资对象仅限于其他有限责任公司、股份有限公司，非有限责任的企业不能作为投资对象。现行《公司法》使用的是"其他企业"字眼，其字义显然要广泛一些，即投资对象可以是有限责任公司、股份有限公司，也可以是合伙企业、外资企业等。

第二，对投资限额不作限制。2004年《公司法》规定"除国务院规定的投资公司和控股公司外，所累计投资额不得超过本公司净资产的百分之五十"，即投资限额为不得超过本公司净资产的50%。现行规定则对投资限额不再作具体规定。

第三，对外投资责任承担不同。2004年《公司法》规定"以该出资额为限对所投资公司承担责任"。现行规定是原则上不能"对所投资企业的债务承担连带责任"，即非连带责任可以承担。同时，还留有余地"除法律另有规定外"，即如果法律有规定，公司在对外投资过程中也可以对外承担连带责任，因此，承担责任的范围变大。

问：《公司法》第 15 条规定，除法律另有规定外，不得成为对所投资企业的债务承担连带责任的出资人。换言之，如果法律另有规定，公司也可以对所投资企业的债务承担连带责任。这里"法律另有规定"如何理解？

答：我国《合伙企业法》第 2 条规定："本法所称合伙企业，是指自然人、法人和其他组织依照本法在中国境内设立的普通合伙企业和有限合伙企业。"《合伙企业法》第 3 条规定，"国有独资公司、国有企业、上市公司以及公益性的事业单位、社会团体不得成为普通合伙人"。从这两条规定可知，只要不是国有独资公司、国有企业、上市公司，均可以成为普通合伙人。换言之，私有的有限责任公司和非上市股份公司，可以成为对所投资企业的债务承担连带责任的出资人。这就是"法律另有规定"的情形之一。

问：如何理解《公司法》对公司向其他企业投资的限制性规定？

答：对外投资是公司的重大经营行为，风险很大。如果决策不当，将会给公司、公司的股东和债权人造成重大损失。因此，为了避免风险，引导公司对外投资行为，现行《公司法》对公司向其他企业投资的程序作出指引。《公司法》第 16 条第 1 款规定，"公司向其他企业投资或者为他人提供担保，依照公司章程的规定，由董事会或者股东会、股东大会决议；公司章程对投资或者担保的总额及单项投资或者担保的数额有限额规定的，不得超过规定的限额"。该规定包括以下两方面内容。

第一，公司对外向其他企业投资的行为，根据公司章程的规定，由董事会或股东（大）会决议，即公司对外向其他企业投资必须经公司权力机构决议。根据公司章程的规定，对外向其他企业投资的决定权，既可以授权给董事会决议，也可以授权给股东（大）会决议。

第二，如果公司章程已明确对外投资总额及单项投资数额有限额，则不能超过该限额。如果非得要超出该限额，只能依法修改公司章程，并对此做出相应的修正以提高限额，否则，该项投资决议可能会因违反程序而无效。

问题 44：如何认识资本公积？

问：什么是资本公积？

答：资本公积，是指公司在经营过程中由于接受股东捐赠、债务豁免或代偿、股本溢价以及法定财产重估增值等原因所形成的公积金。资本公积是与公司经营收益无关，而与资本相关的权益。我国《企业会计准则》所规定的可计入资本公积的有两大类：资本（股本）溢价、其他资本公积。

问：资本公积的来源是什么？

答：公司必须要有注册资本，而在注册资本之外，还存在不同种类的公积金。对于公积金，《公司法》没有给出直接的定义。根据来源不同，公积金大体可分为两大类，即盈余公积金和资本公积金。

盈余公积金主要来源于税后利润，盈余公积金具体又可以分为法定公积金和任意公积金。公司分配当年税后利润时，法定公积金是必须的，每年提取的比例是税后利润的10%，当累积到公司注册资本的50%时可以不再提取。公司提取法定公积金后，股东可以自行决定是否提取任意公积金。提取盈余公积金有一个前提，即历年亏损已经弥补，同时盈余公积金可以用于弥补亏损。

资本公积金来源于《公司法》第167条的规定，"股份有限公司以超过股票票面金额的发行价格发行股份所得的溢价款以及国务院财政部门规定列入资本公积金的其他收入，应当列为公司资本公积金"。虽然该条规定的是股份有限公司，但实务中，有限责任公司同样是适用的。换言之，资本公积作为公积金中的一项，为公司的资本，归属于公司。

从会计法规角度来看，资本公积属于所有者权益，其作为公司收到投资者超出其在公司注册资本（或股本）中所占份额的投资以及直接计入所有者权益的利得和损失，包括资本(或股本)溢价、接受捐赠资产、拨款转入、外币资本折算差额等(《企业会计制度》第82条)。具体来说，大体上可以分为三类：一是与出资有关但不计入股本的现金或实物流入，主要指股本(或资本)溢价；二是某些意味着所有者权益增加但又未能实现无法确认的项目，比如"资产评估增值准备""接受捐赠资产准备""股权投资准备"等准备类项目；三是基于特殊的会计处理方法而导致的所有者权益的账面增长，主要是母公司按照权益法核算的由于子公司准备类项目增加的资本公积而按比例计算应享有的增值部分等。

问：资本公积有哪些用途？

答：第一，可以用于转增资本。《公司法》等法律规定，资本公积的用途主要是转增资本，即增加实收资本(注册资本)。需要注意的是，资本公积和实收资本同属于所有者(股东)权益，因此，资本公积转增资本并不能导致所有者权益总额的增加。但是，并非所有的资本公积都可以用于转增资本。根据新《企业会计准则》的规定，"资本公积——其他资本公积"的核算都是由特定资产计价变动而形成的，该变动会随着特定资产的价值变化而变化，在处置该特定资产后，相关的资本公积也会一并处置。因此，该科目的资本公积具有临时归集的性质，在特定资产还未处置时，不得用于直接转增资本。

第二，禁止用于弥补亏损。绝大多数国家的公司法均未禁止资本公积补亏，但一般会对资本公积补亏的顺序加以限制，通常只有在当年利润、盈余公积无法弥补亏损的情况下，资本公积才能用于补亏。我国2005年修订的《公司法》明确禁止资本公积金用于弥补亏损。

第三，禁止用于利润分配。禁止资本公积用于利润分配，主要是为了防止非经营所得的资本增值被当作经营利润进行处置，从而造成老股东对新股东权益的侵害。

问：资本公积转增资本时，税务问题应如何处理？

答：资本公积转增资本，主要涉及转增资本的股东所得税问题。

第一，关于自然人股东。除了股份有限公司以股票溢价发行形成的资本公积金转增注册资本不需要缴纳个人所得税以外,其他资本公积金包括前文所述的资本溢价等转增注册资本时,自然人股东需要按照"利息、股息、红利所得"项目计征个人所得税(适用税率为20%)。

第二,关于法人股东。公司以资本溢价形成的资本公积金转增注册资本,法人股东税务上是不需要确认收入的,其自然无须缴纳企业所得税。

第三,关于合伙企业。合伙企业本身不存在所得税纳税义务,其合伙人按照相关规定申报缴纳所得税。合伙企业合伙人是自然人的,缴纳个人所得税;合伙人是法人和其他组织的,缴纳企业所得税。对于企业法人合伙人,根据国家税务总局《关于贯彻落实企业所得税法若干税收问题的通知》(国税函〔2010〕79号)的规定,被投资企业将股权(票)溢价所形成的资本公积转为股本的,不作为投资方企业的股息、红利收入。因此,企业法人合伙人无须缴纳企业所得税。

问题 45：股权投资协议解除时，计入资本公积的投资款能否要求返还？

问：2015年，某投资公司采用增资的方式，投资了一家科技类公司。增资金额为2000万元，占其20%的股权，其中，500万元计入公司注册资本，其余的1500万元计入公司资本公积。近日，某投资公司与这家科技类公司拟解除股权投资协议，并要求将1500万元的资本公积返还。计入资本公积的投资款能要求返还吗？

答：在投资实践中，对于投资款，一般分为两部分：一部分投资款，作为注册资本登记，计入公司"注册资本"会计科目中；另一部分投资款，作为股权的溢价，计入"资本公积"会计科目中，属于所有者权益的一部分。超过注册资本部分的投资款计入资本公积后，属于公司的资本性收入，不得随意减少、调整、抽回，其与注册资本一样具有维持企业资本信用的作用。某投资公司将2000万元投入科技类公司后，这笔投资款无论是计入公司注册资本，还是计入公司资本公积，都属于公司的财产。在股权投资协议解除时，要求科技类公司向某投资公司返还1500万元资本公积，没有任何法律依据，也得不到人民法院支持。

问：关于这一点，有这方面的案例做支撑吗？

答：有的。其一，可参阅《最高人民法院公报》2010年第2期刊载的兰州神骏物流有限公司与兰州民百（集团）股份有限公司侵权纠纷案。该案例裁判摘要中有表明，"公司因接受赠与而增加的资本公积金属于公司所有，是公司的财产，股东不能主张该资本公积金与自己持股比例相对应的部分归属于自己"。其二，可参阅浙江玻璃股份有限公司与浙江新湖集团股份有限公司、董利华、冯彩珍、第三人青海碱业有限公司增资纠纷案[浙江省高级人民法院（2011）浙商终字第36号]。在该案中，人民法院认为，首先，根据《公司法》第167条规定，股份有限公司以超过股票票面金额的发行价格发行股份所得的溢价款以及国务院财政部门规定列入资本公积金的其他收入,应当列为公司资本公积金。《企业财务通则》第17条规定,"对投资者实际缴付的出资超出注册资本的差额(包括股票溢价),企业应当作为资本公积管理"。其次,资本公积金虽然不同于公司的注册资本需在工商行政管理部门登记,但其与注册资本均属于公司资本范畴,是公司的资本储备,目的在于巩固公司的财产基础,加强公司信用。再次,根据公司资本维持原则的要求,公司在其存续过程中,应维持与其资本额相当的实有资产。为使公司的资本与公司资产基本相当,切实维护交易安全和保护债权人的利益,《公司法》第35条明确规定:"公司成立后,股东不得抽逃出资。"同理,对于公司增资的新股东来说,同样不得抽回其向公司的投资。因此,股东向公司已缴纳的出资无论是计入注册资本还是计入资本公积金,都形成公司资产,股东不得请求返还。

问:通过减资,股东可以抽回计入资本公积的出资吗?

答:《公司法》中所规定的减资,仅针对注册资本,不针对资本公积,因此,不同于减少注册资本,计入资本公积的出资是不能直接通过减资抽回的。

问:如果打算抽回计入资本公积的出资,应该如何操作呢?

答:根据《公司法》第168条规定,"公司的公积金用于弥补公司的亏损、扩大公司生产经营或者转为增加公司资本"。可见,公积金包括盈余公积金和资本公积金,都可以转增注册资本,而转增注册资本后经公司法定程序,是可以进行减资的。因此,计入资本公积的出资要通过减资抽回,需通过转增公司注册资本,然后再减资的路径进行。

问题 46：有限责任公司可以接受本公司股权做质押吗？

问：什么是股权质押？

答：在日常的交易中，股权质押是一种常见的融资担保方式，尤其上市公司大股东将股份质押，已非常普遍。依据《民法典》规定，质押分为动产质押与权利质押。股权质押属于权利质押的一种形式。股权质押是出质人向质权人以其所持有的依法可以转让的股权作为质押标的物而设立的质押。换言之，股权质押，是指为担保债务的履行，债务人或者第三人将其持有的依法可转让的股权质押给债权人，债务人不履行到期债务或者发生当事人约定的实现质权的情形，债权人有权以该股权折价或者以拍卖、变卖方式所得的该股权的价款优先受偿。股权质押的外在表现形式，就是出质人将其股权在登记机关办理股权质押登记（登记完成后，登记机关向质权人和出质人出具《股权出质设立登记通知书》），在质押期间，出质股权在登记机关无法办理股权转让登记。

问：股权质押有类型上的划分吗？

答：依据登记机构的不同，可以将股权质押分为上市公司的股份质押和其他公司（包括有限责任公司、非上市股份有限公司）的股权（份）质押。上市公司的股份质押由中国证券登记结算有限责任公司进行登记。有限责任公司及非上市股份有限公司的股权（份）质押登记由市场监督管理部门进行。但需注意的是，《民法典》第443条规定："以基金份额、股权出质的，质权自办理出质登记时设立。"《民法典》生效后，只要在国家认可的登记机构办理质押登记，均可产生权利质押的法律效力。换言之，依据公司性质等不同的情况，质押登记机构可能是"证券登记结算机构""市场监管部门"，甚至是"全国中小企业股份转让系统"及省级"股权交易中心"等。

问：如何区分股权质押合同的生效与质权的设立？

答：设立质权，必须签订质押合同，这是先决条件。签订股权质押合同属于债权行为。而设立质权系创设担保物权，属于物权行为。因此，股权质押合同的生效和质权设立，不能混为一谈。依据《民法典》规定，股权质押合同自成立时生效，质权自办理出质登记时设立。股权质押合同签订后，如果当事人不配合办理出质登记，将承担违约责任。

问：有限责任公司可以接受本公司股权做质押吗？

答：股份有限公司股东可以将股权质押给本公司以外的自然人、法人或其他非法人组织，不得将股权质押给本公司。而对于有限责任公司股东是否可以将其持有的本公司的股权质押给本公司为自己或他人的债务提供质押担保并无具体规定。理论上，有的认为限于资本维持原则，有限责任公司不能接受本公司的股权做质押；有的认为，法律没有明确禁止有限责任公司不能接受本公司的股权做质押，依据"法无禁止即可为"的原则，应允许有限责任公司接受本公司的股权做质押。在司法实践中，大多人民法院认为，"有限责任公司接受本公司股权质押"并未"违反法律法规强制性规定"，因此，股权质押行为有效。但需注意的是，部分地方市场监督管理部门以规范性文件形式，要求不得为"以股权出质给本公司的行为"办理股权出质登记手续。

问：依据现行法律法规，有限责任公司接受本公司股权做质押还是有一定的风险，对此，有什么好的建议吗？

答：首先，应当签订书面质押合同。其次，为了确保股权质权的有效设立，建议提前与属地市场监督管理部门沟通确认是否可以办理股权出质登记；如果属地市场监督管理部门不办理，可以到省级"股权交易中心"等进行登记。

问题 47：股东如何退出有限责任公司？

问：在有限责任公司经营过程中，经常会遇到各种各样的问题，如公司经营风险增大、股东权利被损害、公司陷入表决僵局等。当这些情况发生时，有的股东自然想退出公司，请问股东退出公司的具体原因有什么？

答：股东退出有限责任公司，可能有以下几种原因。

第一，自愿退出。股东不看好公司发展前景或因自身资金原因，不愿再继续投资公司。

第二，异议退出。由于对公司发展方向、经营策略、经营管理或人事、财务等存在异议，异议股东按照法律规定或协商约定，向其他股东或公司转让股权而退出。

第三，强制退出。因股东违反法律、法规或公司章程以及股东协议的约定，严重损害公司或其他股东权益，通过一定程序，强制将其进行除名。比如，股东未履行出资义务、违反竞业禁止协议、存在严重损害公司及其他股东权益的行为等。

第四，公司解散或清算。因经营困难或无法形成股东会决议，导致公司陷入僵局无法继续经营的，公司会进行清算并注销。股东在清偿完公司债务后，依法对剩余财产进行分配，从而退出公司。

问：具体有哪些退出路径？

答：除公司破产使股东退出公司外，依据《公司法》的相关规定，股东退出有限责任公司主要有以下几条路径。

第一，股权转让。股权转让又分成内部转让和外部转让。内部转让就是某股东要退出，可以将所持股权转让给其他股东。这种方式不论在程序上，还是在操作便捷度上是最有优势的。只要转让方和受让方达成一致,内部转让不受任何限制。而对外转让则是指拟退出股东将股权转让给除现有股东之外的第三人。对外转让在程序上相对复杂。根据《公司法》第71条规定,向股东以外的人转让股权,应当经其他股东过半数同意。如果其他股东不同意转让股权,应当在收到股权转让书面通知之日起30天内答复,否则视为同意。另外,不同意转让的股东应当购买拟转让的股权,不购买的,也视为同意转让。

第二,公司减资。有限责任公司股东希望退出公司,但无法找到合适的股权受让人,且也不满足法律规定或约定的可回购条件时,经公司同意且不损害公司债权人利益的情况下,可考虑通过公司减资的方式,实现股东退出。《公司法》第177条对减资程序作出了严格的规定。公司需要减少注册资本时,必须编制资产负债表及财产清单。公司应当自作出减少注册资本决议之日起10日内通知债权人,并于30日内在报纸上公告。债权人自接到通知书之日起30日内,未接到通知书的自公告之日起45日内,有权要求公司清偿债务或者提供相应的担保。

第三,由公司回购股权。(1)异议退出。《公司法》并没有完全禁止有限责任公司回购股权。《公司法》第74条规定,"异议股东"可以要求公司回购其股权,并且明确了股东可以对针对如下事项作出的决议提出异议:公司连续5年盈利但不向股东分红的;公司合并、分立、转让主要财产的;按公司章程规定,公司应当解散但股东会决议修改章程使公司存续的。另外,如果回购无法达成一致,《公司法》还为异议股东提供了最后的救济途径。在回购陷入僵局时,异议股东可以在决议通过之日起90天内向人民法院起诉。(2)约定退出。股东作为公司投资人,在签订投资协议或股东协议时,可以与公司及其他股东约定退出条件,如出现某种特定情形时,原股东及公司需以一定的价格回购投资人所持股权,投资人退出公司。约定此种方式的退出条款又称为"对赌条款"。

第四,解散公司。公司因下列原因解散:(1)公司章程规定的营业期限届满或者公司章程规定的其他解散事由出现;(2)股东会或者股东大会决议解散;(3)因公司合并或者分立需要解散;(4)依法被吊销营业执照、责令关闭或者被撤销;(5)人民法院依照《公司法》第182条的规定予以解散。《公司法》第182条规定,"公司经营管理发生严重困难,继续存续会使股东利益受到重大损失,通过其他途径不能解决的,持有公司全部股东表决权百分之十以上的股东,可以请求人民法院解散公司"。公司一经解散,经过清算程序后,所有股东就可以退出公司了。

问:如何提前避免股东退出纠纷？

答:股东退出是公司发展过程中必须面对的问题,因此,在公司设立之初,就需要在公司章程或股东协议中制订合理的退出机制,对股东退出的方式、价格等作出合理的规划。

第一,提前制订退出机制。公司设立或引进新的投资人时,可在公司章程或投资协议中进行书面约定,比如需要退回的原因、股权比例、退回形式及退回价格等,确立股东退出的心理预期。实践中,因每个地方的登记机关的要求不同,要在公司章程中对上述条款进行约定可能会受到限制,因此,可考虑通过股东协议予以约定,将公司法方面的问题转换为合同法层面的问题,依据合同约定来解决相关问题。

第二,支付合理的退出价格。退出股东作为公司的创始人或者投资人,对公司经营投入了一定的成本。在股东退出时,应承认退出股东的历史贡献,因此,在公司回购或公司股东回购退出股东所持股权时,应给出一个合理的受让价格。根据股东的贡献价值或股权价值,在公平对价的基础上给予适当调整。比如股权回购价格可通过公司最近一期经审计的净资产溢价,或者最近一期财务数据对应的价值,或者公司最近一轮投资估值的一定比例折价确定。

第三,约定股东退出时的违约条款。股东退出,一般都是伴随股东之间的矛盾而发生的,因此,为了防止退出股东不配合办理股权回购手续或变更工商变更登记的情形,可以在退出机制中设定一定数额的违约金,以此增加股东退出的违约成本。

问题 48：公司不分红时，小股东如何应对？

问：甲是某有限公司的小股东，占有公司12%的股权比例。近两年公司经营状况比较好，每年盈利均上千万元。甲向公司提出要求按股权比例分配红利，但公司回复说，由于公司今年要开发新产品，需要投入大量资金，因此，准备不分红。请问法律上对公司分红权是如何规定的？甲可以向人民法院起诉要求公司分红吗？

答：对公司分红问题，我国《公司法》主要从以下方面进行了规定：其一，股利分配的资金来源。依据《公司法》第166条的规定，股利分配的资金来源为当年税后利润弥补亏损、提取法定公积金与任意公积金后的余额。其二，股利分配的决定机关。依据《公司法》第37条的规定，公司分配股利时，必须遵守法定程序，由股东会或股东大会作出分配股利的决议。其三，分配股利的原则。股东按出资比例分配公司利润，这是通则；也可以不按出资比例分配公司的利润，但这需要有公司章程的特别约定才可以。

问：既然公司是否分红由股东会决定，只要为了公司的发展或其他原因，那是否意味着股东会可以一直不向小股东分红？

答：是否分配和如何分配公司利润，原则上属于商业判断和公司自治的范畴，人民法院一般不应介入，因此，股东请求公司分配利润的，应当提交载明具体分配方案的股东会或者股东大会决议；未提交的，人民法院原则上应当不予支持。在实践中，公司大股东违反同股同权原则和股东权利不得滥用原则，排挤、压榨小股东，导致公司不分配利润，损害小股东利润分配权的现象时有发生，为此，《公司法司法解释（四）》第15条但书部分规定，公司股东滥用权利，导致公司不分配利润，给其他股东造成损失的，司法可以适当干预，以实现对公司自治失灵的矫正。

问："违反法律规定滥用股东权利,导致公司不分配利润,给其他股东造成损失的"具体指哪些情形?

答:从司法实践来看,股东控制公司从事下列行为之一的,可以认定为滥用股东权利:给在公司任职的股东或者其指派的人发放与公司规模、营业业绩、同行业薪酬水平明显不符的过高薪酬,变相给该股东分配利润的;购买与经营不相关的服务或者财产供股东消费或者使用,变相给该股东分配利润的;为了不分配利润隐瞒或者转移公司利润的。出现上述情形,可以作为判断"违反法律规定滥用股东权利,导致公司不分配利润,给其他股东造成损失的"的具体情形。需进一步指出的是,总体上,人民法院在审理强制公司分配利润案件时,应当尽可能穷尽公司内部的救济途径,积极行使释明权,尽量促使公司作出分配利润的决议。

问:现在公司告诉甲是为了开发新产品才不分红的,那这是否属于大股东滥用股东权利呢?

答:为了公司的发展,公司产品肯定要推陈出新,否则很容易在激烈的竞争中被淘汰。如果公司确实将盈利用于新产品的开发,很难说大股东在滥用股东权利,因为,公司发展壮大以后,对大小股东均是有利的。

问:如果公司一直不分红的话,甲是否还有其他办法呢?

答:根据《公司法》第74条的规定,如果公司连续5年不向股东分配利润,而公司该5年连续盈利,并且符合本法规定的分配利润条件的,对股东会该项决议投反对票的股东可以请求公司按照合理的价格收购其股权,这可以说是股东分红权根本无法落实情况下的终极救济途径。当然,这一救济手段具体行使时,不仅要注意满足上述实质要求,还要满足程序要求,即自股东会会议决议通过之日起60日内,股东与公司不能达成股权收购协议的,股东自股东会会议决议通过之日起90日内向人民法院提起诉讼。另外,还可以依据具体情况,考虑让大股东进行股权回购或将公司解散等救济路径。

问：股东未履行或者未全面履行出资义务时，如何限制该股东的分红等权利？

答：《公司法司法解释(三)》第16条规定，"股东未履行或者未全面履行出资义务或者抽逃出资，公司根据公司章程或者股东会决议对其利润分配请求权、新股优先认购权、剩余财产分配请求权等股东权利作出相应的合理限制，该股东请求认定该限制无效的，人民法院不予支持"。根据该规定，限制股东利润分配请求权、新股优先认购权、剩余财产分配请求权等股东权利，应当同时具备以下条件：其一，股东未履行或者未全面履行出资义务，或者有抽逃出资的行为；其二，应当根据公司章程或者股东会决议作出限制。

问：要限制股东的分红等权利，还应当注意什么？

答：第一，股东要及时、全面地履行出资义务，否则，有被公司决议限制股东权利的风险。第二，限制股东权利一定要在公司章程中作出规定，或者经过股东会决议表决。如果股东会决议程序无效，那么也无法对股东的权利作出限制。第三，对未出资股东的收益权可以进行合理限制，但对知情权、表决权、提案权、解散公司的诉讼权等参与管理权不应作严格限制。

问题 49：股东之间能否约定不按照出资比例分红？

问：一家有限责任公司,公司注册资本为 200 万元,甲认缴出资 50 万元,实缴出资 30 万元;乙认缴出资 80 万元,实缴出资 50 万元;丙认缴出资 70 万元,实缴出资 30 万元。公司去年收益不错,大约有上百万元的净利润。最近,公司决定分红,分红的比例是什么？

答：股东分红权是股东各项权利的核心,是指股东能从公司净利润中分得投资收益的权利。股东投资公司的最终目的,就是从公司获取利润分红。我国《公司法》第 34 条、第 166 条对股东分红权作了具体规定。

问：股东分红的具体程序是什么？

答：我国《公司法》对税后利润分配有以下要求。

第一,要提取法定公积金。按照规定,公司在缴纳税款后分配利润前,应当提取利润的 10% 列入公司法定公积金。当法定公积金累积额达公司注册资本的 50% 时,可不再提取。需要说明的是,公司的法定公积金不足以弥补以前公司亏损的,在依照规定提取法定公积金之前,应当先用当年利润弥补亏损。公司在从税后利润中提取法定公积金后,经股东会或股东大会决议后,可以提取任意公积金。

第二,分配。由于公司形式不同,其分配也不完全相同。公司弥补亏损和提取公积金后所余税后利润,有限责任公司按照股东的实缴出资比例分配,股份有限公司按照股东持有的股份比例分配。但是,有限责任公司股东一致同意不按实缴出资比例分配、股份有限公司章程规定不按持股比例分配的除外。另外需指出的是,一是股东会、股东大会或者董事会,确定分配原则时,不能违反《公司法》有关弥补亏损或提取公积金的强制性规定,如果违反规定进行分配的,股东应将分配的利润退还给公司;二是公司持有的本公司的股份不得分配利润。

第三,是否分配利润属于股东会的权力,一般情况下司法不会干预。依据《公司法司法解释(四)》中的规定,股东提交载明具体分配方案的股东会或者股东大会的有效决议,请求公司分配利润,公司拒绝分配利润且其关于无法执行决议的抗辩理由不成立的,人民法院应当判决公司按照决议载明的具体分配方案向股东分配利润。股东未提交载明具体分配方案的股东会或者股东大会决议,请求公司分配利润的,人民法院应当驳回其诉讼请求,但违反法律规定滥用股东权利导致公司不分配利润,给其他股东造成损失的除外。

问:作为有限责任公司,应该按照实缴的出资比例分红,那么,可否不按照这一比例分红,而按照认缴出资比例或其他比例分红?

答:一般情况下,股东分取红利是按照股东实缴的出资比例进行计算,缴得多分得多,缴得少分得少,与股东的认缴出资比例无关,实缴出资所占比例较大的股东,获取的红利比例也会较大。同时,我国《公司法》规定,公司章程或全体股东可以约定不按照实缴出资比例分取红利。这表明,全体股东可以在公司章程或者股东协议中约定其他的分红方案。如何向股东分配利润的决定权在股东手中,由股东根据具体情况作出决定。需注意的是,要改变《公司法》规定的不按照实缴出资比例分取红利,必须经全体股东约定,而不得采取多数决的方式。

问题 50：股东分红权能否单独转让？

问：甲作为出借人，把 320 万元借给某个公司的股东。同时，由于这个股东持有公司 30% 的股权。他们在协议中约定，借款人将股东分红权的 20% 转让给出借人。股东分红权可以转让吗？这样的约定有效吗？

答：利润分配请求权，又称为股东分红权，是指股东基于其公司股东的资格和地位享有的，请求公司向自己分红的权利。根据《公司法》第 4 条的规定，公司股东依法享有资产收益、参与重大决策和选择管理者等权利。除了获取资本利得，获取分红是股东投资公司主要目的之一，因此，利润分配请求权是股东所享有的一种固有权，不容公司章程或公司治理机构予以剥夺或限制。以股东分红权等为基础的资产收益权交易，尽管已在金融领域大量运用，但大部分资产收益权在法律上并无明确的规范性依据，故其合法性一直饱受争议。

问：在金融领域，以信托、理财等为投资对象的产品，经常都涉及构建了收益权转让、转让加回购等交易结构，应该如何认识这些产品的合法性呢？

答：股东分红权究竟能否转让？主要可以从理论及实践两个层面进行分析。

其一，在理论上存在争议。最高人民法院民二庭在其编著的《最高人民法院公司法司法解释（四）理解与适用》一书中认为，利润分配请求权能否单独转让，是指利润分配请求权不与股权一并转让。这是否能允许，要区分具体利润分配请求权与抽象利润分配请求权。公司作出分配利润决议，股东享有的是具体利润分配请求权，该权利产生于作为成员权的抽象利润分配请求权，但已经脱离利润分配请求权独立存在，性质上与普通债权无异，故股东可以不转让股权的情况下，将公司利润分配决议已经确定分配的利润转让给他人。受让人即使不是公司的股东，亦可以基于公司利润分配决议向公司主张分配利润。因此，请求公司分配利润诉讼的原告,虽然通常是股东,但是亦可能是从享有具体利润分配请求权的股东受让具体利润分配请求权的主体。此时,该原告除了要提交载明具体分配方案的股东会决议,亦需要提交其从有权分配利润股东处受让利润分配请求权的证据材料。公司未作出利润分配的决议,股东享有的是抽象的利润分配请求权,该抽象利润分配请求权属于股东成员资格的重要内容,能否单独进行转让,有待进一步研究。在德国,股东在每年的决算盈余或者(有时候是经过盈余结转或亏损结算调整后)年度盈余上拥有一个份额请求权。只要没有决定不分配红利,每个股东根据其出资的份额享有分红请求权。该分红请求权只是一项未来的、数额不确定的债权。但是,根据转让未来债权的法律规定,这一请求权是可以转让、抵押和典当的。在日本,股东通过决议决定分红前,仅将分红请求权让渡给他人是不会被许可的。我国《公司法》对于公司利润分配制度的设计,并未采德国的做法,赋予股东对每年应予一个一般性的分红请求权,故抽象利润分红请求权更多是不确定的期待权,尚未成为不确定的将来债权,能否单独转让理论上有待研究。虞政平认为,股利分配权更多的是财产权属性,特别是具体的股利分配权具有债权的属性,其当然可以自由转让。抽象的股利分配权虽然是一种期待权,但是股利分配权的财产权属性,使得以这一权利为基础的期待权具有财产价值,可以成为法律行为处分之标的,但缺乏可操作性。但金剑锋等认为,股东利益分配请求权属于股权的有机组成部分,不论在任何情况下都不能单独转让,只有具有股东资格的主体才可以向公司行使红利分配请求权。

其二,实践中,如果法律没有明确允许,不允许股权分红权转让。在安信信托与天悦投资等合同纠纷案中,一审法院认为,股息红利与股东投票权、剩余财产分配权、知情权等类似权利,均是民事主体基于股东身份所依法享有的权利。如准许上述权利与股东身份分离并单独让与,将会导致非股东可以向公司主张上述各项权利。这显然不符合《公司法》的基本立法目的。因此,当法律没有规定上述权利可以脱离股东身份单独让与时,即使当事人以合同方式约定转让,亦不可能发生法律上的效力。

问：在安信信托与天悦投资等合同纠纷案中，最高人民法院认为，根据股权收益权转让及回购协议的具体约定，并结合相关当事人在履行协议中提供担保的事实，回购义务人的主要合同目的在于融通资金，受让人的主要合同目的在于收取相对固定的资金收益，双方当事人的真实交易目的在于通过出卖而后回购的方式以价金名义融通金钱，根据协议性质可参照借款合同的相关规定处理。换言之，最高人民法院没有对股东分红权能否转让的问题进行认定，而仅认为股权收益权转让及回购协议在本质上是融通资金的借款协议。

答：最高人民法院确实没有对股东分红权能否转让发表明确意见，但一审法院的观点也很有说服力，即"法律没有规定上述权利可以脱离股东身份单独让与时，即使当事人以合同方式约定转让，亦不可能发生法律上的效力"。可见，在司法实践中，人民法院倾向于抽象的股利分配权不得转让。

问题 51：股权（份）转让一定要办理变更登记吗？

问：在非上市股份公司的工商登记档案中，仅登记有发起人。购买股份公司发起人的股份，需要做变更登记吗？

答：非上市股份有限公司股份转让依法不属于我国《市场主体登记管理条例》第9条登记事项的范围，因此，非上市股份公司股份转让不需申请变更登记。

问：《市场主体登记管理条例》第8条第2款第1项中，有关于股份有限公司发起人的姓名或者名称的登记事项，这是否意味着发起人股份转让需要做变更登记呢？

答：这里讲的是发起人的姓名或者名称属于登记事项，因此，发起人姓名或者名称的改变就属于变更登记事项。比如发起人原本叫"张三"，现改名叫"张五"，那就需要做变更登记。而发起人将股份转让，则不需要做变更登记。关于此点，进一步阐述如下：发起人，就是指股份有限公司的创立人、设立人。在工商登记意义上，"发起人"仅是一个特定称谓，仅指股份有限公司设立行为的实施者，这一称谓不会转移给任何其他人。比如"张三"是 A 股份公司的发起人，则不管"张三"是否再持有公司的股份，"张三"将永久保留"发起人"这个特定称谓。基于股份公司架构下的"发起人"是特定时点的特定称谓，不仅后面进来的股东不能称为"发起人"，而且"发起人"转让全部所持股份后，其依旧在工商局档案中显示为"发起人"。这就比较容易理解，为什么"发起人"无须做变更登记了，因为"发起人"根本不因股权转让而发生变化。

问：有限责任公司内部股东之间不引起股东名称发生变化的股权转让，需要办理变更登记吗？

答：根据《市场主体登记管理条例》第8条第2款第1项规定，"登记事项"仅包括"有限责任公司股东的名称或姓名"，而不包括股东认缴和实缴的出资额。因此，如果仅仅是公司股东内部之间的股权转让，且该转让并未引起股东名称发生变化，则该股权转让无须办理变更登记。例如，A公司股东甲、乙各持股50%，股东甲将其中的30%转让给乙，甲持股20%，乙持股80%。A公司股东在股权转让前后均为甲、乙，此次转让未导致A公司股东名称发生变化，因此无须办理变更登记手续。就工商登记而言，仅"有限责任公司股东的名称或姓名"系登记事项，只要"股东名称"没有发生变化，就无须办理变更登记手续。但如果"股东名称"变化了，包括股东更换和股东更名，则均需办理相应变更登记手续。

问：对于无须办理变更登记的股（份）权转让，是否需要向登记机关申请备案？

答：对于上述无须办理变更登记的股（份）权转让，本身均不需申请备案登记。如果涉及章程修改，则须根据我国《市场主体登记管理条例》第29条规定，公司应当自作出变更决议、决定或者法定变更事项发生之日起30日内向登记机关办理备案。

问：既然非上市股份公司股份转让不做变更登记，那么该如何确定非上市股份公司的股东身份？

答：第一，一般来说，发起人转让非上市股份有限公司股份的大致流程是：股票背书+股东名册记载。因此，可以根据持有股票情况及公司股东名册记载内容来判断股东身份。第二，董事、监事、经理的委派情况，股权转让协议书文本等也是间接性、辅助性判断依据。第三，对于一些具备特殊条件的公司，比如国有公司，因其所涉股权转让需要进场交易，产权交易所出具的产权交易凭证也可以成为重要的判断依据。此外，还有一些进入地方股权托管交易中心的非上市股份有限公司，股权托管交易中心出具的交割单也可作为重要的判断依据。

问题 52：股权交割时间是否以登记机关变更登记为准？

问：在股权转让过程中，股权的交割时间是以交易双方到市场监督管理局办理完变更登记为准吗？

答：根据《公司法》第 32 条第 3 款规定，"公司应当将股东的姓名或者名称向公司登记机关登记；登记事项发生变更的，应当办理变更登记。未经登记或者变更登记的，不得对抗第三人"。可见，有限责任公司股权的变动，依据公司内部关系，应当遵照意思主义原则，公司登记机关的股权变更登记不是股权变动的生效要件，其仅在公司外部关系上，具有对抗第三人的效力。换言之，变更登记只具有对外公示的效果，不能以未变更登记否认股权未进行交割，更不能据此认为股权转让行为无效，因此，变更登记不是对股权是否交割的确定，也不是对转让合同效力进行评价的标准。

问：甲与乙均为某公司的股东。2018 年 3 月，甲与乙签订《股权转让协议》，约定甲将其持有某公司的 22% 股权转让给乙。该《股权转让协议》已生效，且某公司对该股权转让予以认可。后乙仅支付了部分股权转让款，且协议签订后甲与乙没有到登记机关办理股权变更登记。2018 年 12 月，甲与乙均要求参与公司年度分红。现甲与乙争议股权转让的交割点，甲认为其双方未做股权变更登记，自己才是某公司股东，应享受 2018 年度的分红。谁是某公司的股东？谁应该享有 2018 年度的分红？

答：乙应该享有 2018 年度的分红权，具体理由如下：其一，甲与乙之间股权转让属于内部股东转让，股权转让符合《公司法》的规定，股东之间转让股权可以自由转让，不存在其他股东的优先购买权问题。只要《股权转让协议》由双方自愿签订，且并不存在无效的情形，则《股权转让协议》从双方签字、盖章之日起生效。其二,股东之间的股权转让将影响公司股东的变动,从而影响公司的治理结构。股东的权利转移主要体现在公司允许受让的股东行使相应的股东权利,股东的财产权和表决权都表现在股东与公司之间的法律关系中,因此,公司是否接纳受让方为公司的股东也是股权交割是否完成的关键。如前所述,公司登记机关的登记资料无疑具有较高的可信度,这主要是从其社会公信力而言,至于在公司内部是否具备股东资格,还要从构成股东资格的本质要件上进行判断。在本案中,依据公司内部关系,股权变动应当遵照意思主义的原则,甲与乙签订的《股权转让协议》已生效,并得到某公司认可,因此,甲与乙之间的股权转让交割已经完成,甲已经不是某公司股东,不能享有2018年度分红,而乙经过受让成为某公司股东,应享有2018年度的分红权。

问:股权转让登记行为的性质是什么?是设权性,还是证权性呢?

答:通说认为,登记机关行使行政管理职能,实质上是在公司外部而产生的一种行政法律关系,它并非设权性登记。记载于登记机关的股东姓名或名称不能产生创设股东资格的效果,其性质属于宣示性登记,主要表现为证权性功能,从而使公司有关登记事项具有公示性和外观性。

问:在股权转让中,就内部关系而言,既然依据股东之间的意思自治确定股权交割时间,那么在实务中应该如何操作呢?

答:这涉及股权转让交割日的确定问题。一般而言,签订股权转让协议并不表明就完成了股权交付。在股权转让过程中,需要通过股权交割,转让人将股权实际交付给受让人,从而使受让人取得股权并成为公司的股东,因此,股权交割是股权变动的基础,也是股权变动发生法律效力的标志,直接关系到受让人股东资格的认定问题。依据《九民纪要》第8条的规定,股权转让的生效时点以股东名册变更为准,法律、行政法规规定应当办理批准手续才能生效的,则以股东名册变更与办理批准手续完成为准。股权变动未经公司登记机关变更登记的,不得对抗善意第三人。基于这一规定,在股权转让协议中可以约定,以将受让人名称记载于股东名册作为股权交割日较为妥当。同时,为了取得对抗第三人的效力,应该及时完成股权变更登记。

问: 在实践中,许多公司管理不规范,存在股东名册形同虚设甚至不设的情况。当出现这些情况时,如何证明股东名册已经变更,股权转让已经生效了呢?

答: 在司法实践中,在不存在规范的股东名册的情况下,有关的公司文件,如公司章程、会议纪要等,只要能够证明公司认可受让人为新股东的,都可以认为产生股东名册变更,股权转让已经生效。这也是上述案例所持的观点。

问: 公司不变更股东名册时,受让人应该如何处理?

答: 在股权转让协议生效后,转让人应该通知公司股权转让的相关情况,要求公司办理股东名册变更手续,并在需要时进行协助配合。如果转让人拒不履行上述义务,则受让人可依据股权转让协议追究转让人的违约责任。如果转让人履行了上述义务,公司怠于或拒绝履行办理股东名册变更,则转让人、受让人均可以以公司为被告,请求公司办理股东名册变更。

问题 53：如何认识股权转让与资产转让？

问：什么是股权转让？

答：股权转让是公司股东行使股东权利的一个重要方式，也是现代公司在运转和发展过程中的一种重要形式。股权转让，即指公司股东将自己在公司的股东权益转让给他人的行为。其表现形式主要分为两种：第一种为对内转让，即公司股东将股权转让给同一公司的其他股东；第二种为对外转让，即公司股东将股权转让给公司现有股东之外的其他投资者。我国现行《公司法》对股权转让采取了原则上尊重自由交易，但实行部分限制措施的综合性规定。例如对前述股权的对外转让，就有不得侵犯其他股东优先购买权的限制性规定。

问：什么是资产转让？

答：资产，是指公司拥有或控制的能以货币计量的经济资源，包括机器设备、土地厂房、现金、商标、专利等有形与无形财产。资产转让就是公司将上述资产进行转让的行为。资产转让属于公司对其所拥有的财产进行的处分，这有助于公司剥离不良资产，突出主营业务。

问：股权转让与资产转让有何区别？

答：资产转让与股权转让存在以下差异：(1) 协议签订主体。股权转让协议的签订主体是股东与受让方，而资产转让协议的签订主体是企业自身与收购方。(2) 转让标的。股权转让的标的是股东的股权，而资产转让的标的是企业的资产，多为企业的优良资产，一般不涉及债权债务移转给收购方的问题。(3) 转让对价的利益承受主体。股权转让中，转让对价的利益承受者是股东，并非企业自身，而资产转让中，转让对价的利益承受者是企业自身。(4) 转让对价的确定依据。股权转让中,转让对价的确定不仅需要考虑到企业的现状,还需要考虑到企业将来的发展前景,而资产转让中,转让对价往往以转让资产的净价值为确定依据。

实践中,存在资产转让与股权转让概念混淆的现象。比如交易双方旨在转让商铺、字号等资产,但签订了股权转让协议,这容易产生法律关系性质的争议。又如交易双方旨在转让股权,但在股权转让协议中同时约定了设备、不动产租赁、字号等资产移转等内容。实际上,股权转让并不涉及资产所有权转移内容,标的公司资产所有权归属于标的公司,受让方受让标的公司股权后,自然依据股东身份享有相应的权益,因此,股权转让协议可以约定公司资产交接,而非公司资产转让事宜。

问:实践中,尤其在收购土地使用权、采矿权及特殊资质时,为规避相关法律规定,一般采用股权转让的方式。通过取得公司的股权,从而取得公司的相关资产及资质,这样的做法合法有效吗?

答:基于土地、矿产等资源的稀缺性,国家对这些资源进行特殊管制。如果采用资产转让的方式,相关资产转让合同可能因违反相关资产管理的法律法规而无效。因此,在实践中,投资者选择通过收购公司股权获取对土地使用权、采矿权等公司资产的实际控制和收益,已经成为公司收购中的普遍做法。近年来,对于这类股权转让合同的效力,司法实践中多数意见倾向认为,股权转让与相关资产转让应适用不同的法律依据。若经过转让后,相关资产作为公司资产的权属未发生改变,而仅是公司股东进行变更,则不涉及相关资产转让的问题,且由于现行法律并无效力性强制性规定,禁止以公司股权形式实现相关资产转让的目的,因此,股权转让协议在没有其他无效情形时,应当认定合法有效。

问:对于这类"名为股权转让,实为资产转让"的合同,相对方一般会提出逃避税收的抗辩,对此,应如何认识?

答:在认可股权转让合同效力的前提下,不同人民法院对于规避税收这个问题的认识不尽相同。大致可分为三类:其一,认为"因未发生土地使用权转让的应税行为,故无须缴纳土地增值税";其二,认为"现行税法对此类交易行为未作明确规定,根据税收法定主义,当事人可不交税";其三,认为"当事人是否应该纳税应由税务部门进行认定"。

问:"以股权转让形式转让土地使用权"是否构成非法倒卖土地使用权罪?

答:实践中,对于涉及"以股权转让方式转让土地使用权"行为的案件定性始终存在争议,该类案件有的人民法院判决有罪,有的人民法院判决无罪。以股权转让方式转让土地使用权,本质上发生流转的还是股权,并非土地使用权,土地使用权自始至终都归于同一公司所有,也就不存在所谓"倒卖"的问题,不能将股权转让与土地使用权转让之间简单地画等号。如果将其作为犯罪行为,势必会架空"公司股权可以依法转让"的基本原则,因此,涉及土地使用权转让的股权转让,实质上是公司股权的转让,其符合《公司法》的基本规定。至于为了绕开有关监管部门的监管,同时逃避土地增值税、营业税、契税等相关税项的征收,可能涉及行政责任的承担,不能简单地将其划入违法犯罪行为之列。

问题 54：以转让股权的方式为借款提供担保合法吗？

问：甲公司专门供应砂石等建筑材料，从某家央企手里获得一个为其承担的高速公司工程供应砂石等建筑材料的订单，但甲公司流动资金比较缺乏，想向乙借款500万元用于日常经营。甲公司的股东愿意将股权过户给乙，作为这笔借款的担保。如果甲公司按时归还借款，则乙将股权过户回去；如果公司不能按时归还乙的借款，则以公司股权折抵该借款。以股权转让的方式作为借款的担保是否合法有效？

答：以转让股权为债权债务提供的担保方式，一般被称为股权让与担保。这种担保方式是让与担保的一种，指的是债务人或者第三人为担保债务的履行，将其股权转移至债权人名下并完成变更登记，在债务人不履行到期债务时，债权人可以就股权拍卖、变卖、折价后的价款受偿的一种非典型担保。《民法典》第388条规定，"……担保合同包括抵押合同、质押合同和其他具有担保功能的合同"。其中，所谓"其他具有担保功能的合同"就包括让与担保。最高人民法院《关于适用〈中华人民共和国民法典〉有关担保制度的解释》第68条在明确让与担保效力的基础上，约定了清算义务的让与担保；留抵、流质契约的让与担保；附回购条款的让与担保等三个方面，对让与担保规则进行了完善。

问：《民法典》及相关司法解释认可了股权让与担保合同的效力，那么，股权让与担保权人是否需要承担出资等责任？

答：最高人民法院《关于适用〈中华人民共和国民法典〉有关担保制度的解释》第69条规定，"股东以将其股权转移至债权人名下的方式为债务履行提供担保，公司或者公司的债权人以股东未履行或者未全面履行出资义务、抽逃出资等为由，请求作为名义股东的债权人与股东承担连带责任的，人民法院不予支持"。由此可见,在股权让与担保的情形下,应根据当事人之间的真实意思表示确定各方权利义务,因受让股权而成为名义股东的债权人不是真正意义上的股权受让人,其不享有股东权利,亦不应承担出资违约责任。

问:要取得甲公司的股权,肯定要与甲公司的股东签订股权转让协议,并办理变更登记。在这一过程中,为规避风险,应重点关注什么?

答:作为一种权利移转型担保,让与担保是以转让标的物权利的方式来达成债权担保的目的,包含让与和担保两个基本要素。要使股权转让协议在性质上被认定为让与担保,应重点关注以下几点。

第一,当事方存在债权债务关系。该债权可以是确定性的债权,也可以是不特定性的将来债权。在让与担保的设定中,被担保债权不以已经存在的现实债权为必要,将来变动中的不特定债权,亦可成为担保对象。

第二,当事方存在股权变更的外观。在股权的转让人和受让人等各方当事人之间已经达成合意、符合《公司法》上有限责任公司股权转让的条件和程序,并已经公示、变更登记至受让人名下,在外观上实现了权利转移。

第三,股权虽已变更登记至出借方名下,但该转让系以担保债权实现为目的。出借方作为名义上的股权受让人,其权利范围不同于完整意义上的股东权利,其权利受担保目的等诸多限制。股权转让与借款债务是否清偿、担保责任承担与否密切关联。以担保目的签订的股权转让协议,在转让目的、交易结构以及股东权利等方面,均具有不同于单纯的股权转让的特点,其权利义务内容及实际履行情况符合让与担保的基本架构。如果系以股权转让的方式实现担保债权的目的,就符合股权让与担保的特征。

问题 55:"平价"转让公司股权,可以合法避税吗?

问:股权转让中,主要涉及哪些税种?

答:在股权转让中,由于出让股东分为法人股东和自然人股东,转让价格分为平价转让、折价转让和溢价转让,因此,股权转让中的涉税风险,主要是股权转让中的企业所得税、个人所得税和印花税的足额缴纳问题。

问:税务机关有权调整股权转让中的企业所得税吗?

答:根据《企业所得税法》第47条的规定:"企业实施其他不具有合理商业目的的安排而减少其应纳税收入或者所得额的,税务机关有权按照合理方法调整。"所谓不具有合理商业目的,是指以减少、免除或者推迟缴纳税款为主要目的的行为。当企业作为股权出让方时,如果无有效证据证明其股权平价转让的合理商业目的,税务机关会对股权转让的纳税进行调整。此外,在税务机关税收征管中,关联交易也是重点关注的领域。关联方之间不按照独立企业之间的业务往来收取或者支付价款、费用,而减少其应纳税的收入或者所得额的,税务机关也有权进行合理调整,因此,关联方之间的低价股权转让可能会面临更高的税法风险。

问:税务机关有权调整股权转让中的个人所得税吗?

答:《股权转让所得个人所得税管理办法(试行)》(国家税务总局公告2014年第67号,以下简称《管理办法》),其中规定了个人股东进行股权转让,如被主管税务机关视为股权转让收入明显偏低,且无正当理由的情形,可由税务机关核定其股权转让收入,并按"财产转让所得"项目缴纳20%的个人所得税。同时,《管理办法》规定了三种核定股权转让收入的方法。

第一，净资产核定法。股权转让收入按照每股净资产或股权对应的净资产份额核定。被投资企业的土地使用权、房屋、房地产企业未销售房产、知识产权、探矿权、采矿权、股权等资产占企业总资产比例超过20%的，主管税务机关可参照纳税人提供的具有法定资质的中介机构出具的资产评估报告核定股权转让收入。6个月内再次发生股权转让且被投资企业净资产未发生重大变化的，主管税务机关可参照上一次股权转让时被投资企业的资产评估报告核定此次股权转让收入。

第二，类比法。参照相同或类似条件下同一企业的同一股东或其他股东股权转让收入核定；参照相同或类似条件下同类行业企业股权转让收入核定。

第三，其他合理方法。主管税务机关采用以上方法核定股权转让收入存在困难的，可以采取其他合理方法核定。

纳税人对税务机关采取上述方法核定的应纳税额有异议的，应当提供相关证据，经税务机关认定后，调整应纳税额。一般税务机关在认定"股权转让收入明显偏低"时，首先会判断个人股东申报的股权转让收入是否会低于股权所对应的净资产份额。股东对企业进行股权投资，公司净资产增值部分应由股东享有，股东转让的其实是享有企业净资产的权利。由于税务机关无法判断股东之间是真正进行了"平价转让"，还是通过其他形式私下进行了经济利益的交换，所以，对于没有"正当理由"的平价转让，通常使用核定方式计算股东的股权转让收入。

问：股权转让收入明显偏低的"正当理由"有哪些？

答：不是所有的平价股权转让，税务机关都会对其进行核定。如果纳税人有正当理由进行平价股权转让，在向主管税务机关办理股权转让纳税申报时，报送计税依据明显偏低但有正当理由的证明材料，税务机关会认可其申报的股权转让计税基础。目前，我国税法针对个人股东股权转让收入明显偏低，规定了四种例外情形。《管理办法》第13条规定，符合下列条件之一的个人股权转让收入明显偏低，视为有正当理由：

第一，三代以内直系亲属间转让。继承或将股权转让给其能提供具有法律效力身份关系证明的配偶、父母、子女、祖父母、外祖父母、孙子女、外孙子女、兄弟姐妹以及对转让人承担直接抚养或者赡养义务的抚养人或者赡养人。证明时应提供结婚证、户籍证明、户口簿或公安机关出具的其他证明资料原件及复印件,或能够证明赡养、抚养关系的民政部门出具的相关证明资料的原件及复印件。

第二,部分限制性的股权转让。相关法律、政府文件或企业章程规定,并有相关资料充分证明转让价格合理且真实的本企业员工持有的不能对外转让股权的内部转让。证明时应提供相关法律、政府文件或企业章程,内部转让协议等。

第三,受合理的外部因素影响导致低价转让。能出具有效文件,证明被投资企业因国家政策调整,生产经营受到重大影响,导致低价转让股权。证明时应提供相关政策依据,包括文件名称、文号、主要内容等。

第四,股权转让双方能够提供有效证据证明其合理性的其他合理情形。

尽管税法规定了可以较低价格转让股权的几种情形,但在实际操作中肯定还会有税务机关认定不统一、执行不一致的地方,因此,交易双方在适用上述"正当理由"时,应与当地的税务机关做好沟通,以免产生不必要的纳税争议。

问题 56：受让股权后，未依法纳税是否会影响股东资格？

问：2019年9月，甲从某公司股东乙手里受让了20%的股权。甲准备向公司行使知情权，查阅公司经营情况，但公司回函称，按照《公司法》和相关税法的规定，公司提示股权交易各方有向公司注册地税务局申报交纳个人所得税和印花税的义务。同时，要求股权交易各方将向税务主管机关报税的申报材料、股权转让协议和税票向公司董事会办公室提交报备存档，因甲没有向公司董事会提交上述材料，因此暂不允许甲行使股东知情权。受让股权后，未依法纳税是否会影响股东资格？

答：是否具有股东资格与是否纳税是两个不同层面的问题。一般情况下，只要股东认缴出资，记载于公司股东名册，就应该具有股东资格。这与是否缴纳股权转让相关税费无关。甲在股权转让时，公司将甲记载于股东名册了吗？

问：签订了股权转让协议，甲还把股权转让款项支付给了出让方乙，且甲的股东身份已经记载于公司股东名册中。在这种情况下，公司能否以税务问题拒绝甲行使知情权利？

答：依据《公司法》的规定，记载于股东名册的股东，可以依据股东名册主张行使股东权利。因此，依据股东名册，甲具有股东资格，理应享有股东知情权等股东权利，公司不应以是否纳税为由拒绝甲行使股东知情权利。

问：关于股权转让行为什么时候产生纳税义务呢？

答：依据《股权转让所得个人所得税管理办法（试行）》（国家税务总局公告2014年第67号）第20条规定，具有下列情形之一的，扣缴义务人、纳税人应当依法在次月15日内向主管税务机关申报纳税：……（2）股权转让协议已签订生效的。可见，只要"股权转让协议已签订生效"，转让方就已经产生了纳税义务，并非只有股权交易完成，且收取款项后才会产生个人所得税的纳税义务。

问：在甲与乙进行股权转让时，是以注册资本占股权比例作为价格进行转让的。这种情况下，也要纳税吗？

答：这就是人们常说的平价转让股权是否可以进行合法的税收筹划。依据《股权转让所得个人所得税管理办法（试行）》的规定，如被主管税务机关视为股权转让收入明显偏低，且无正当理由的情形，可由税务机关核定其股权转让收入，并按"财产转让所得"项目缴纳20%的个人所得税。

问题 57：股份限售期内，签订的股份转让协议有效吗？

问：《公司法》对发起人等转让股份有限制性规定吗？

答：针对股份有限公司的股份转让，我国《公司法》第141条将股份禁止转让期分为以下六种：第一，发起人持有的本公司股份，自公司成立之日起1年内不得转让；第二，公司公开发行股份前已发行的股份，自公司股票在证券交易所上市交易之日起1年内不得转让；第三，公司董事、监事、高级管理人员在任职期间每年转让的股份不得超过其所持有本公司股份总数的25%；第四，公司董事、监事、高级管理人员所持本公司股份自公司股票上市交易之日起1年内不得转让；第五，公司董事、监事、高级管理人员离职后半年内，不得转让其所持有的本公司股份；第六，公司章程可以对公司董事、监事、高级管理人员转让其所持有的本公司股份作出其他限制性规定。此外，针对上市公司，证监会及证券交易所对实际控制人、大股东等转让股份也有一些禁止转让期的规定。

问：某股份有限公司不是上市公司，成立时间不到1年，如果作为公司发起人之一的甲持有的股份属于禁售期，那么甲能出售吗？

答：这需要区分签订股份转让合同与办理转让手续两个阶段。《公司法》禁止的发起人转让股份的行为，是指发起人在自公司成立之日起1年内实际转让股份。法律并不禁止发起人为公司成立1年后转让股份而预先签订合同。只要不实际交付股份，就不会引起股东身份和股权关系的变更，即拟转让股份的发起人仍然是公司的股东，其作为发起人的法律责任并不会因签订转让股份的协议而免除。因此，发起人与他人订立合同约定在公司成立1年之后办理股权转让手续的，并不违反《公司法》的禁止性规定，应是合法有效的。换言之，在禁止转让期内，股东可以签订股份转让合同，并约定在禁止转让期结束后办理转让手续,这是符合法律规定的。

问:在禁止转让期内,发起人持有的股份可否被法院强制执行?

答:《公司法》第141条中关于发起人股份在1年内不得转让的规定,是对公司创办者自主转让其股权的限制,其目的是防止发起人借设立公司投机牟利,损害其他股东的利益。人民法院强制执行不存在这一问题。被执行人持有发起人股份的有关公司和部门,应当协助人民法院办理转让股份的变更登记手续。为保护债权人的利益,该股份转让的时间应从人民法院向有关单位送达转让股份的裁定书和协助执行通知书之日起算。

问:这些都是针对股份有限公司的规定,那么,针对有限责任公司股权转让有相关规定吗?

答:我国《公司法》对股东持有的有限责任公司股权,没有禁止转让期的规定,但不排除股东通过公司章程对此问题进行规定。如果股东在公司章程中进行这样的约定,那么这属于股东意思自治的范畴,股东应当遵守这样的约定。

问题 58：公司回购股权（份）后，应该如何处理？

问：什么情况下，公司可以回购股东持有的股权（份）？

答：基于资本维持原则，只有在特殊的情形下，公司才可以回购股东持有的股权（份）。

第一，针对有限责任公司的股权回购。我国《公司法》第74条规定："有下列情形之一的，对股东会该项决议投反对票的股东可以请求公司按照合理的价格收购其股权：（一）公司连续五年不向股东分配利润，而公司该五年连续盈利，并且符合本法规定的分配利润条件的；（二）公司合并、分立、转让主要财产的；（三）公司章程规定的营业期限届满或者章程规定的其他解散事由出现，股东会会议通过决议修改章程使公司存续的。自股东会会议决议通过之日起六十日内，股东与公司不能达成股权收购协议的，股东可以自股东会会议决议通过之日起九十日内向人民法院提起诉讼。"

第二，针对股份公司的股份回购。我国《公司法》第142条规定："公司不得收购本公司股份。但是，有下列情形之一的除外：（一）减少公司注册资本；（二）与持有本公司股份的其他公司合并；（三）将股份用于员工持股计划或者股权激励；（四）股东因对股东大会作出的公司合并、分立决议持异议，要求公司收购其股份；（五）将股份用于转换上市公司发行的可转换为股票的公司债券；（六）上市公司为维护公司价值及股东权益所必需。公司因前款第（一）项、第（二）项规定的情形收购本公司股份的，应当经股东大会决议；公司因前款第（三）项、第（五）项、第（六）项规定的情形收购本公司股份的，可以依照公司章程的规定或者股东大会的授权，经三分之二以上董事出席的董事会会议决议。公司依照本条第一款规定收购本公司股份后，属于第（一）项情形的，应当自收购之日起十日内注销；属于第（二）项、第（四）项情形的，应当在六个月内转让或者注销;属于第(三)项、第(五)项、第(六)项情形的,公司合计持有的本公司股份数不得超过本公司已发行股份总额的百分之十,并应当在三年内转让或者注销。上市公司收购本公司股份的,应当依照《中华人民共和国证券法》的规定履行信息披露义务。上市公司因本条第一款第(三)项、第(五)项、第(六)项规定的情形收购本公司股份的,应当通过公开的集中交易方式进行。公司不得接受本公司的股票作为质押权的标的。"

第三,公司解散时的股权(份)回购。《公司法司法解释(二)》第5条规定:"人民法院审理解散公司诉讼案件,应当注重调解。当事人协商同意由公司或者股东收购股份,或者以减资等方式使公司存续,且不违反法律、行政法规强制性规定的,人民法院应予支持。当事人不能协商一致使公司存续的,人民法院应当及时判决。经人民法院调解公司收购原告股份的,公司应当自调解书生效之日起六个月内将股份转让或者注销。股份转让或者注销之前,原告不得以公司收购其股份为由对抗公司债权人。"《公司法司法解释(五)》第5条规定:"人民法院审理涉及有限责任公司股东重大分歧案件时,应当注重调解。当事人协商一致以下列方式解决分歧,且不违反法律、行政法规的强制性规定的,人民法院应予支持:(一)公司回购部分股东股份;(二)其他股东受让部分股东股份;(三)他人受让部分股东股份;(四)公司减资;(五)公司分立;(六)其他能够解决分歧,恢复公司正常经营,避免公司解散的方式。"

第四,对赌情形下的股权(份)回购。投资方与目标公司订立的"对赌协议"在不存在法定无效事由的情况下,目标公司仅以存在股权回购或者金钱补偿约定为由,主张"对赌协议"无效的,人民法院不予支持,但投资方主张实际履行的,人民法院应当审查是否符合《公司法》关于"股东不得抽逃出资"及股份回购的强制性规定,判决是否支持其诉讼请求。投资方请求目标公司回购股权的,人民法院应当依据《公司法》第35条关于"股东不得抽逃出资"或者第142条关于股份回购的强制性规定进行审查。经审查,目标公司未完成减资程序的,人民法院应当驳回其诉讼请求。

第五,司法实践中确认的回购。在司法实践中,有限责任公司的章程将股东与公司解除劳动关系(辞职、被辞退)、退休、死亡等作为约定股权回购的条件,一般会认定为有效。

问：股（份）权回购与股权转让有何区别？

答：第一，主体不同。股权回购一方（买方）是公司，另一方（卖方）是股东；股权转让一方（买方）是股东或第三人，另一方（卖方）是股东。第二，适用的情形不同。股权回购只在特定的情形下才能进行，除非《公司法》的规定及股东之间有特别约定，股权转让原则没有情形上的限制。第三，程序上的要求不同。股权回购只要满足法定的情形，股东就可以要求公司以合适的价格回购股权。股权转让不同，有限责任公司股东之间可以相互转让股权；股东向股东之外的第三人转让股权，需要书面征得其他股东过半数同意，并要保障其他股东的优先购买权。

问：针对有限责任公司，股权回购的法律后果是什么？

答：对于有限责任公司来说，股权回购可能产生两个法律后果：其一，注册资本的减少。因为减少注册资本关系到公司债权人的切身利益，因此，《公司法》要求公司在减少注册资本时，必须编制资产负债表及财产清单，并在做出减少注册资本决议之日起10日内通知债权人，并于30日内在报纸上公告。债权人自接到通知书之日起30日内，未接到通知书的自公告之日起45日内，有权要求公司清偿债务或者提供相应的担保。其二，股东人数可能会减少或增加。有限责任公司股权回购后，并不必然导致公司注册资本的减少，公司可以将回购的股权转让给其他股东或第三人。如果公司将回购的股权转让给其他股东，则股东人数会减少；如果公司将回购的股权转让给第三人，则股东人数不会减少，甚至会增加。

问：如果有限责任公司回购股东持有的股权后，再将回购的股权进行转让，那么这个时候的转让，需要按照《公司法》第71条的规定进行吗？对外转让时，也需要经股东过半数同意吗？

答：公司回购后的股权应该如何转让？《公司法》没有明确规定。如果公司章程及股东间没有特殊约定，最好依照《公司法》第71条办理，以免引发争议。

问题 59：在出资期限届满前，股东将其持有的股权转让，还需要对公司债务承担责任吗？

问：在注册资本认缴制下，股东转让股权，其应该如何承担责任？

答：2013年，我国《公司法》对公司资本制度作出了重大改革，将注册资本实缴制改革为注册资本认缴制。这一改革，使我国公司设立特别是有限责任公司的设立，从2014年之前必须实缴出资且必须经过法定机构验资的设立模式，改变为只需股东认缴出资且无须法定机构验资即可设立的模式。在注册资本认缴制下，对于原股东的责任需要依据不同情况区别对待。这需要分析原股东的出资期限是否届满？如果已届满但未出资到位，则仍需承担出资责任；若因未届满而未出资到位，则无须承担出资责任。

问：基本原则是保护股东的期限利益，那么，存在提前出资的例外情形吗？

答：所谓"认缴制下股东的期限利益"，是指在认缴资本制度下，股东享有的依据股东间协议的约定以及公司章程的规定，在一定的期限内缴纳一定的出资份额即可享有公司股东权利、参与公司经营管理的，被现行《公司法》所认可并予以保护的权利。在注册资本认缴制下，原则上股东享有认缴出资的期限利益，但在以下情形中，股东的出资义务应加速到期。

第一，根据《企业破产法》第35条的规定，"人民法院受理破产申请后，债务人的出资人尚未完全履行出资义务的，管理人应当要求该出资人缴纳所认缴的出资，而不受出资期限的限制"。可见，在企业破产时，出资期限未届满的股东其出资义务加速到期。

第二，根据《公司法司法解释（二）》第22条的规定，"公司解散时，股东尚未缴纳的出资均应作为清算财产。股东尚未缴纳的出资，包括到期应缴未缴的出资，以及依照公司法第二十六条和第八十条的规定分期缴纳尚未届满缴纳期限的出资"。可见,在企业清算时,出资期限未届满的股东其出资义务加速到期。

第三,根据《九民纪要》第6条的规定,在以下非破产加速、非清算加速的情况下,股东的出资义务加速到期:(1)人民法院穷尽执行措施发现公司无财产可供执行,已具备破产原因,但不申请破产的;(2)在公司债务产生后,公司股东(大)会决议或以其他方式延长股东出资期限的。

问:在认缴情形届满时,股东仍未缴纳,且将股权转让给他人的,其需要承担出资吗?

答:在公司章程规定的出资期限届满前,股东转让其股权时,由于股东的出资期限未到,享有出资期限利益的保护,通过股权转让,将其出资义务一并转让给了受让人,因此,原股东不再承担出资责任。同时,依据《公司法司法解释(三)》第18条规定,"有限责任公司的股东未履行或者未全面履行出资义务即转让股权,受让人对此知道或者应当知道,公司请求该股东履行出资义务、受让人对此承担连带责任的,人民法院应予支持;公司债权人依照本规定第十三条第二款向该股东提起诉讼,同时请求前述受让人对此承担连带责任的,人民法院应予支持"。可见,如果出资已届满,但股东未出资到位,原股东仍需承担出资责任,并且受让人对此知道或者应当知道,受让人还应对此承担连带责任。需要注意的是,此条规定仅适用于有限责任公司。但为了保护公司及债权人的利益,将该条适用于股份公司,也具有一定合理性。

问:实践中,若公司经2/3以上有表决权的股东表决通过修改章程,使股东的出资期限提前,其他股东或小股东却持有异议,那么这样的决议是否有效?是否属于"滥用股东权利损害小股东的出资期限利益"?

答:在司法实践中,由于认识的差异,确实存在不同的判决。在鸿大(上海)投资管理有限公司与姚锦城公司决议纠纷上诉案[上海市第二中级人民法院(2019)沪02民终8024号民事判决书]中,法院确立了以下裁判规则:公司股东滥用控股地位,以资本多数决方式通过修改出资期限决议,损害其他股东期限利益,其他股东可诉请确认该决议无效。

问题 60：公司营业执照被吊销，股权转让还可以进行吗？

问：吊销公司营业执照是什么意思？

答：一般而言，公司的成立是以公司在市场监督管理部门进行注册登记后取得营业执照为标志，由此，许多人认为，公司的终止也是以公司丧失营业执照为标志。其实，该认识有失偏颇。吊销执照，是指市场监督管理部门强行终止公司经营权利的行为。被吊销执照，标志着该公司由于违法而被强制剥夺经营资格，应当依法进行清算，清算完毕后办理注销登记。在吊销后注销前，公司依然存在，承担相应的债权债务，不过不得开展经营业务，只可以自己的名义进行清算、诉讼活动，直到注销为止。因此，吊销营业执照是市场监督管理机关根据行政法规对违法的企业法人做出的一种行政处罚措施。根据《公司法》的规定，公司被吊销营业执照后不得从事经营活动。

问：在哪些情况下，公司营业执照可能会被吊销？

答：存在以下情形之一，公司营业执照可能会被吊销：

第一，违反登记管理法律、法规的规定，可以吊销营业执照。《公司法》规定的虚报注册资本、提交虚假材料或者采取其他欺诈手段隐瞒重要事实取得公司、分公司登记。公司、分公司成立后无正当理由超过 6 个月未开业，或者开业后自行停业连续 6 个月以上。伪造、涂改、出租、出借、转让公司、分公司营业执照等行为。

第二，生产经营行为违反法律、法规的规定，可以吊销营业执照。(1)《广告法》规定的 2 年内有 3 次以上违法行为或者有其他严重情节。(2)《饲料和饲料添加剂管理条例》规定的经营者销售禁止销售的饲料及饲料添加剂，情节严重。(3)《招标投标法实施条例》规定的投标人有 2 次以上严重违法。(4)《产品质量法》规定的销售不符合保障人体健康和人身、财产安全的国家标准和行业标准的产品或在产品中掺杂、掺假,以假充真、以次充好、以不合格产品冒充合格产品或销售国家明令淘汰并停止销售的产品或伪造产品产地,伪造或者冒用他人厂名、厂址,伪造或者冒用认证标志等质量标志或拒绝接受依法进行的产品质量监督检查,情节严重。(5)《反不正当竞争法》规定的经营者擅自使用知名商品特有的名称、包装、装潢,或者使用与知名商品近似的名称、包装、装潢,造成和他人的知名商品相混淆,使购买者误认为是该知名商品,情节严重等违法行为。(6)其他法律、法规规定的可以吊销营业执照的违法行为。例如,《拍卖法》《药品管理法》《报废汽车回收管理办法》《消费者权益保护法》《直销管理条例》等法律、法规。

问:公司被吊销营业执照后,有什么法律后果?

答:公司被吊销营业执照,股东、法定代表人及公司等可能承担一定的法律责任。

第一,被吊销营业执照公司的股东如未依法履行清算的义务,将对公司债务承担相应的责任。有限责任公司的股东、股份有限公司的董事和控股股东未在法定期限内成立清算组开始清算,导致公司财产贬值、流失、毁损或者灭失,债权人主张其在造成损失范围内对公司债务承担赔偿责任的,人民法院应依法予以支持。有限责任公司的股东、股份有限公司的董事和控股股东因怠于履行义务,导致公司主要财产、账册、重要文件等灭失,无法进行清算,债权人主张其对公司债务承担连带清偿责任的,人民法院应依法予以支持。有限责任公司的股东、股份有限公司的董事和控股股东,以及公司的实际控制人在公司解散后,恶意处置公司财产给债权人造成损失,或者未经依法清算,以虚假的清算报告骗取公司登记机关办理法人注销登记,债权人主张其对公司债务承担相应赔偿责任的,人民法院应依法予以支持。公司解散应当在依法清算完毕后,申请办理注销登记。公司未经清算即办理注销登记,导致公司无法进行清算,债权人主张有限责任公司的股东、股份有限公司的董事和控股股东,以及公司的实际控制人对公司债务承担清偿责任的,人民法院应依法予以支持。公司未经依法清算即办理注销登记,股东或者第三人在公司登记机关办理注销登记时承诺对公司债务承担责任,债权人主张其对公司债务承担相应民事责任的,人民法院应依法予以支持。

第二,吊销营业执照会给公司法定代表人造成一定限制和不良记录。依据《公司法》第146条之规定,担任因违法被吊销营业执照、责令关闭的公司、企业的法定代表人,并负有个人责任的,自该公司、企业被吊销营业执照之日起未逾3年,不得担任公司的董事、监事、高级管理人员。

第三,公司在清算期间违法经营活动的法律责任。公司被吊销营业执照后公司依然存在,但不得开展经营业务,只可以自身名义进行清算、诉讼活动,直到注销为止。依据《公司法》第205条规定,"公司在清算期间开展与清算无关的经营活动的,由公司登记机关予以警告,没收违法所得"。

问:公司营业执照被吊销,股权转让还可以进行吗?

答:在北京时光房地产开发有限公司、新华信托股份有限公司与北京时光房地产开发有限公司、新华信托股份有限公司等合同纠纷申请再审案[最高人民法院(2015)民申字第3135号民事裁定书]中,最高人民法院认为,根据我国《公司法》的规定,公司被吊销营业执照后,禁止从事一切经营活动。但是相关法律未规定被吊销营业执照的公司不能进行股权变更,且股权转让也不属于上述的经营活动,因此,公司被吊销营业执照的事实,不能成为股权转让的法律障碍,当事人以此为由拒绝履行合同义务的,不应予以支持。需要注意的是,也有部分地方法院案例表明,公司被吊销营业执照将导致股权转让事项无法履行,因此,对当事人要求履行股权转让合同的相关请求不予支持。

问题 61：股权转让中，以避税为目的"阴阳合同"有效吗？

问：在股权转让中，经常采用"阴阳合同"方式进行，这类合同产生的原因是什么？

答：所谓"阴阳合同"，是指交易双方就同一交易事项签订的两份甚至两份以上交易条件不一致的合同。其中，记载双方真实交易条件并作为双方履约依据的合同为"阴合同"；交易条款并非双方真实意思表示但出示给相应国家机关进行备案或作为缴纳税款等依据的为"阳合同"。实践中，就股权转让而言，采用阴阳合同一般是出于规避公司其他股东的优先购买权、逃避国家税收以及股权变更登记等目的。

问：针对此类"阴阳合同"的效力，法律上有何具体规定？

答：依据《民法典》第146条的规定，"行为人与相对人以虚假的意思表示实施的民事法律行为无效。以虚假的意思表示隐藏的民事法律行为的效力，依照有关法律规定处理"。据此，无论出于何种目的签订"阴阳合同"进行股权转让，"阳合同"都属于"以虚假的意思表示实施的民事法律行为"，应认定为无效；"阴合同"的效力如果不存在无效情形，一般会被认定为有效。

问：实践中，出让方为逃避纳税，经常签订"阴阳合同"，"阳合同"采用平价转让，用于变更登记。"阴合同"才是双方真实意思表示，这类以避税为目的的"阳合同"有效吗？

答：司法实践中，通过签订"阴阳合同"进行股权转让，企图逃避税收，人民法院会认定双方恶意串通损害国家利益，从而判定"阳合同"部分或全部无效。但也存在认为逃避税收并不会必然导致股权转让合同无效的观点。如在昆明安宁永昌物资经贸集团有限公司与香格里拉县博峰矿业有限责任公司、林毅、程启开、拉茸春平、云南恒达华星矿业有限公司企业出售合同纠纷案[最高人民法院(2012)民一终字第98号民事判决书]中,最高人民法院认为,如果依照国家税收管理规定,当事人的转让行为应缴纳相关税费而未缴纳,其属于行政处罚调整的范围,并不导致转让协议的无效。故双方当事人签订的《收购协议》《股权转让协议》及相关补充协议有效。又如在三亚半山半岛投资有限公司与闫琦股权转让纠纷案[最高人民法院(2017)最高法民终414号民事判决书]中,最高人民法院认为,合同是否存在恶意串通、逃避税费的问题,应由税务部门进行认定;在没有充分证据证明合同违反法律、行政法规的强制性规定的情形下,应认定合同有效。

问:对于在股权转让中签订"阴阳合同"的行为,还有什么值得注意的吗?

答:关于"阴阳合同"效力认定的问题,司法实践中观点不尽相同,但《民法典》第146条关于"通谋虚伪表示行为无效"之规定,将使"阴阳合同"中"阳合同"被认定为无效的风险增加。因此,建议股转转让过程中交易双方应在考虑股东出资、当前估值以及预期收益等情形下,公允确定股权价值,避免签订"阴阳合同",否则,不但可能产生法律风险,亦有可能面临税务机关的行政处罚甚至承担刑事责任的风险。

问题 62：股权转让有什么限制性规定？

问：《公司法》对股权转让有什么限制性规定吗？

答：我国《公司法》将公司分为有限（责任）公司、股份（有限）公司两种类型。针对不同的公司类型，法律对股权的转让有不同的限制。

问：具体针对有限责任公司的限制性规定是什么？

答：就有限责任公司而言，股权转让分为内部转让和外部转让两种，内部转让完全自由，即股东之间可以相互转让其全部或者部分股权。而外部转让则需要经过半数的其他股东同意，并且其他股东有优先购买权。换言之，股东向股东以外的人转让股权，应当经其他股东过半数同意。股东应就其股权转让事项书面通知其他股东征求同意，其他股东自接到书面通知之日起满 30 日未答复的，视为同意转让。其他股东半数以上不同意转让的，不同意的股东应当购买该转让的股权；不购买的，视为同意转让。经股东同意转让的股权，在同等条件下，其他股东有优先购买权。两个以上股东主张行使优先购买权的，协商确定各自的购买比例；协商不成的，按照转让时各自的出资比例行使优先购买权。

此外，根据《公司法》第 71 条第 4 款"公司章程对股权转让另有规定的，从其规定"的规定，公司章程对股权转让的特殊规定可以是在程序上作更加简捷的规定，甚至是取消同意程序或优先购买程序的规定，同时，公司章程还可以对转让的实质条件作出更加苛刻的规定。但在司法实践中，公司章程作出禁止股权转让的规定，因这样的规定违反了财产可自由转让的原则，一般会被认定为无效。

问:股份有限公司限制性规定又有哪些呢？

答:就股份有限公司的股权转让限制而言，主要有以下几点：(1)发起人持有的本公司股份，自公司成立之日起 1 年内不得转让。(2)公司公开发行股份前已发行的股份，自公司股票在证券交易所上市交易之日起 1 年内不得转让。(3)公司董事、监事、高级管理人员应当向公司申报所持有的本公司的股份及其变动情况，在任职期间每年转让的股份不得超过其所持有本公司股份总数的 25%；所持本公司股份自公司股票上市交易之日起 1 年内不得转让。上述人员离职后半年内，不得转让其所持有的本公司股份。(4)公司章程可以对公司董事、监事、高级管理人员转让其所持有的本公司股份作出其他限制性规定。

此外，《证券法》第 36 条第 2 款规定："上市公司持有百分之五以上股份的股东、实际控制人、董事、监事、高级管理人员，以及其他持有发行人首次公开发行前发行的股份或者上市公司向特定对象发行的股份的股东，转让其持有的本公司股份的，不得违反法律、行政法规和国务院证券监督管理机构关于持有期限、卖出时间、卖出数量、卖出方式、信息披露等规定，并应当遵守证券交易所的业务规则。"第 44 条第 1 款规定："上市公司、股票在国务院批准的其他全国性证券交易场所交易的公司持有百分之五以上股份的股东、董事、监事、高级管理人员，将其持有的该公司的股票或者其他具有股权性质的证券在买入后六个月内卖出，或者在卖出后六个月内又买入，由此所得收益归该公司所有，公司董事会应当收回其所得收益。但是，证券公司因购入包销售后剩余股票而持有百分之五以上股份，以及有国务院证券监督管理机构规定的其他情形的除外。"

问:在禁售期内，股份有限公司发起人签订的股份转让合同有效吗？

答:在《最高人民法院公报》2007 年第 5 期刊载的张桂平与王华股权转让合同纠纷案中，法院认为，《公司法》关于"发起人持有的本公司股份，自公司成立之日起三年内不得转让"的规定，旨在防范发起人利用公司设立谋取不当利益，并通过转让股份逃避发起人可能承担的法律责任。股份有限公司的发起人在公司成立后 3 年内，与他人签订股权转让协议，约定待公司成立 3 年后为受让方办理股权过户手续，并在协议中约定将股权委托受让方行使的，该股权转让合同不违反《公司法》原第 147 条第 1 款的规定。协议双方在《公司法》所规定的发起人股份禁售期内,将股权委托给未来的股权受让方行使,也并不违反法律的强制性规定,且在双方正式办理股权登记过户前,上述行为并不能免除转让股份的发起人的法律责任,也不能免除其股东责任。因此,上述股权转让合同应认定为合法有效。值得注意的是,现行《公司法》已将限制发起人转让股份的期限缩短为 1 年,但并未取消禁售期,本案仍对实践有重要的指导意义。

问题 63：股权受让人对股东的历次变更有注意义务吗？

问：什么是股权？

答：股权，是股东对公司出资形成的，对公司享有的人身权和财产权的总称。其中，人身权主要包括表决权、选举管理者权、公司经营建议权、质询权、知情权、诉权等；财产权主要包括分红权、转让权、剩余资产分配权、优先购买权等。通过持有股权，股东可从公司获得经济利益，并参与公司经营管理。

问：哪些情形下可以获得公司股权？

答：任何民事权利均是在民事法律关系的变动中取得，股权也不例外。要确认某民事主体是否享有股权，应从其建立的民商事法律关系入手。基于民商事法律关系的变动原因不同，在学理上，把股权的取得方式简单地归纳为原始取得和继受取得两大类。

问：什么是股权的原始取得？

答：股权的原始取得，是指投资人直接向公司出资而取得股权的方式。根据取得股权的时间不同，我们可将原始取得分为公司设立时取得和公司设立后取得。公司设立时取得股权，是指公司成立时通过认缴公司注册资本而取得股权，通俗地说，将公司成立时的股东称为原始股东或者发起人。公司设立后取得，是指在公司增加注册资本时，因认购新增加的注册资本而加入公司取得股权。

问：什么是股权的继受取得？

答：继受取得，又称为二手取得或者传来取得，即股权获得是基于他人既存的股权而发生,是因他人所有之股权而取得股权。继受取得主要有转让、赠与、继承、合并、经改制或划拨、司法强制执行或拍卖等类型。在继受取得情形下,继受人虽未直接向公司投入资本,但却通过继受行为取得股东地位。

问:某公司原有三位股东A、B、C,其中B、C持有的股权,在二人不知情的情况下,被转让给了D、E且办理了股权变更登记手续,后来,D、E以800万元的价格,把股权转让给了F。B、C发现后,向公安机关举报,认为D、E取得股权的《股权转让协议》及《股东会决议》是伪造,要求追究相关人员的刑事责任。经公安机关鉴定,D、E取得股权的《股权转让协议》及《股东会决议》上的签名确实非本人签名,而是由他人代签。随后,B、C向法院提起诉讼,请求确认D、E与F签订的《股权转让协议》无效,请问,B、C的请求有依据吗?F在受让股权时,对B、C与D、E之间股权交易的真实性,有注意义务吗?

答:根据《公司法》第32条第3款的规定,公司应当将股东的姓名或者名称向公司登记机关登记;登记事项发生变更的,应当办理变更登记。未经登记或者变更登记的,不得对抗第三人。该条明确规定了股权登记的公示效力,作为公司以外的第三人F,在受让股权时对登记机关的登记资料,进行了查阅,核实了股权归属,应当认定其尽到了谨慎合理的注意义务。在登记资料齐全的情形下,F没有理由怀疑第一手转让材料的真实性。如果要求F对股权的历次变更均具有更高注意义务,将会使股权转让变得非常复杂和困难,所以,尽管存在B、C的股权被他人伪造签名转让的事实,但为了保护善意第三人F的利益,应确认D、E与F签订的《股权转让协议》有效。

问题 64：公司章程规定股权可以对外自由转让，有效吗？

问：什么是股权转让？

答：股权转让，是指公司股东依法将在自己的股东权益转让给他人，使他人取得股权的民事法律行为。股权转让有对内转让与对外转让的区别，如果公司章程没有特别约定，股东可以对内自由转让自己持有的股权。在对外转让时，如果是有限责任公司，其他股东享有优先购买权；如果股份有限公司，对发起人、董事、监事、高级管理人员还有禁售期的规定。

问：股权转让合同纠纷应该如何适用法律？

答：股权转让合同涉及部门法交叉问题比较多，比如国有股权转让的特殊规定、外资企业股权转让的规定、股权转让与婚姻家事法律的交叉、股权转让与证券、资本市场法律制度等。转让双方之间的股权转让合同纠纷，主要适用合同法的相关规定进行审理，同时个案审理也要兼顾《公司法》的特别规定及原则。换言之，股权转让纠纷通常是由股权转让合同的签订、履行、终止等所产生的纠纷，从其财产权利的属性方面来看，股权与其他动产、不动产的交易在法律适用上无本质区别。关于合同效力、合同履行、合同变更、违约责任认定、合同的解释规则等《民法典》合同编框架范围内的规则及物权变动、担保物权等规则，完全适用于股权转让纠纷案件。因此，针对作为财产权益的股权的转让纠纷，由以《民法典》物权编、《民法典》合同编为核心的财产法律制度进行调整。但是，股权又是一种社员权利，从公司作为营利性社团法人的视角来看，会涉及股东、公司、董事、高级管理人员和债权人、公司其他职员、公众投资者等不同主体的利益，因此，会存在许多基于《公司法》而产生的限制性规定。《公司法》及其司法解释中关于股权转让的规定应属于特别规定，《民法典》合同编相对于《公司法》的规定而言,属于一般规定,按照特别法优先一般法适用的原则,当《公司法》及其司法解释对股权转让合同有规定的,应当优先适用《公司法》及其司法解释的规定。

问:公司章程规定,股权可以对外自由转让有效吗?

答:《公司法》第71条、第141条、第142条,均涉及公司章程可以对股权转让做特殊规定。其中,第71条涉及有限责任公司,第141条、第142条涉及股份有限公司。第71条第4款规定,公司章程对股权转让另有规定的,从其规定。换言之,在有限责任公司中,除作股权禁止转让的规定外,公司章程可以对股权对内或对外作自由规定,不受股东对外转让时享有优先购买权的限制。在股份公司中,由于涉及公众利益的维护,公司章程可以作出比《公司法》第141条、第142条更严的规定,但公司章程无权作放宽规定,因此,如果公司章程规定,股权可以对外自由转让,是一种放宽规定,应视为无效。

问题 65：如何理解股权赠与？

问：什么是股权赠与？

答：赠与合同，是指赠与人将自己的财产无偿给予受赠人，受赠人表示接受赠与的合同。赠与合同的有效成立，应以赠与人作出单方赠与财产的意思表示，受赠与人同意接受赠与物，且赠与人将赠与物交付受赠人为成立条件。因此，单务性（赠与人单方意思表示）、实践性（赠与人履行交付）应当是赠与合同区别于其他合同的根本标志。股权赠与，也是一种赠与合同，是指股东将自己的股权无偿地给予他人。因此，股权赠与的法律适用，既涉及《公司法》，又涉及《民法典》第十一章"赠与合同"。

问：无偿转让股权与股权赠与有何区别？

答：第一，是否属于双务合同不同。前者属于双务合同，即转让方有义务配合受让方转让股权给受让方，并配合办理股东名册和工商登记的变更等义务；后者则单方义务，即转让方一方有义务转让股权给受让方，受让方无义务支付价钱给转让方。这是二者的根本区别。

第二，股权价值确定与否不同。前者股权价值确定，即 0 元；后者股权价值不确定、不明确。

第三，是否可撤销不同。前者如果没有《民法典》规定的可撤销情形，则不能撤销；后者根据《民法典》规定，在股权没有交割前可以撤销。

问：股权对外赠与情形下，其他股东能不能行使优先购买权？

答：股权对外赠与情形下，其他股东能否行使优先购买权？现行法律并未就此作出明确规定。审判实践中，对于该问题的判决结果也不一致。有观点认为，股权赠与情形下,其他股东无权行使优先购买权。也有观点认为,股权赠与情形下,其他股东有权行使优先购买权。优先购买权是防止新股东的加入对公司人合性及原股东的合理期待造成影响,股权无偿赠与和股权有偿转让一样,会引起新股东的加入,同样会对公司人合性及原股东的合理期待造成影响,因此,股权对外赠与情形下,其他股东仍然有权行使优先购买权。

问:股权赠与时,税务如何处理?

答:赠与股权双方均需缴纳印花税。对于所得税缴纳情况,企业赠与企业情形下,视同有偿转移财产,需要缴纳的所得税最多,甚至产生重复征税。因此,对于企业而言,不要采取股权赠与的方式转移股权,以免产生巨额税负。而对于自然人而言,虽然受赠股权无须缴纳个人所得税,但因为是无偿取得,股权原值为0。在下一次转让时,无法抵扣个人所得税。无论是企业还是自然人,如需赠与股权,最好采取平价买卖的方式转移股权。一方面平价转让在没被采取核定征收、反避税措施的情况下,无须缴纳所得税;另一方面,股权受让人取得股权后可以承续之前股东的股权原值,在今后的转让交易中可以抵免所得税。

问题 66：未届认缴出资期限，股东恶意转让股权，债权人利益该如何保护？

问：在认缴资本制度下，股东享有期限利益，成立公司无须实缴出资。因为现在公司成立手续简单，注册资本无须审核，所以会出现一种在公司出现债务后，股东就将股权转让给其他人，尤其是不具有出资能力的人，以此逃避债务的现象吗？

答：在认缴资本制度下，如何协调股东利益与债权人保护的关系，一直是理论与实践争鸣的焦点，尤其在原股东认缴期限未到，原股东恶意将股权转让给不具有出资能力的第三人，以此逃避债务。原股东对此是否应当承担责任，目前没有统一的裁判规则。

问：在出资期限未届满前，股东恶意转让股权，出让股东如何承担责任？

答：除了几种特殊情况外，股东享有"期限利益"的保护，出资义务不应加速到期，因此，在司法实践中，在现有的规则框架下，面临着如何让恶意转让股权的原股东承担责任的问题。在陆学刚等与杨小琼等执行人执行异议之诉二审案中，法院的论证逻辑可供参考。

我国现行《公司法》规定股东的出资方式是认缴制，基于该制度，股东在公司存续期内以认购股权为限承担有限责任，且对出资期限享有法定的期限利益。在出资期限未届满前，原股东未实缴出资的情形一般不构成公司法上的出资瑕疵，对于未届出资期限即转让股权的行为，法律亦并未禁止，一般应当认定该等转让行为有效，原股东可以退出公司，由新股东进入公司并继续承担相应的缴纳出资义务。据此，公司债权人依据《公司法司法解释（三）》第 18 条的规定，以出资瑕疵为由要求已转让未届出资期限股权的原股东就公司债务承担清偿责任的，因原股东行为并不符合"未履行或者未全面履行出资义务即转让股权"的情形,一般不予支持。进而,公司债权人作为申请执行人依据最高人民法院《关于民事执行中变更、追加当事人若干问题的规定》第19条规定申请追加原股东为被执行人的,一般亦不予支持。应当指出的是,在注册资本认缴制下,股东并非任何时候都享有期限利益。根据权利义务对等的内在要求,股东在享有出资期限利益的同时,也要承担相应的义务,即股东应当保证公司不沦为其转嫁经营风险的工具,不能危及与公司从事正常交易的债权人的合法权益。《九民纪要》第6条规定,在注册资本认缴制下,股东依法享有期限利益。债权人以公司不能清偿到期债务为由,请求未届出资期限的股东在出资范围内对公司不能清偿的债务承担补充赔偿责任的,人民法院不予支持。但是,下列情形除外:(1)公司作为被执行人的案件,人民法院穷尽执行措施无财产可供执行,已具备破产原因,但不申请破产的;(2)在公司债务产生后,公司股东(大)会决议或以其他方式延长股东出资期限的。上述股东出资加速到期的例外情形即系平衡保护债权人利益与合同自治的司法实践探索,符合上述两种情形的,未届出资期限的股东在未出资范围内应当对公司不能清偿的债务承担补充赔偿责任。

最高人民法院《关于适用〈中华人民共和国企业破产法〉若干问题的规定(一)》第1条规定,债务人不能清偿到期债务并且具有下列情形之一的,人民法院应当认定其具备破产原因:(1)资产不足以清偿全部债务;(2)明显缺乏清偿能力。根据查明的事实,陆学刚、曹静申请的(2019)京0118执181号执行案件的执行标的为1,493,497.24元,经采取执行措施,截至2019年9月21日执行回款2785.97元,因被执行人法星公司名下无可供执行的财产信息反馈,且追加的被执行人董明涛名下无房产、车辆、证券、住房公积金等信息反馈,北京市密云区人民法院已于2019年9月25日出具(2019)京0118执181号民事裁定书,裁定终结北京市朝阳区人民法院(2018)京0105民初69932号民事判决书的本次执行程序。依照上述破产法司法解释的规定,法星公司构成资产不足以清偿全部债务的情形,已具备破产原因。现法星公司未申请破产,符合《九民纪要》第6条规定的股东出资加速到期情形,如果沈杨、潘旭利未将其股权转让给董明涛,则沈杨、潘旭利应当对法星公司的债务在其未缴纳出资的范围内承担补充赔偿责任,根据最高人民法院《关于民事案件执行程序中变更、追加当事人若干问题的规定》第19条之规定,沈杨、潘旭利亦符合追加为被执行人的情形。股东不得滥用其出资期限利益以逃避债务、损害公司债权人权益,股东在明知公司对外负债且无力清偿的情况下,恶意转让未届出资期限的股权,增加公司注册资本实缴到位的风险,其行为损害债权人利益,不应得到法律保护。

问:在出资期限未届满前,股东恶意转让股权,出让股东承担责任的条件是什么?

答:司法实践中,在(2018)苏04民终4119号案件中,人民法院认为,出让股东承担责任的条件主要有三个:第一,认缴期限届满,公司无力清偿,受让股东亦未全面履行出资义务或认缴期限虽未届满,但公司已进入破产、清算程序,受让股东仍未全面履行出资义务。第二,外部债权须发生在股权转让前;如交易发生在股权转让前,但延续至转让后,如能证明转让前的债务已清偿的,亦与转让股东无涉。第三,转让股东存在逃避出资的故意。如临近出资期限或发现公司有无力清偿债务的可能性时,转让股东与受让股东恶意串通,利用股权转让的形式,让转让股东金蝉脱壳,受让股东来"顶缸",从而实现转让股东恶意规避后期出资义务的目的。

问:对外部第三人债权人来讲,认为恶意股权转让行为损害其利益,不但要证明原股东的恶意,而且还需要证明股权受让人不具有履行出资义务的能力,债权人的证明责任比较大。债权人应该如何证明?

答:在实务中,需要投入大量精力收集证据,证明股东恶意转让股权,损害债权人利益。比如股权转让细节,受让股东的身份、财产,债务形成的时间等。

问:在出资期限未届满前,股东恶意转让股权,出让股东承担责任的性质和范围是什么?

答:这个问题在实践中有争议。有的人民法院认为,转让人对受让人承担的补充赔偿责任承担连带责任;有的人民法院认为,转让股东对受让股东所承担的补充赔偿责任不能清偿部分承担补充赔偿责任。

问题 67：如何认识股权转让与股权让与担保？

问：什么是股权转让？

答：股权转让是公司股东行使股东权利的一个重要方式，也是现代公司在运转和发展过程中的一种重要形式。股权转让，是指公司股东将自己在公司的股东权益转让给他人的行为。其表现形式主要分为两种：一种是对内转让，即公司股东将股权转让给同一公司的其他股东；另一种是对外转让，即公司股东将股权转让给公司现有股东之外的其他投资者。我国现行《公司法》对股权转让以自由交易为原则，部分限制性规定的做法，如对前述股权的对外转让，就有不得侵犯其他股东优先购买权的限制性规定。

问：什么是让与担保及股权让与担保？

答：让与担保，是指债务人或者第三人为担保债务的履行，将标的物转移给他人，于债务不履行时，该他人可就标的物受偿的一种非典型担保。将标的物转移给他人的债务人或第三人形式上是转让人，实质上是担保人；受领标的物的他人形式上是受让人，实质上是担保权人。股权让与担保，是让与担保的一种，简言之，就是用股权作为担保物设立的让与担保。

问：股权让与担保有何特征？

答：第一，债务人或第三人出于保证担保债务的履行的目的，实质是提供担保；第二，需将股权转移至债权人或债权人指定的第三人名下，并完成交付或变更登记；第三，债权人就股权拍卖、变卖及折价后可以优先受偿。

问：股权转让与股权让与担保有何区别？

答：股权转让的实质系指以股权为交易标的的买卖，即股东将其所持有的公司股权转让给他人的行为；而股权让与担保的本质并非股权的买卖，而是以股权的所有权提供担保。二者具体区别如下：（1）从合同目的来看，股权转让是当事人出于转让股权的目的而签订协议，股权让与担保的目的在于为主债务提供担保，受让人通常不为此支付对价，同时未届清偿期前受让人不得行使和处分该受让股权；（2）股权让与担保作为一种非典型担保，属于从合同的范畴，与此对应的往往存在一个主合同，而股权转让则不存在类似问题。股权让与担保在内部关系上，根据当事人的真实意思表示，应当认定为担保；在外部关系上，基于商事外观主义，受让人将股权转让他人的，该他人可根据善意取得制度取得股权。

问：司法实践中，认定股权让与担保的因素有哪些？

答：第一，是否具有"主债权"。股权让与担保作为一种非典型担保，属于从合同的范畴。与此相对应，往往还会存在一个主合同，是否存在主合同是判断一个协议是股权转让协议还是股权让与担保的重要标准。此外，主债权不以已经存在的现实债权为必要，将来变动中的不特定债权亦可。

第二，是否具有转让股权的外观，即是否符合《公司法》规定的股权转让的条件和程序，并已经公示、变更登记至受让人名下，在外观上实现了权利转移。

第三，股权转让的目的，即转让人和受让人之间转让股权的真实目的。具体而言，可能审查的因素有：（1）转让人与受让人之间是否明确约定以股权作为主债权的担保，股权转让是否与主债务清偿密切关联；（2）股权转让是否是终局性的，股权是否可能回复至转让人名下；（3）股权转让是否有相应的价款以及价款是否实际支付；（4）受让人行使股东权利是否受到限制。例如，股权转让协议附有解除条件或转让协议中设置回购条款，当债务清偿完毕，转让协议解除或者转让人必须回购股权。又如，受让人虽作为股东，但股东权利的行使受到限制，如在满足一定的条件之前，目标股权对应的未分配利润不做实际分配等。

问：如何认识股权让与担保的效力及法律后果？

答：债务人或者第三人与债权人约定将财产形式上转移至债权人名下，债务人不履行到期债务，债权人有权对财产折价或者以拍卖、变卖该财产所得价款偿还债务的，人民法院应当认定该约定有效。当事人已经完成财产权利变动的公示，债务人不履行到期债务，债权人请求参照《民法典》关于担保物权的有关规定就该财产优先受偿的，人民法院应予支持。

债务人或者第三人与债权人约定将财产形式上转移至债权人名下，债务人不履行到期债务，财产归债权人所有的，人民法院应当认定该约定无效，但是不影响当事人有关提供担保的意思表示的效力。当事人已经完成财产权利变动的公示，债务人不履行到期债务，债权人请求对该财产享有所有权的，人民法院不予支持；债权人请求参照《民法典》关于担保物权的规定对财产折价或者以拍卖、变卖该财产所得的价款优先受偿的，人民法院应予支持；债务人履行债务后请求返还财产，或者请求对财产折价或者以拍卖、变卖所得的价款清偿债务的，人民法院应予支持。

债务人与债权人约定将财产转移至债权人名下，在一定期间后再由债务人或者其指定的第三人以交易本金加上溢价款回购，债务人到期不履行回购义务，财产归债权人所有的，人民法院应当参照前述规定处理。回购对象自始不存在的，人民法院应当依照《民法典》第146条第2款的规定，按照其实际构成的法律关系处理。

股东以将其股权转移至债权人名下的方式为债务履行提供担保，公司或者公司的债权人以股东未履行或者未全面履行出资义务、抽逃出资等为由，请求作为名义股东的债权人与股东承担连带责任的，人民法院不予支持。

问题 68：如何理解异议股东股权回购请求权？

问：什么是异议股东股权回购请求权？

答：一般情况下，股东对公司投资前，会对公司未来发展运营做出考量。如果公司发生重大交易且与股东期待收益相左，或发生其他利益冲突的情况，能否顺利退出公司，这是投资者关注的问题。为此，《公司法》创设了异议股东股权回购制度，即当股东对公司某些重大变化（如兼并收购、重大资产转让出售、修改公司章程等）表示异议的，有权享有请求公司以公平合理价格回购其股份，从而退出公司的权利。

问：我国《公司法》对股东异议回购请求权是如何规定的？

答：对有限公司及股份公司股东的异议回购请求权，我国《公司法》分别进行了规定。

第一，针对有限公司。《公司法》第 74 条规定，有下列情形之一的，对股东会该项决议投反对票的股东可以请求公司按照合理的价格收购其股权：(1)公司连续 5 年不向股东分配利润，而该 5 年连续盈利，并且符合本法规定的分配利润条件的；(2)公司合并、分立、转让主要财产的；(3)公司章程规定的营业期限届满或者章程规定的其他解散事由出现，股东会会议通过决议修改章程使公司存续的。自股东会会议决议通过之日起 60 日内，股东与公司不能达成股权收购协议的，股东可以自股东会会议决议通过之日起 90 日内向人民法院提起诉讼。

第二，针对股份公司。《公司法》第 142 条第 1 款规定，公司不得收购本公司股份。但是，有下列情形之一的除外：……(4)股东因对股东大会作出的公司合并、分立决议持异议，要求公司收购其股份的。

问：应该如何理解《公司法》中规定的异议股东股权回购请求权制度？

答：我国《公司法》确立了异议股东股权回购请求权制度。在特定情形下，允许异议股东通过请求公司回购股权的方式，在获得合理对价的基础上退出公司。

（一）关于有限责任公司中的股东异议回购请求权

1. 股东可以退出公司的法定条件

公司收购股权是股东转让股权的一种特殊方式，但由于收购者是本公司，其性质就不单纯是股权的转让，而是股东撤回投资退出公司的行为。因此，法律对此有严格条件限制，即有下列三种情形之一，并且股东会在该股东投反对票的情况下依然作出了有效的决议，该投反对票的股东，才可以请求公司按照合理的价格收购其股权。

（1）公司连续5年不向股东分配利润，而该5年连续盈利，并且符合分配利润的条件。在该情形下，股东要求分配利润的主张是合法的，但持有公司多数表决权的其他股东，却通过股东会决议的形式，阻碍了前者分配利润的合理利益的实现。

（2）公司合并、分立、转让主要财产。在该情形下，公司现有赖以开展生产经营活动的主要财产出现变化，未来的发展充满不确定性甚至可能产生风险。尽管股东会按照"资本多数决"原则形成了合法的决议，但与少数表决权股东的意愿相反，改变了其在设立公司时的合理利益期待，应允许其退出公司。

（3）公司章程规定的营业期限届满或章程规定的其他解散事由出现，股东会会议通过修改公司章程使公司存续。章程规定的营业期限届满或章程规定的其他解散事由出现时，公司本应解散，股东可以退出经营。持有公司多数表决权的其他股东通过股东会决议修改公司章程，决定公司存续，已与公司章程订立时股东的意愿发生重大差异，应允许对此决议投反对票的股东退出公司，不能要求少数表决权股东违背自己意愿被强迫面对公司继续经营的风险。

2. 股东退出公司的法定程序

（1）请求公司收购其股权。股东要求退出公司时，首先应当请求公司收购其股权。股东请求公司收购其股权时，其所要求的价格不应当过高，而应当是合理的价格,如公司每股净资产的价值。

（2）依法向人民法院提起诉讼。股东请求公司收购其股权,应当尽量通过协商的方式解决。但如果股东与公司长时间不能就股权收购达成协议,那么,既可能影响请求收购的股东的权益,又可能影响公司的生产经营活动。为此,法律赋予了股东诉权,规定自股东会会议决议通过之日起60日内,股东与公司不能达成股权收购协议的,股东可以自股东会会议决议通过之日起90日内向人民法院提起诉讼,由人民法院对股权收购事项依法作出裁判。

(二)关于股份公司中的股东异议回购请求权

在股份公司中,为维护异议股东权利,当股东对股东大会作出的公司合并、分立决议持异议时,可以要求公司回购其股份。公司应当回购该股份,且不再需要经股东大会或者董事会决议。公司回购股份后,应当在回购之日起6个月内转让或者注销股份。

问题 69：如何理解股东代表诉讼？

问：什么是股东代表诉讼？

答：股东代表诉讼，又称为股东派生诉讼，是指当公司的合法权益受到不法侵害而公司怠于起诉时，股东为公司利益以自己的名义起诉，所得权益归于公司的一种诉讼形态。其目的是加强对公司实际控制人、董事、监事、高级管理人员等的监督与制约，维护公司的合法权益。

问：我国《公司法》对股东代表诉讼是如何规定的？

答：我国《公司法》第151条规定，董事、高级管理人员有《公司法》第149条规定的情形的，有限责任公司的股东、股份有限公司连续180日以上单独或者合计持有公司1%以上股份的股东，可以书面请求监事会或者不设监事会的有限责任公司的监事向人民法院提起诉讼；监事有《公司法》第149条规定的情形的，前述股东可以书面请求董事会或者不设董事会的有限责任公司的执行董事向人民法院提起诉讼。监事会、不设监事会的有限责任公司的监事，或者董事会、执行董事收到前款规定的股东书面请求后拒绝提起诉讼，或者自收到请求之日起30日内未提起诉讼，或者情况紧急、不立即提起诉讼将会使公司利益受到难以弥补的损害的，前款规定的股东有权为了公司的利益以自己的名义直接向人民法院提起诉讼。他人侵犯公司合法权益，给公司造成损失的，第151条第1款规定的股东可以依照第151条第1、2款的规定向人民法院提起诉讼。

问：股东代表诉讼的诉讼主体如何确定？

答：关于股东代表诉讼的诉讼主体，可以从原、被告及公司诉讼地位进行分析。

第一,关于原告。原告的主体适格是股东代表诉讼中首先要考虑的关键点。对于有限责任公司,原告应为股东;对于股份有限公司,原告应为连续180日以上单独或者合计持有公司1%以上股份的股东。该"连续180日",是指股东向人民法院提起诉讼时,已期满的持股时间。该"股东",是指在股东名册上正式登记的股东,即显名股东,隐名股东无权提起股东代表诉讼。对于符合条件的其他股东,一审法庭辩论终结前以相同的诉讼请求申请参加诉讼的,应当列为共同原告。此外,提起股东代表诉讼的原告,还需注意以下两个问题:一是原告须在提起诉讼至诉讼终结时持续符合上述主体要求。即使原告在一审中符合主体要求,但二审过程中转让了全部股权,也会因失去主体资格而被驳回起诉,因此,原告应在整个诉讼期间符合上述股东身份要求,以免因资格不符而承担败诉风险。二是股东能够直接起诉时,不应提起股东代表诉讼。股东代表诉讼旨在当公司怠于行使诉权或者情况紧急,无法通过正常途径救济公司权益时,使本没有诉权的股东能够"代为"行使公司的权利。因此,当股东自身具有诉权,能够通过直接起诉的途径获得救济时,不应提起股东代表诉讼,否则,将有悖于股东代表诉讼的设置意图。

第二,关于被告。根据《公司法》第151条及《公司法司法解释(二)》第23条的规定,股东代表诉讼的被告可为所有侵害公司权益的主体。其适格被告主要包括以下几类:(1)当董事、监事、高级管理人员执行公司职务时因违反法律、行政法规、公司章程,或公司董事、监事、高级管理人员、实际控制人、控股股东利用关联交易侵害公司利益,给公司造成损失的,应为股东代表诉讼的被告。(2)除上述人员外的公司内部人员及公司外部主体侵害公司利益时,也可以作为股东代表诉讼的被告。(3)清算组成员从事清算事务时,违反法律、行政法规或者公司章程,给公司或者债权人造成损失的,符合条件的股东也可以清算组成员为被告提起股东代表诉讼。

第三,关于公司的诉讼地位。在大多数情况中,股东代表诉讼由符合条件的股东启动。此时,根据《公司法司法解释(四)》第24条第1款之规定,在股东代表诉讼中应当列公司为第三人。此外,在少部分情况中,是由监事会、不设监事会公司的监事或董事会、执行董事依据《公司法》第151条启动诉讼。此时,依据《公司法司法解释(四)》第23条之规定,应以公司为原告;监事会主席或者不设监事会的有限责任公司的监事或董事长或者执行董事为诉讼代表人。

问:股东代表诉讼需要履行什么前置程序?

答:基于司法有限干预公司经营的原则,在提起股东代表诉讼时,需履行一定的前置程序。《公司法》第151条明确规定了提起股东代表诉讼须先履行前置程序,即提起诉讼前须穷尽公司内部救济:当董事、高级管理人员执行职务时造成公司损失的,书面请求监事会或者不设监事会的有限责任公司的监事向人民法院提起诉讼;当监事执行职务时造成公司损失的,书面请求董事会或者不设董事会的有限责任公司的执行董事向人民法院提起诉讼;他人侵犯公司合法权益,给公司造成损失的,符合条件的股东可以依照第151条前两款的规定向人民法院提起诉讼。当监事会、不设监事会的有限责任公司的监事,董事会、执行董事收到股东书面请求后拒绝提起诉讼,或自收到请求之日起30日内未提起诉讼时,股东才可提起股东代表诉讼。此外,因中、小股东在公司中的话语权较低,加之董事、监事、高级管理人员有可能相互串通,有意或不及时提起诉讼,为此,在一定情况下,公司法规定了前置程序的豁免。

首先,根据《公司法》第151条规定,当情况紧急、不立即提起诉讼将会使公司利益受到难以弥补的损害的,股东可直接提起股东代表诉讼。对于何为"情况紧急",结合各地规定及相关案例,主要有以下情形:(1)侵害人正在转移公司财产或公司财产正在灭失;(2)等待公司内部救济程序会导致诉讼时效经过;(3)通过内部救济程序会导致公司产生巨大损失。

其次,司法实践中,当前置程序不存在实现的可能性时,也认可股东直接提起股东代表诉讼。例如,董事、监事相互串通、沆瀣一气,董事、监事各自均损害了公司利益等,此种情况下,股东即使递交了书面请求,董事、监事也不可能理会;当股东本身即为唯一监事或执行董事时,前置程序亦失去意义。

总之,股东提起代表诉讼的前置程序之一是,股东必须先书面请求公司有关机关向人民法院提起诉讼。一般情况下,股东没有履行该前置程序的,应当驳回起诉。但是,该项前置程序针对的是公司治理的一般情况,即在股东向公司有关机关提出书面申请之时,存在公司有关机关提起诉讼的可能性。如果查明的相关事实表明,根本不存在该种可能性的,人民法院不应当以原告未履行前置程序为由驳回起诉。

问:股东代表诉讼如何确定管辖法院?

答:根据《民事诉讼法》第 26 条之规定,"因公司设立、确认股东资格、分配利润、解散等纠纷提起的诉讼,由公司住所地人民法院管辖"。据此,一般情况下,股东代表诉讼应由公司住所地法院管辖。需注意的是,由公司住所地法院管辖并不绝对。例如,公司和外部的债权人签订了一个合同,这个合同里面有协议管辖约定某一个地方的法院管辖,这个时候股东针对这一合同提起代表诉讼,也应当受到协议管辖的约束。又如,如果股东起诉的是某个董事,而这个董事的住所地不一定是在公司的住所地。这一点也是要注意的,也会经常发生管辖权的争议。

问:股东代表诉讼的结果如何归属?

答:第一,股东代表诉讼的胜诉,主要包括两个方面:一是胜诉利益的归属;二是相关费用的承担问题。首先,股东代表诉讼本质上是股东代为行使公司的相关权利,其胜诉利益最终仍归属于公司,股东无权请求被告直接向其履行义务。其次,根据《公司法司法解释(四)》的有关规定,股东发起股东代表诉讼,其诉讼请求部分或者全部得到人民法院支持的,公司应当承担股东因参加诉讼支付的合理费用。

第二,股东代表诉讼的败诉。对于股东代表诉讼的败诉后果应由提起诉讼的股东承担还是公司承担,《公司法》及司法解释没有作出规定,实务中存在较大争议。

第三,股东代表诉讼的调解。股东代表诉讼中,依然存在调解结案的可能性。正常情况下,调解并达成调解协议,应经过诉讼各方一致同意。股东代表诉讼的特殊性在于,股东是为公司的利益提起诉讼,相应的诉讼利益也归属于公司,本质上达成调解的主体应为公司与被告。而公司的利益与每名股东都息息相关,若仅提起诉讼的股东与被告达成一致进行调解,则有可能损害公司其他股东的利益,甚至出现股东与被告串通,通过股东代表诉讼侵害其他股东利益或损害公司利益的情况。因此,依据《九民纪要》第 27 条的规定,公司是股东代表诉讼的最终受益人,为避免因原告股东与被告通过调解损害公司利益,人民法院应当审查调解协议是否为公司的意思。只有在调解协议经公司股东(大)会、董事会决议通过后,人民法院才能出具调解书予以确认。至于具体决议机关,取决于公司章程的规定。公司章程没有规定的,人民法院应当认定公司股东(大)会为决议机关。

问题 70：如何继承股权？

问：最近,某甲父亲因病去世,生前他是一家有限公司的总经理,且持有这家公司36%的股权。当某甲兄妹三人准备到公司继承父亲的股权时,公司管理人员告知,由于公司章程有规定,当股东死亡时,股东持有的股权应该转让,因此,某甲兄妹三人只能退股,而不能继承父亲遗留的股权。《公司法》对股权继承有何规定?

答：现行《公司法》第75条规定,自然人股东死亡后,其合法继承人可以继承股东资格;但是,公司章程另有规定的除外。要理解这一规定,需要注意以下四点。

第一,本条的股权继承仅适用于有限责任公司,股份有限公司并不适用。原因在于,有限责任公司具有人合性;而股份有限公司股份的继承问题应该依照继承相关规定处理。

第二,自然人股东死亡后,其合法继承人可以继承股东资格,其中"资格"一词特别值得注意,它表现出立法者要求完整保护股东权的立法意图,股东权除了具有资产收益权外,还有决定公司重大决策、选择经营管理者的权利,即对公司的话语权,而"资格"一词把股东权中的财产权和其他权利全部涵盖,而并非单指财产权。

第三,公司章程可以对股权继承作出特别规定,排除对股东资格的当然继承。通俗来讲,就是股权可以继承;如果不允许继承,就需要事先在公司章程中作出相应规定。

第四,并非所有的继承人都能继承股东资格,只有合法继承人才能继承股东资格,比如遗赠和遗赠扶养协议的相对人均不是合法继承人,因此,第75条中可继承股东资格的情形,就不包括遗赠和遗赠扶养协议。

问:公司管理人员告诉某甲兄妹三人,由于公司章程有规定,当股东死亡时,股东持有的股权应该转让,因此,某甲兄妹三人不享有继承权。依据《公司法》规定,公司章程事前可以对继承权问题作出规定,那么,某甲兄妹三人真的不享有公司股权的继承权吗?

答:这需要结合公司章程的具体内容进行分析。

问:公司章程规定,"对正常到龄退休(返聘除外)、长病、长休、死亡的股东,应及时办理股权转让手续,由其他股东受让其股权"。应如何理解这个条款?

答:从公司章程的条文分析,确实对股权继承问题有限制性规定,但这种限制性规定的前提是其他股东需受让某甲父亲持有的股权,因此,问题的关键是其他股东愿意受让某甲父亲持有的股权吗?

问:某甲问过公司,公司答复没有其他股东愿意受让这部分股权。那么某甲兄妹三人可以继承吗?

答:对于股权继承的限制应以公司章程的明确规定为据,对公司章程中没有明确规定的情形则应按法律规定处理。换言之,在公司无其他股东受让某甲父亲持有股权的情况下,应按《公司法》第75条的规定处理,即某甲三兄妹有权继承其父亲持有的公司股权。

问:在某甲三兄妹享有继承权的情况下,某甲三兄妹应如何继承?股权能否被分割继承?

答:只要公司章程未对此作出限制性规定,股权既然能够被继承,理所当然也可以被分割。需要注意的是,对于股权的分割继承不能导致公司股东人数超出法定上限。此外,公务员、现役军人等特定身份的人不得从事营利性活动,该等继承人由于特殊身份不能继承股东资格,只能将作为遗产的股权转让后,继承其所得的转让款。

问：在某甲继承股权的过程中，税收应如何处理？

答：根据国家税务总局《关于发布〈股权转让所得个人所得税管理办法（试行）〉的公告》第13条之规定，继承或将股权转让给其能提供具有法律效力身份关系证明的配偶、父母、子女、祖父母、外祖父母、孙子女、外孙子女、兄弟姐妹以及对转让人承担直接抚养或者赡养义务的抚养人或者赡养人，股权转让收入明显偏低可视为有正当理由，可不缴纳个人所得税。但是，股权继承所签订的书据属于产权转移书据，应按所载金额0.05%进行贴花。

第三章
控制权与公司治理

Chapter
3

问题 71：如何认识股权架构设计与控制权分配？

问：什么是公司控制权？

答：公司控制权，简言之，就是对公司决策、管理进行控制、影响的权利。在经济学上，公司控制权是一种状态依存的权利，常被称为剩余控制权，其与剩余索取权是对应概念。公司控制权配置的基本原则是"谁拥有剩余索取权，就应该由谁享有公司控制权"。在公司正常经营的情况下，债权人收取利息、供应商获得价款、员工领取工资等享有固定收益，公司在支付这些费用以后，如果尚有剩余，才能分配给股东，因此，股东是剩余索取者，自然应该享有公司控制权。经济学上的这一逻辑，用法律语言进行表述，就是股东因持有股权，享有利润分配权，而为了确保利润分配权的实现，自然应该拥有参与重大决策、选择管理者等控制权。由此可见，公司控制权来源于股权，是从股权中派生出来的，这种权利往往涉及公司财富的分配，因此，经常成为股东之间争夺的焦点。

问：既然公司控制权是股权的派生性权利，那么，自然要对股权的配置进行设计，对吗？

答：这只是一个理由。更为重要的是，在经济学的逻辑上，股东是作为一个整体，而非个体享有公司控制权的。通过股权架构设计，可以对各个股东的持股比例进行配置，将公司控制权分配给最需要的股东（往往是大股东），从而实现股东整体到股东个体的转化，真正落实公司控制权享有者。

问：股东在什么时候需要对公司股权架构进行设计？

答：在公司经营过程中，以下情况可能需要对公司股权进行设计：第一，公司设立时，创始股东需要对公司股权结构进行设计；第二，公司需要引进资本，加速发展，引入天使轮、A轮、B轮、C轮等投资，这时需要对公司股权结构进行设计；第三，为激励中高层管理人员和核心技术人员跟着公司发展，采用员工持股时，需要对公司股权结构进行设计；第四，为整合资源、拓展市场、重塑组织架构、挂牌上市或并购时，需要对公司股权结构进行设计。

问：为了达到控制公司目的，一般会采用什么形式？

答：在股权架构设计实务中，为了达到控制公司的目的，一般会采用持有大额比例股权、协议控制，或二者兼具的形式。在资本多数决的原则下，持有大额比例的股权是控制公司的首选，在持股比例达不到控制公司的目的时，才采用协议控制的方式。

问：持有一定比例的公司股权，是控制公司的最好方式。能否具体解释一下持股比例与公司控制权的关系？

答：我国《公司法》规定了四个重要的持股比例。

第一，67%：绝对的公司控制权。修改公司章程、增加或减少注册资本，以及公司合并、分立、解散或者变更公司形式七项重大事项都需要公司股东会2/3以上表决权的股东同意才能决定，这几项都是重大事项，未经2/3以上表决权的股东同意，这几项重大事项是不能做决定的。

第二，51%：相对的公司控制权。对修改公司章程、增加或减少注册资本，以及公司合并、分立、解散或者变更公司形式七项重大事项以外的事项不需要2/3以上表决权的股东同意，只需要半数以上的股东表决权同意即可。因此，当一名股东占有51%股权时，其实际上就取得了公司的相对控制权。

第三，34%：一票否决权。持股34%的股东，对修改公司章程、增加或减少注册资本，以及公司合并、分立、解散或者变更公司形式七项重大事项具有一票否决权。

第四，10%：申请公司解散权+股东会自行召集主持权。只有10%以上持股比例的股东才有此权利；不到10%，没有一定影响力。此外，持有10%以上股权的股东，有权自行召集股东会并主持股东会及申请解散公司。

问：如果持有股权比例不够，可以采用哪些协议控制的方式呢？

答：如果持股比例不够，可以考虑采取以下五种协议控制。

第一，表决权委托，即公司部分股东通过协议约定，将其投票权委托给其他特定股东（如创始股东）行使。

第二，一致行动人协议。一致行动人模式，是指公司股东通过协议、其他安排，与其他股东共同扩大其所能够支配的公司股份表决权数量的行为，即通过协议约定，这些股东就特定事项采取一致行动。意见不一致时，跟随指定的股东进行投票。

第三，通过有限合伙持股。有限合伙企业的合伙人分为普通合伙人（GP）和有限合伙人（LP）。作为有限合伙人对合伙债务承担有限责任的代价，有限合伙人不具有管理合伙事务的权利。有限合伙事务的管理权应由普通合伙人行使，承担管理职能。结合有限合伙的上述特点，可以让股东不直接持有公司股权，而将股东都放在一个有限合伙里面，让这个有限合伙持有公司股权，股东间接持有公司股权。在这个有限合伙里面，让创始人担任有限合伙的 GP，通过控制有限合伙，来达到持有和控制公司的目的。

第四，在公司章程中约定"同股不同权"。公司契约论者认为公司章程就是股东之间的契约，因此，股东可以在公司章程中约定"同股不同权"。我国《公司法》第 42 条规定，股东会会议由股东按照出资比例行使表决权；但是，公司章程另有规定的除外。这意味着有限公司可以不按照出资比例设置股东的表决权。但为避免被认定侵犯股东的法定表决权，这类公司章程的设置必须经全体股东一致同意。此外，在司法实践中，还承认"一票否决权"。

第五，约定公司印章、证照等的持有者。在我国，印章、证照等往往彰显公司的身份，因此，可以通过约定印章、证照的持有者，间接实现对公司的控制。

需要说明的是，协议控制采用协议形式，而协议的签订方有可能违约，不遵守协议的约定，因此，协议控制具有不稳定性，是不得已才采用的控制方式。

问：一个好的股权架构应具备什么特征？

答：股权架构设计作为公司的顶层设计，对公司的稳定发展特别重要。什么是好的股权结构？对于这个问题没有一个统一的标准,只要是适合公司发展的股权结构,就是一个好的股权架构。具体来说,一个好的股权架构,应具备以下特征:第一,股权结构应简单清晰,尤其是投票权比例分配合理,容易形成有效的公司决议,避免公司僵局;第二,应符合公司的商业逻辑,满足商业模式的需要,特别是投融资的需要;第三,在集团公司的股权架构中,可以考虑利用税收洼地,合理设立子公司,达到节税的效果。

问题 72：如何理解公司治理？

问：什么是公司治理？

答：近几十年来公司治理受到了越来越多的关注，特别是在 2002 年安然、世通等会计丑闻爆发后，经济学家 Rajan 和 Zingales 评论道："最近的丑闻表明，即使是在最先进的市场经济里，在改善公司治理方面仍然大有可为。"2015 年的万科股权之争等事件折射出公司治理的深层次的问题，中国的公司治理问题开始受到越来越多的关注，甚至一度成为公众流行的话题。按照经济学上的解释，公司治理（Corporate Governance）主要围绕股东与经营管理层之间、公司与其他利益相关者之间、大股东与小股东之间的委托代理关系展开。公司治理的目标就是使这三对代理关系的代理成本最小化。在理论界，公司治理有狭义与广义之分。狭义的公司治理，是指关于公司股东会、董事会、监事会等治理机构的设置、职权等的制度安排。广义的公司治理，是指有关公司控制权和剩余索取权分配的一整套法律、市场及文化的安排。这些安排决定公司的目标，谁在什么状态下实施控制，如何控制，风险和收益如何在不同的公司成员之间分配等类似问题。

问：什么是公司治理模式？世界上主要有哪些治理模式？

答：公司治理模式，实际上就是关于委托人与代理人或者受托人之间的权力分配与安排的基本方式。不同的国家，由于历史文化及法律传统的不同，在公司治理模式上有所不同。

在美国，公司机关由股东会和董事会构成，没有监事会，即所谓的单轨制。在这种结构中，股东会选任董事，由董事构成的董事会负责公司的业务经营和事务管理。至于监督职能，由股东会监督董事会，董事会监督公司经理阶层。在德国，公司机关由股东会、监事会和董事会构成，即所谓的双轨制。由股东会选任监事,再由监事会选任董事,最后由董事会负责公司的经营管理。监事会除选任董事外,还负责对董事会进行监督。英国、日本、法国等国家的公司治理模式,结合自己的国情进行了适当修正,介于单轨制与双轨制之间。尽管各国的公司治理模式各有侧重,但均由表意机关、执行机关及监督机关组成。典型表现为公司机关通常为股东会、董事会和监事会构成。我国采取的正是这种模式。

问:如何评价我国公司治理存在的问题?

答:我国公司治理问题的根源在于股权结构集中和法律制度的不完善。具体表现为:第一,在这种一股独大以及高度集中的所有权结构下,主要的代理问题表现为控股股东与小股东之间的利益冲突,控股股东通过控制董事会和管理人员来掌握公司,损害公司及小股东的利益。第二,在法律制度的构建上,"三会"制度安排与现实运行严重脱节;对控股股东及公司经理阶层的法律规制不尽完善;公司治理的问责与追责机制畸形和失灵。这些问题的存在,使得经理人市场、公司控制权市场、产品市场等外部治理机制,在我国并不奏效。

问:良好的公司治理应具备什么特征?

答:一个良好的公司治理应具备以下特征:第一,平等对待及保护股东权利;第二,公司治理信息公开透明;第三,保护利益相关者的合法权利;第四,董事及经理阶层勤勉尽责,履行受托义务。

问:应如何改善我国的公司治理?

答:公司治理的现代化不可能立竿见影,而应循序渐进。第一,从宏观层面而论,应持续深化市场化改革,加快经理人市场、控制权市场等外部治理机制的建设。同时,应结合我国的实际,完善公司治理法律制度,尤其确立控股股东的受信义务。第二,从微观层面而论,每个公司都有自身的发展历程与文化,公司治理模式也不可能千篇一律,因此,公司创始人应结合公司实际,寻找到适合自己公司的治理模式、方法及结构。

问题 73：小股东如何掌握公司控制权？

问：某甲是一名有限责任公司的小股东，也是公司的创始人之一。某甲现持有公司25%的股权，除其之外还有两名大股东，分别持有35%与40%的股权。一直以来，公司主要由某甲经营管理，大股东没参与公司经营，他们主要是作为投资人进入公司。现在公司经营情况不错，股东之间也相互信任，但某甲担心现在对其的管理权限没有书面文件，以后会不会产生纠纷，以至于影响公司的正常发展。为避免纠纷，某甲应该如何处理？

答：某甲面临问题的实质是公司控制权分配问题。公司对控制权的分配有相关书面协议吗？

问：由于股东之间相互信任，加之，又是比较好的朋友关系，因此，一直没有对公司控制权分配问题签订书面协议。现在就是想用书面协议对此问题进行规范，在协议签订过程中，应该关注什么问题？

答：一般来说，针对公司控制权安排，可以从两个方面考虑：第一，股权层面。只要掌握了公司51%以上的股权比例，就可以拥有对一个公司的相对控制权。目前的问题是，某甲仅占有25%的股权，远达不到51%的比例。如果其他股东不同意转让股权给某甲或增资扩股，某甲打算通过持股来控制公司就不现实。为此，可以将其他股东股权中的投票权分离出来，采用多种安排增加某甲在股东会上的投票权比例。第二，经营管理权层面。尽管在股东会上投票权分配至关重要，但股东会仅对公司经营的一些重大事项做出决定。在公司具体经营中，还是由董事会、高级管理人员等负责，因此，公司经营层面上也可以做一些有利于某甲的安排。

问：如何实现股东的投票权分离？

答：要实现投票权从其他股东的股权中分离出来，可以考虑采用如下方式：第一，投票权委托。公司部分股东通过协议约定，将其投票权委托给其他特定股东（如小股东）行使。第二，一致行动协议。通过协议约定，某些股东就特定事项采取一致行动。意见不一致时，某些股东跟随一致行动人（小股东）投票。第三，同股不同权，即"AB股计划"。通常股东投票权是按照股东的出资比例进行表决投票的计算，但是也可以在公司章程里规定不按照出资比例进行表决的，可以依据公司章程规定的方式进行。换言之，通过股东之间的约定，可以放大小股东的投票权比例，比如某甲现在持有公司25%比例的股权，可以通过修改公司章程，让某甲在股东会上拥有51%的投票权。

问：小股东在股权层面掌握公司控制权的方法清楚了，那么，在公司经营管理层面又该如何安排呢？

答：对于公司经营管理层面，可以考虑采用如下方式：第一，增加董事会席位。通常公司的日常经营事项，主要由公司董事会来决定，股东会仅决定公司重大事项，因此，可以通过约定，由小股东占有公司董事会的大部分席位，从而通过控制董事会，控制公司的日常经营管理。第二，担任法定代表人的职位。法定代表人有权在法律规定的职权范围内，直接代表公司对外行使职权，他的行为属于职务行为，因此，某甲可以考虑担任法定代表人。第三，掌握印章、营业执照及其他资格性证明材料。印章及这些文件资料对于公司的经营有着重要作用，因此，可以考虑由小股东掌握印章及这些资料。总之，股权层面或者董事会控制权，是对公司的法定控制权，是以法律为保障的，可以通过人民法院来保护这种控制权。占着法定代表人的职位、掌握印章或营业执照，则是对公司的实际控制。

问题 74：股东（大）会的职权范围是什么？

问：股东（大）会有哪些职权？

答：股东会在有限责任公司中称为股东会，在股份有限公司中称为股东大会，是由全体股东组成的公司权力机关，行使公司的最高决策权。依据《公司法》第37条的规定，其享有11项职权，归纳起来有六个方面。

第一，投资经营决定权，是指股东会有权对公司的投资计划和经营方针作出决定。公司的投资计划和经营方针是公司经营的目标方向和资金运用的长期计划，这样的计划和方针是否可行，能否给公司和股东带来利益报酬，将深刻影响股东的收益预期，决定公司的命运与未来，是公司的重大问题，应由公司股东会来决策。

第二，人事权。股东会有权选任和决定本公司的非由职工代表担任的董事、监事，可以对不合格的董事、监事予以更换。董事、监事受公司股东会委托或委任，为公司服务，对股东会负责。有关董事、监事的报酬事项，包括数额、支付方式、支付时间等，都由股东会决定。公司高级管理人员的任免及报酬无须由股东会决定。

第三，审批权。股东会享有对重大事项的审批权，具体包括以下两个方面：一是审议批准工作报告权，即股东会有权对公司董事会、监事会或者监事提出的报告进行审议，并决定是否予以批准；二是审批相关经营管理方面的方案权，即公司的股东会有权对公司的董事会或者执行董事向股东会提出的年度财务预算方案、决算方案、利润分配方案以及弥补亏损方案进行审议，最终决定批准与否。上述方案应由董事会根据公司的经营情况进行拟定，然后提交股东会进行审议。

第四，决议权，即股东会有权对公司增加或者减少注册资本、发行公司债券、公司合并、分立、变更公司形式、解散和清算等事项作出决议。上述事项与股东的所有者权益有着密切的联系,所以应由股东会做出决议。股东会做出决议以后,董事会、监事会应当认真组织实施。

第五,修改公司章程权。公司章程是由公司全体股东在公司设立时共同制定的,因此,修改公司章程也应该由全体股东讨论,而不能由董事会、监事会进行修改。股东会修改公司章程,必须经代表 2/3 以上表决权的股东赞成通过方为有效。

第六,公司章程规定的其他职权。除了上述职权外,股东会还享有公司章程规定的其他职权。其他职权的具体内容,可在公司章程中进行规定。

以上就是有限责任公司股东会的 11 项职能。股份有限公司的股东大会和有限责任公司的股东会职权是一致的。另外,上市公司在 1 年内购买、出售重大资产,或者担保金额超过公司资产总额 30% 的,应当由股东大会做出决议,由代表 2/3 以上表决权的股东通过。

问: 股东会必须采用会议形式进行吗?能否采用书面议事方式?

答: 股东会行使职权,应当按照法律规定和公司章程规定的议事方式和表决程序进行。一般情况下,股东会应当通过召开股东会会议做出决议的形式,行使自己的职权。但是,在有限责任公司中,如果全体股东对股东会职权范围内的事项达成书面一致同意的,可以不召开股东会决议,直接做出决议,再由全体股东在决议文件上签名、盖章。需要注意的是,必须全体股东都对所列事项同意,而且必须以书面的方式表示同意,除此之外,必须召开股东会进行表决。

问题 75：如何理解股东会的召集程序？

问：股东会的召集权是什么？

答：股东会的召集权，是指公司董事会、监事会和股东认为有召开股东会的必要时，按照法律规定和公司章程规定召集股东会的权利。股东会的召集权最直接的表现形式是股东会的召集程序，即召集权人在规定的通知期间内通知股东会议召开时间、地点和表决事项的流程。对股东来说，股东会召集程序具有重要意义。股东可以通过召集程序，提前知悉股东会召开的时间、地点、待议事项等，以便有足够的时间权衡利弊，决定是否参加、是否同意待议事项，以维护自身合法权益。股东会的召集与股东会的召开不同。股东会召集是股东会召开的前置程序，召集程序有力保障股东会的正常召开。如果召集程序有严重瑕疵，可能导致股东会决议不成立或被撤销。

问：股东会召集程序有哪些规定？

答：关于股东会召集程序的法律规定，我国《公司法》对有限责任公司与股份有限公司分别加以规定。

第一，有限责任公司的相关规定。对于有限责任公司股东会的召集程序，《公司法》第39、40、41条规定，股东会会议分为定期会议和临时会议。定期会议应当依照公司章程的规定按时召开。代表1/10以上表决权的股东，1/3以上的董事，监事会或者不设监事会的公司的监事提议召开临时会议的，应当召开临时会议。有限责任公司设立董事会的，股东会会议由董事会召集，董事长主持；董事长不能履行职务或者不履行职务的，由副董事长主持；副董事长不能履行职务或者不履行职务的，由半数以上董事共同推举一名董事主持。有限责任公司不设董事会的，股东会会议由执行董事召集和主持。董事或者执行董事不能履行或者不履行召集股东会会议职责的,由监事会或者不设监事会的公司的监事召集和主持;监事会或者监事不召集和主持的,代表 1/10 以上表决权的股东可以自行招集和主持。召开股东会会议,应当于会议召开 15 日前通知全体股东;但是,公司章程另有规定或者全体股东另有约定的除外。

第二,股份有限公司的相关规定。对于股份有限公司股东大会的召集程序,我国《公司法》第 101、102 条规定,股东大会会议由董事会召集,董事长主持;董事长不能履行职务或者不履行职务的,由副董事长主持;副董事长不能履行职务或者不履行职务的,由半数以上董事共同推举一名董事主持。董事会不能履行或者不履行召集股东大会会议职责的,监事会应当及时召集和主持;监事会不召集和主持的,连续 90 日以上单独或者合计持有公司 10% 以上股份的股东可以自行召集和主持。召开股东大会会议,应当将会议召开的时间、地点和审议的事项于会议召开 20 日前通知各股东;临时股东大会应当于会议召开 15 日前通知各股东;发行无记名股票的,应当于会议召开 30 日前公告会议召开的时间、地点和审议事项。单独或者合计持有公司 3% 以上股份的股东,可以在股东大会召开 10 日前提出临时提案并书面提交董事会;董事会应当在收到提案后 2 日内通知其他股东,并将该临时提案提交股东大会审议。临时提案的内容应当属于股东大会职权范围,并有明确议题和具体决议事项。股东大会不得对前两款通知中未列明的事项做出决议。无记名股票持有人出席股东大会会议的,应当于会议召开 5 日前至股东大会闭会时将股票交存于公司。

问:为避免出现召集瑕疵,对股东会召集程序有何建议?

答:应当具备证据意识,妥善地保留履行召集程序的相关证据。

第一,应提前 15 日或其他有效时间向全体股东有效接收地址发送会议通知,注明会议议题、会议时间、会议地点等;如通过 EMS 发送的,须在快递上注明"股东会通知及会议主要议题"。第二,如第一召集人怠于或无法召集股东会的,应保留相关证据如拒绝召集,或合理时间内不予回应。第三,在公司章程内或另外约定的各股东有效的法律文书/通知接收方式和通信地址。

问题 76：可以提前一天通知召开临时股东会吗？

问：因为甲公司遇到了紧急情况，希望召开一个临时股东会，表决一个重要事项，但甲公司章程规定，召开股东会需要提前15日通知股东。甲公司想提前一天通知股东参会，这样做可以吗？

答：依据《公司法》第41条的规定，"召开股东会会议，应当于会议召开十五日前通知全体股东；但是，公司章程另有规定或者全体股东另有约定的除外"。可见，如果公司章程没有规定或股东之间没有另行约定的，应该在股东会召开15日前通知股东参会。结合甲公司陈述的情况，在甲公司章程中已经规定召开股东会需要提前15日通知股东，因此，最好按照公司章程的规定执行。

问：可现在甲公司面临的事情确实比较重大，或许会影响甲公司以后的发展，因此，急需召开股东会进行表决。还有其他办法解决吗？

答：依照《公司法》规定，全体股东可以另行约定通知时间，因此，可以考虑通知全体股东参会，在开会时让每个股东书面承诺同意召开临时股东会。采用这种做法，就可以避免股东会召集程序上的瑕疵。

问：如果股东会的通知时间有瑕疵，会带来什么后果？

答：依据《公司法》第22条第2款的规定，"股东会或者股东大会、董事会的会议召集程序、表决方式违反法律、行政法规或者公司章程，或者决议内容违反公司章程的，股东可以自决议作出之日起六十日内，请求人民法院撤销"。可见，如果股东会的通知时间违反了公司章程的规定，股东就可以请求人民法院撤销股东会决议。

问：在股东会的召集程序上不应有一点瑕疵，是吗？

答：原则上，如果召集程序有瑕疵，应该予以撤销，但我国《公司法司法解释（四）》规定，会议召集程序仅有轻微瑕疵，且对决议未产生实质影响的，人民法院可能不会撤销股东会决议。

问：什么情形下才算"轻微瑕疵"呢？

答：例如，按公司章程规定应提前15日通知召开股东会，但召集人仅提前14日通知；又如，按公司章程规定，应该采用书面通知形式，却采用电话或电子邮件通知等。只要这些"轻微瑕疵"没有实质性地影响到股东会决议，该决议就是有效的。

问题 77：可以用微信方式召开股东会吗？

问：A公司一共有4名股东，甲是其中的一名，占有公司30%的股权。由于4名股东不在同一个地方，为提高决策效率，A公司的4名股东准备建立一个微信群，以后召开股东会，特别是临时股东会，准备采用通过微信方式进行，这是否符合法律的规定？通过这种方式做出的股东会决议有效吗？

答：股东会作为公司的最高权力机关，公司最重要、最根本的事项决定由股东会做出。股东会会议分为定期会议和临时会议。定期会议，是指按照《公司法》或公司章程的规定定期召开的股东会会议。就有限责任公司而言，《公司法》并未规定何时召开定期会议，而是交由公司章程来决定。在实务中，绝大多数的公司章程是规定"定期会议每年召开一次"，也就是我们经常所说的年度股东会。临时会议，是指定期会议之外的股东会会议。我国《公司法》第39条规定，"代表十分之一以上表决权的股东，三分之一以上的董事，监事会或者不设监事会的公司的监事提议召开临时会议的，应当召开临时会议"。由此可见，只有这三种人提议，才可能召开临时股东会；只要这三种人提议，就必须召开临时股东会。此外，我国《公司法》还对股东会的召集与主持、通知与记录、表决权的行使、议事方式和表决程序等作出了规定。

问：既然《公司法》对股东会作出了规定，这是否意味着A公司不能通过微信方式召开股东会，只能大家线下面对面开会呢？

答：尽管我国法律对股东会的召开规定了一系列的程序要求，但并没有规定股东会必须得由股东聚在一起、面对面的召开股东会。换言之，我国法律并没有对以什么方式召开股东会作出规定，加之，如果公司章程也未明确规定的情况下，股东之间是可以通过建立微信群的方式召开股东会会议的。

问：A 公司在章程中并没有相关规定，看来只要股东同意，是可以以微信的方式召开股东会的。为了使采用这种方式召开的股东会决议有效、避免质疑，还应该注意什么呢？

答：第一，会议的召集、通知时间及议题等应符合我国《公司法》的规定，并且确保每一位股东均可以自由地发表自己的意见并进行表决。第二，注意依据《公司法》及公司章程的规定作出有效决议，并以截图等方式将开会过程保留下来。同时，为稳妥起见，可以将微信群中的表决结果制作成书面股东会决议，让每一位股东在决议上签字确认。第三，为避免产生争议，最好修改公司章程，在公司章程中明确公司可以以微信的方式召开股东会，并对微信群的建立、运作程序及管理等进行规定。

问题 78：股东会能否撤销董事会决议？

问：甲是 A 公司的董事，发现经理存在损害公司重大利益的行为。董事长主持召开董事会，经过表决，通过解聘经理的决议。董事会决议做出后，公司大股东（占股 56%）认为不应该解除经理的职务，他随即召开了临时股东会，通过股东会决议，撤销解聘经理的董事会决议、恢复其经理职务。依据法律规定，聘任或解聘经理的权利在董事会，既然董事会已经通过了解聘经理的决议，股东会还能够撤销董事会已经通过的决议吗？

答：董事会依照法定程序在职权范围内作出的决议，遭到股东的反对，股东能否通过股东会决议予以撤销？对此，法律未予以明确规定，导致实务操作方式各异，观点不一。实践中，股东会能否撤销董事会决议应区别不同情形。

第一，内容违反法律、行政法规的董事会决议。我国《公司法》第 22 条第 1 款规定，"公司股东会或者股东大会、董事会的决议内容违反法律、行政法规的无效"。根据民法原理，该类决议自始、当然无效。股东会自然可以撤销该类协议，因为这属于公司权力机关通过自力救济的形式对自身违法行为的纠正。

第二，会议召集程序、表决方式违反法律、行政法规、公司章程或决议内容违反公司章程的董事会决议。我国《公司法》第 22 条第 2 款规定："股东会或者股东大会、董事会的会议召集程序、表决方式违反法律、行政法规或者公司章程，或者决议内容违反公司章程的，股东可以自决议作出之日起六十日内，请求人民法院撤销。"根据《公司法》此规定，对于该类型的董事会决议应由公司股东在决议作出之日起 60 日内向人民法院提起诉讼，由人民法院依法撤销。法律对于该类型的董事会决议撤销规定了法定途径和方式。根据法律规定，股东会不是行使撤销权的权利主体，因此，该类董事会决议股东会无权直接撤销。虽然股东会对该类董事会决议没有直接撤销的权力，但股东会作为权力机关，可以要求董事会自我纠正；董事会拒不纠正的，股东会可以追究相关董事违反忠实勤勉义务的法律责任，同时，还可以由股东直接向人民法院起诉，由人民法院依法撤销。

第三，违反股东会决议的董事会决议。股东会、董事会均为有限责任公司法定必备的组织机构。《公司法》第37条、第46条分别对股东会、董事会的职权作了明确、具体的规定。我国现行法律、法规没有限定违反股东会决议的董事会决议的纠正途径、方式，对于此类公司内部管理（治理）问题，作为公司权力机构的股东会有权自我纠正（自我救济），因此，对于上述董事会决议，股东会有权予以撤销或以股东会决议的形式要求董事会自己撤销。

第四，董事会超越职权范围所做董事会决议的撤销。根据我国《公司法》第46条之规定，董事会的职权来自《公司法》、公司章程的规定及股东会的授权，在董事会的决议超出其职权范围时，董事会所做决议缺乏合法依据，作为公司权力机构的股东会有权进行追认、变更、废除或予以撤销。此外，在此情形下，董事会作决议的行为并非履行董事会职责，股东会当然有处分权。

第五，董事会在其职权范围所作出不存在瑕疵的董事会决议。该类决议是董事会按照法律法规、公司章程履行职责的表现。如果允许股东会随意变更或撤销，势必影响公司运营的稳定性，损害公司商业信誉，同时，这也不符合《公司法》所确立的公司治理架构。因此，该类决议系董事会依法、依规履行职责所形成的，股东会无权予以撤销。

问：依据上述观点，A公司做出的董事会决议，大股东是无权通过股东会予以撤销的。是这样吗？

答：是的。董事会作出的解聘经理的董事会决议，既不违反法律、法规，也不违反公司章程或股东会决议，且解聘经理是公司董事会的法定权利，该董事会决议具有法律效力，股东会无权撤销。大股东召开临时股东会，撤销解聘经理的董事会决议并恢复其职务的行为没有法律依据。

问题 79：股东会不按出资比例，而按一人一票表决可以吗？

问：A 有限责任公司，共有 5 名股东。由于每名股东所占股权比例都差不多，为了避免无法形成有效的股东会决议，股东准备借鉴合伙企业的表决方式，即一人一票。《公司法》上对表决权是如何规定的？按一人一票表决合法吗？

答：股东表决权，又称为股东投票权，是指为了公司及全体股东的利益并通过股东（大）会而行使的投票权，是股东共益权的一种。表决权是参加股东大会的核心权利，只有通过在股东大会行使表决权才有可能将股东个人意志拟制为公司意志，并借助董事会和管理层实现其出资资本化收益。行使表决权不仅是使自己的意志上升成为公司意志的途径，更是参与公司治理的表现。股东只有通过表决权实现其股东权利，支配公司、监督管理层和实现自身权益的目的。

表决权，既是公司治理的核心，往往又成为公司控制权争夺的焦点。在主流的公司控制权分配理论中，谁是资本的所有者，谁就享有公司的剩余控制权及索取权。这一理论在公司投票权上的表现就是"资本多数决"，即谁出资最多，谁在股东会上就拥有多数票数，谁就掌控着公司的经营决策。由于"资本多数决"为投票权的分配提供了一种简单的方法，因此，在大多数情况下，其运作是高效的。

基于不同公司类型的差异，对于表决权的规定也不尽相同。可具体概括如下：第一，基本规定。有限责任公司股东按照出资比例行使表决权，公司章程规定优先于法律规定，但不得违反法律的强制性规定。股份有限公司股东按照持股比例行使表决权，公司自持股份除外。公司重大事项涉及优先股股东利益时，优先股股东具有表决权。第二，重大事项的股东表决。（1）有限责任公司。有限责任公司的下列事项必须经过全体股东表决权 2/3 以上通过（全体 + ≥2/3）：

其一,修改公司章程;其二,增加或者减少注册资本;其三,公司合并、分立、解散;其四,变更公司形式的决议。(2)股份有限公司:其一,股东大会作出一般决议,必须经出席会议的股东所持表决权过半数通过(出席 + >1/2);其二,下列事项必须经出席会议的股东所持表决权的 2/3 以上通过(出席 + ≥2/3):修改公司章程,增加或者减少注册资本,公司合并、分立、解散,变更公司形式的决议。此外,针对股份有限公司中的上市公司,还有一些特殊规定。

问:既然表决权是股东的一种权利,那么股东就可以放弃行使。应该如何认识股东表决时不投票行为的性质?

答:在实践中,在股东会投票时,确实有部分股东既不表示同意,也未表示反对,只是不发表意见,不进行投票。对股东的这种投票行为,有不同的认识,有的说应推定为默认,有的说应视为反对或者弃权。这些认识有失偏颇。如果公司章程中有规定或事前有约定,应该按公司章程的规定或约定处理;如果没有规定或约定,应根据决议事项的性质、权利义务的具体内容具体处理。

问:股份有限公司选举董事、监事时,可以实行累积投票制度,有限责任公司中可以同样采用吗?

答:我国《公司法》第 105 条规定,在股份有限公司中,股东大会选举董事、监事,可以依照公司章程的规定或者股东大会的决议,实行累积投票制。累积投票制,是指股东大会选举董事或者监事时,每一股份拥有与应选董事或者监事人数相同的表决权,股东拥有的表决权可以集中使用。在有限责任公司中,可以仿照股份公司的做法,采用累积投票制吗?答案是肯定的。我国《公司法》第 42 条规定,在有限责任公司中,股东会会议由股东按照出资比例行使表决权;但是,公司章程另有规定的除外。可见,对于有限责任公司,股东可以通过公司章程或章程修正案自由决定股东会表决的行使方式。如果公司章程或章程修正案规定实行累积投票制的,是符合该条的立法精神的。

问：由于 A 公司每名股东所占股权比例都差不多，为了避免无法形成有效的股东会决议。如果借鉴合伙企业的表决方式，即一人一票，不知是否可行？

答：如前文所述，根据《公司法》第 42 条的规定，在有限责任公司中，股东会会议由股东按照出资比例行使表决权，但是公司章程另有规定的除外。后面的但书就表明允许采用人数决的表决形式，即公司章程或章程修正案可以规定股东会决议，由股东按照股东人数行使表决权，即一人一票。

问题 80：什么是股东表决权排除制度？

问：什么是股东表决权排除制度？

答：在公司治理过程中，控股股东或实际控制人按"资本多数决"的议事规则滥用控制权，损害公司和中小股东的利益并不鲜见。这实质上反映了公司表决权在运行过程的异化。为防止公司表决权在运行中走向异化，维护公司利益和中小股东的利益，对股东的表决权进行相应的排除显得尤为必要。所谓"股东表决权排除制度"，就是在一定的情况下，股东所持有的股票在股东会上不享有投票权或投票权受限。

问：在什么情况下，股东不享有投票权或投票权受限？

答：依据《公司法》及其相关司法解释，对股东表决权的限制主要有以下几种情况。

第一，公司为股东或者实际控制人提供担保。我国《公司法》第16条第2、3款规定，公司为公司股东或者实际控制人提供担保的，必须经股东会或者股东大会决议，该股东或者受该实际控制人支配的股东，不得参加该事项的表决，该项表决由出席会议的其他股东所持表决权的过半数通过。该条规定实际上排除了关联股东的表决权。

第二，公司持有自己的股份。根据《公司法》第103条之规定，股东出席股东大会会议，所持每一股份有一表决权。但是，公司持有的本公司股份没有表决权。对公司持有自己股份的投票权限制，主要理由是防止公司被内部人控制。

第三，未履行出资义务或者未全面履行出资义务。《公司法司法解释（三）》第16条规定，"股东未履行或者未全面履行出资义务或者抽逃出资，公司根据公司章程或者股东会决议对其利润分配请求权、新股优先认购权、剩余财产分配请求权等股东权利作出相应的合理限制,该股东请求认定该限制无效的,人民法院不予支持"。该规定没有明确是否可以排除股东表决权行使,但有观点认为,"没有出资就没有权利"是规范股东与公司关系所遵循的《公司法》基本规则。允许公司通过公司章程或者股东会决议的形式,限制未履行或者未全面履行出资义务或者抽逃出资的股东表决权,排除其在股东会上投票的权利,完全符合股东表决权排除规则的设计功能。根据《公司法司法解释(三)》第 17 条之规定,股东未按章程约定履行出资义务或抽逃全部出资,经催告后在合理期限内仍未缴纳或返还出资的,公司可以以股东会决议解除该股东的股东资格。对于该股东除名决议,该未出资股东不具有表决权,即便该股东系控股股东。

第四,上市公司就关联事项进行表决时排除关联方表决权。我国尚未建立起系统的股东表决权排除制度。关于上市公司股东表决权排除制度的表述,散见于证监会发布的《上市公司章程指引》《上市公司股东大会规则》等文件。例如,《上市公司股东大会规则》第 31 条规定,股东与股东大会拟审议事项有关联关系时,应当回避表决,其所持有表决权的股份不计入出席股东大会有表决权的股份总数。

第五,优先股。根据国务院《关于开展优先股试点的指导意见》,优先股是指依照《公司法》,在一般规定的普通种类股份之外,另行规定的其他种类股份,其股份持有人优先于普通股股东分配公司利润和剩余财产,但参与公司决策管理等权利受到限制。除以下情况外,优先股股东不出席股东大会会议,所持股份没有表决权:(1)修改公司章程中与优先股相关的内容;(2)一次或累计减少公司注册资本超过 10%;(3)公司合并、分立、解散或变更公司形式;(4)发行优先股;(5)公司章程规定的其他情形。上述事项的决议,除须经出席会议的普通股股东(含表决权恢复的优先股股东)所持表决权的 2/3 以上通过之外,还须经出席会议的优先股股东(不含表决权恢复的优先股股东)所持表决权的 2/3 以上通过。此外,在以下情况下,优先股股东的表决权应该恢复。公司累计 3 个会计年度或连续 2 个会计年度未按约定支付优先股股息的,优先股股东有权出席股东大会,每股优先股股份享有公司章程规定的表决权。对于股息可累积到下一会计年度的优先股,表决权恢复直至公司全额支付所欠股息。对于股息不可累积的优先股,表决权恢复直至公司全额支付当年股息。公司章程可规定优先股表决权恢复的其他情形。

第六,公司章程可约定股东表决权排除规则。根据《公司法》第43条之规定,股东会的议事方式和表决程序,除本法有规定的外,由公司章程规定。故全体股东可一致同意在公司章程或章程修订案中,规定对利害关系股东的表决权予以限制或者排除,该规定应当认定为有效。同时,在公司章程中约定清楚"利害关系"的范围。一般为涉及关联交易、未出资的股东、免除股东责任、股东董事、股东监事薪酬等。此外,《公司法》第124条有关于上市公司董事表决权排除的规定如下:"上市公司董事与董事会会议决议事项所涉及的企业有关联关系的,不得对该项决议行使表决权,也不得代理其他董事行使表决权。"

问:违反表决权排除制度形成的股东会决议,还具有法律效力吗?

答:违反表决权排除制度形成的决议,因表决方式违反法律、法规或公司章程,属于可撤销的决议范围。股东可以在规定的期限内向人民法院提起撤销之诉。

问题 81：股东投票权可委托他人行使吗？

问：甲是一家有限责任公司的股东，在该公司持有35%的股权。有限责任公司与股份有限公司在股东投票权委托问题上，有区别吗？

答：有的。股东投票权，又称为股东表决权，是指股东基于其股东地位所享有的，就股东会、股东大会决议事项做出一定意思表示的权利。该种权利是股东参与公司事务最为积极有效的手段。关于股东委托他人代行投票权，我国《公司法》第106条作出了明确规定，"股东可以委托代理人出席股东大会会议，代理人应当向公司提交股东授权委托书，并在授权范围内行使表决权"。该条规定针对的是股份有限公司股东的投票权委托。

问：既然我国《公司法》对有限责任公司的投票权没有明确规定，这是否意味着有限责任公司股东的投票权不能委托他人行使呢？

答：在我国《公司法》中，仅规定了股份公司的股东投票权委托制度，对有限责任公司的股东投票权委托没有规定。但结合《公司法》第42条、第43条关于有限责任公司股东会议的有关规定，应当认为在有限责任公司的公司章程未作出明确禁止性规定的情况下，应允许有限责任公司的股东参照《公司法》第106条之规定委托他人代行投票权。

问：甲可以将自己持有的35%的股权委托两个人行使吗？即一人行使17%的表决权，另一人行使18%的表决权。

答：这是将表决权按比例分别委托给数人的问题。在我国法律、法规未对股东投票权部分委托作出禁止性规定的情况下，应遵从"法无禁止即可为"的原则，即允许股东选择将自己持有的表决权全部委托给一位代理人，或同时按比例分别委托给数个代理人行使。与此同时,为了避免陷入同一整体下的表决权行使不一致,以至于难以认定表决权行使结果,影响表决权行使效力的尴尬局面,应当要求作出表决权部分委托安排的股东在委托代理合同中对表决权在不同代理人之间的分配、行使等具体安排作出专门说明,约定数个委托人在行使各自所持表决权时意见不一的情形下,如何确认表决结果的规则。如此一来,既能保证股东在法律范围内行使权力的自由意志,又能规范表决权的委托及其行使,避免矛盾、无序的混乱局面。

问:委托他人参与股东会时,需要注意些什么?

答:第一,召开股东会时,授权代表人参加会议的,公司应审查参会代表的授权权限(授权事项、授权期限、投票意愿),避免代理人无权参与公司会议,或超越其授权权限参与公司会议及对公司决议事项进行投票。

第二,股东委托他人参加会议,《授权委托书》应记明委托事项,避免授权不明造成代理人超越代理权限。例如,关于授权事项可这样填写:"(1)代为选举公司董事。(2)代为选举公司监事;除上述授权事项外,被委托人无权代表委托人作出任何行为或决定。"此外,切忌概括填写委托事项,如"被委托人代表委托人参加股东会决议,并代为投票",或"被委托人有权代表委托人就与公司有关的事项作出决定"等。

第三,授权委托还应明确载明授权期限,避免授权期限过长、授权期限无截止时间。如委托人因出国、被羁押等原因长期无法参加公司会议的,原则上还是建议每次股东会召开前分别作出授权;客观条件确实无法允许每次单独出具授权委托书的,也应尽量缩短授权期限。

第四,为避免因代理人不忠实履行股东本人的投票意愿,建议授权委托书应尽可能载明投票意愿。如"代为对本次股东会的《议案一》《议案×》投赞成票""代为对本次股东会的《议案×》投反对票";又如"代为选举张三为公司董事长"等。

问题 82：如何理解有限责任公司董事会及董事长？

问：我国《公司法》对有限责任公司董事会有何规定？

答：股东会是公司的权力机构,对公司的重大问题作出决策,而董事会则是股东会决策的执行机关,是公司的实际管理者,其职权是法定的,不能随意剥夺。董事会主要负责公司经营活动的指挥和管理,其中包括代表公司对各种业务事项作出意思表示或者决策,并组织实施和贯彻执行这些决策。因此,在一定程度上讲,董事会是股东会的执行机关,是公司的业务决策机关,处于公司治理的核心地位。

问：《公司法》对有限责任公司的董事及董事长有何规定？

答：《公司法》第 44 条、第 45 条规定,有限责任公司设董事会,其成员为 3 人至 13 人；但是,股东人数较少或者规模较小的有限责任公司,可以设 1 名执行董事,不设董事会。执行董事可以兼任公司经理。执行董事的职权由公司章程规定。董事会设董事长 1 人,可以设副董事长。董事长、副董事长的产生办法由公司章程规定。董事任期由公司章程规定,但每届任期不得超过 3 年。董事任期届满,连选可以连任。董事任期届满未及时改选,或者董事在任期内辞职导致董事会成员低于法定人数的,在改选出的董事就任前,原董事仍应当依照法律、行政法规和公司章程的规定,履行董事职务。

问：董事会的职权是什么？

答：董事会对公司的领导是集体领导,而不能由个别董事或者董事长取代董事会的职权。如果说股东会的职权是"决定",那董事会的主要职权就是"制订"。根据《公司法》第 46 条之规定,董事会对股东会负责,行使下列职权：(1)召集股东会会议,并向股东会报告工作;(2)执行股东会的决议;(3)决定公司的经营计划和投资方案;(4)制订公司的年度财务预算方案、决算方案;(5)制订公司的利润分配方案和弥补亏损方案;(6)制订公司增加或者减少注册资本以及发行公司债券的方案;(7)制订公司合并、分立、解散或者变更公司形式的方案;(8)决定公司内部管理机构的设置;(9)决定聘任或者解聘公司经理及其报酬事项,并根据经理的提名决定聘任或者解聘公司副经理、财务负责人及其报酬事项;(10)制定公司的基本管理制度;(11)公司章程规定的其他职权。

董事会行使的职权,概括起来,可以分为宏观决策权(如经营计划、投资方案)、经营管理权(如制订年度财务预算方案、决算方案)、机构与人事管理权(如内部管理机构设置、聘任经理),以及基本管理制度制定权。此外,公司股东可以根据公司的具体情况,通过公司章程授权董事会其他职权。

问:董事会如何召集、主持与表决?

答:董事会会议由董事长召集和主持;董事长不能履行职务或者不履行职务的,由副董事长召集和主持;副董事长不能履行职务或者不履行职务的,由半数以上董事共同推举1名董事召集和主持。董事会的议事方式和表决程序,除本法有规定的外,由公司章程规定。此外,公司可制定董事会议事规则,并在议事规则中明确划分董事会决议种类,将董事会决议分为普通决议和特别决议,普通决议经半数董事同意通过,特别决议需2/3董事同意通过。议事规则可明确向股东会提交的修改公司章程、利润分配、弥补亏损、重大投资项目、收购兼并等重大问题方案作为特别决议事项。董事会应当对所议事项的决定作成会议记录,出席会议的董事应当在会议记录上签名。董事会决议的表决,实行一人一票。

问:董事为履行职责,具有哪些职权?

答:为履行职责,董事一般享有下列职权:第一,表决权,这是董事的基本权利,也是董事履行职责的基本方式;第二,知情权,包括查阅公司账簿和记录、审查公司财务报告和检查公司财务的权利;第三,建议和质询权,即董事有权向公司经营管理层提出建议和质询,对此,公司管理层必须给予答复;第四,提案权,董事可以向董事会提出提案;第五,董事还有权获得薪酬,董事的薪酬应经股东会审议通过。参照《上市公司治理准则》,董事可分别参加战略管理和投资决策委员会,预算和财务管理委员会,审计委员会,提名委员会,薪酬、绩效考核和激励委员会等。

问:董事长的职权有哪些?

答:依据董事长是否担任法定代表人,董事长的职权会有所不同。一般情况下,董事长包括以下职权:第一,主持股东大会和召集、主持董事会会议;闭会期间领导董事会的日常工作;第二,督促、检查董事会决议的执行;第三,签署公司股票(股权凭证)、公司债券及其他有价证券;第四,签署董事会重要文件和其他应由公司法定代表人签署的其他文件;第五,行使法定代表人的职权;第六,在发生特大自然灾害等不可抗力的紧急情况下,对公司事务行使符合法律规定和公司利益的特别处置权,并在事后向公司董事会和股东(大)会报告;第七,董事会授予的其他职权。需要注意的是,有限责任公司董事长、副董事长可以由某个股东选派的董事担任,但这种产生方式要在投资合同、公司章程中明确约定。

问题 83：如何认识董事提名权？

问：甲系一个有限责任公司的股东。公司章程约定，董事会由5人构成，甲可以提名1名董事。最近，甲发现他提名的人员并没有被登记为董事，此事应该如何处理？

答：这涉及董事提名权行使问题。所谓"董事提名权"，是指需要组成董事会或需要更换、增加新的董事进入董事会时，向股东（大）会推荐拟进入董事会的人选，并提交股东（大）会决议的权利。提名是选举的前提，因此，"董事提名权"格外重要。选举董事时，甲作为股东没有参加吗？

问：在没有通知开股东会的情况下，其他股东就把董事人选定了。这样的决议有效吗？

答：选举董事是股东的一项重要权利，也是获得公司控制权的关键所在。选举出代表自己利益的董事的前提是提名董事，因此，提名董事是说"who"的过程，而选举董事是说"yes"或"no"的过程。选举董事属于股东会的职权，因此，是否依据《公司法》的相关程序及要求就极为重要，这往往涉及股东会决议的效力。依据《公司法司法解释（四）》的相关规定，除依据《公司法》第37条第2款或者公司章程规定可以不召开股东会或者股东大会而直接做出决议，并由全体股东在决议文件上签名、盖章的以外，公司未召开会议的，当事人可以主张股东会决议不成立。如甲所说，如果公司没有召开股东会会议，则可以向人民法院提起诉讼，请求确认股东会决议不成立。

问：如果召开了股东会，股东提名的董事没有当选，又如何处理？

答：除公司章程另有规定的外，董事的当选一般需要持有表决权的股东过半数同意,加之,选举董事的权利属于股东会,因此,在保障了董事提名权的情况下,很难说股东会决议存在问题。

问:如果没有保障董事提名权,又该如何处理?

答:董事提名权,一般情况下由股东通过公司章程自由约定。依据《公司法》的相关规定,股东会或者股东大会、董事会的会议召集程序、表决方式违反法律、行政法规或者公司章程,或者决议内容违反公司章程的,股东可以自决议作出之日起 60 日内,请求人民法院撤销。因此,如果没有保障股东的董事提名权,可在股东会决议作出之日起 60 日内,以股东会决议违反公司章程为由,请求人民法院撤销该决议。

问:董事违法,委派其担任董事的公司股东是否应承担责任?

答:即使公司董事是公司股东委派的,但董事只对公司承担忠诚、勤勉义务,董事违法给公司造成损失,委派该董事的股东不承担责任。

问:在设计董事提名权时,应注意什么?

答:第一,如果己方是中、小股东,目的是在大股东把持的董事会中突出重围,提名并选举能够代表中、小股东利益的董事。建议应当尽可能地降低中、小股东提名董事的难度,包括直接在公司章程中规定中、小股东可提名董事人数;限制大股东提名、更换董事人数;将提名董事作为股东提案权的一项内容,而不单独规定有权提名董事的股东的条件。如果必须规定董事提名权,则不应规定过高的持股比例以及持股时间。

第二,如果己方是控股股东,对于公司的控股股东而言,董事提名权是其掌握公司控制权的法宝,同时也是抵御外来"野蛮人"的利器。因此,可以适当增加股东提名董事难度,使得外来收购方即使拥有最多的股份,也难以在董事会获得一席之地。

第三,在公司章程中限制股东提名董事的方式:(1)延长股东的持股时间。为了避免公司股权份额的临时性的变动引发董事成员的变动,可以在公司章程中规定,仅持股达公司章程规定时间的股东享有提名董事的权利,这能够起到稳定公司成员的效果。(2)提高持股比例的要求。根据《公司法》的规定,提案权股东的持股比例为3%。公司章程可在3%的基础上,适当提高提名权股东的持股比例,减少稀释公司控制权的可能。(3)限制所持股份仅为表决权股份。《公司法》仅规定持有一定比例股份的股东享有提案权,但是对股份的性质并未加以规定。对于一些上市公司,流通在外的既有普通股,也有优先股,将所持股份的性质限定为具有表决权的股份,也是增强公司被收购难度的一种措施。

问题 84：如何认识独立董事？

问：何为独立董事？

答：独立董事，是指独立于公司股东且不在公司内部任职，并与公司或公司经营管理者没有重要的业务联系或专业联系，并对公司事务做出独立判断的董事。中国证监会在《关于在上市公司建立独立董事制度的指导意见》中规定，"上市公司独立董事是指不在公司担任除董事外的其他职务，并与其所受聘的上市公司及其主要股东不存在可能妨碍其进行独立客观判断的关系的董事"。尽管《公司法》并未禁止非上市公司设立独立董事，但在我国，独立董事通常适用于上市公司范畴。

问：独立董事制度的沿革及其评析？

答：独立董事制度起源于20世纪30年代的美国，其《投资公司法》规定投资公司应该有40%以上的外部董事。到了20世纪六七十年代，美国股份公司的股权越来越分散，广大的小股东无法掌控公司，再加之美国的公司没有监事会，公司的大权掌握在以职业经理人为首的董事会手中，不利于公司的发展和股东利益的保护，为此，独立董事制度应运而生，诸多上市公司均设有独立董事席位。在20世纪90年代，《密歇根州公司法》第一次对独董制度进行了明确规定。

在我国，青岛啤酒1993年在香港上市时，聘任了2名独立董事，成为我国第一家拥有独立董事的上市公司。2001年，我国正式引入独董制度，并在2005年将其写入了《公司法》。独立董事制度在立法上获得确认后，股份公司，尤其是上市公司纷纷设立独立董事，其数量上得到蓬勃发展，但在质量上却不尽如人意。由于独立董事往往都是兼职，时间精力都不能保证，一年在一家公司的工作时间不超过25个小时，聘任独立董事大多是利用其社会形象吸引投资，加之，在大股东控制公司的情况下,依据资本多数决原则,独立董事很难在董事会上发表独立意见,大多仅仅是配合走个程序,因此,独立董事往往成为摆设,沦为"花瓶"角色。

问:我国上市公司独立董事的任职条件是什么?

答:第一,具备担任上市公司董事的资格;第二,具有《关于在上市公司建立独立董事制度的指导意见》中所要求的独立性;第三,具备上市公司运作的基本知识,熟悉相关法律、行政法规、规章及规则;第四,具有5年以上法律、经济或者其他履行独立董事职责所必需的工作经验;第五,公司章程规定的其他条件。此外,独立董事原则上最多在5家上市公司兼任独立董事,并确保有足够的时间和精力有效地履行独立董事的职责。

问:上市公司中的独立董事有何特殊职权?

答:为了充分发挥独立董事的作用,独立董事除应当具有《公司法》和其他相关法律、法规赋予董事的职权外,上市公司还应当赋予独立董事以下特别职权:(1)重大关联交易(指上市公司拟与关联人达成的总额高于300万元或高于上市公司最近经审计净资产值的5%的关联交易)应由独立董事认可后,提交董事会讨论;独立董事做出判断前,可以聘请中介机构出具独立财务顾问报告,作为其判断的依据。(2)向董事会提议聘用或解聘会计师事务所。(3)向董事会提请召开临时股东大会。(4)提议召开董事会。(5)独立聘请外部审计机构和咨询机构。(6)可以在股东大会召开前公开向股东征集投票权。独立董事行使上述职权应当取得全体独立董事的1/2以上同意。如上述提议未被采纳或上述职权不能正常行使,上市公司应将有关情况予以披露。如果上市公司董事会下设薪酬、审计、提名等委员会的,独立董事应当在委员会成员中占有1/2以上的比例。

独立董事除履行上述职责外,还应当对以下事项向董事会或股东大会发表独立意见:(1)提名、任免董事;(2)聘任或解聘高级管理人员;(3)公司董事、高级管理人员的薪酬;(4)上市公司的股东、实际控制人及其关联企业对上市公司现有或新发生的总额高于 300 万元或高于上市公司最近经审计净资产值的 5% 的借款或其他资金往来,以及公司是否采取有效措施回收欠款;(5)独立董事认为可能损害中、小股东权益的事项;(6)公司章程规定的其他事项。独立董事应当就上述事项发表以下几类意见之一:同意;保留意见及其理由;反对意见及其理由;无法发表意见及其障碍。如有关事项属于需要披露的事项,上市公司应当将独立董事的意见予以公告,独立董事出现意见分歧无法达成一致时,董事会应将各独立董事的意见分别披露。

问:上市公司应为独立董事履职提供什么必要条件?

答:第一,上市公司应当保证独立董事享有与其他董事同等的知情权。凡须经董事会决策的事项,上市公司必须按法定的时间提前通知独立董事并同时提供足够的资料,独立董事认为资料不充分的,可以要求补充。当 2 名或 2 名以上独立董事认为资料不充分或论证不明确时,可联名书面向董事会提出延期召开董事会会议或延期审议该事项,董事会应予以采纳。上市公司向独立董事提供的资料,上市公司及独立董事本人应当至少保存 5 年。第二,独立董事聘请中介机构的费用及其他行使职权时所需的费用由上市公司承担。第三,上市公司应当给予独立董事适当的津贴。津贴的标准应当由董事会制定预案,股东大会审议通过,并在公司年报中进行披露。除上述津贴外,独立董事不应从该上市公司及其主要股东或有利害关系的机构和人员取得额外的、未予披露的其他利益。第四,上市公司可以建立必要的独立董事责任保险制度,以降低独立董事正常履行职责可能引致的风险。

问题 85：董事可以在董事会决议上做出保留或附条件同意的意见吗？

问：甲是一家投资公司的董事。公司准备召开一次临时董事会,议题是准备投资一个项目,但甲觉得这个项目不可行,因此,甲打算在董事会决议上写下保留意见。不知甲是否可以这样做？

答：在董事会决议上,董事如何表明自己的意见？首先,最重要的还是要结合公司章程进行分析。其次,结合公司的性质,即公司是有限责任公司还是股份有限公司。我国《公司法》第48条规定,"董事会的议事方式和表决程序,除本法有规定的外,由公司章程规定。董事会应当对所议事项的决定作成会议记录,出席会议的董事应当在会议记录上签名。董事会决议的表决,实行一人一票"。由此可见,针对有限责任公司,对于董事如何在董事会决议上表达自己的意见,我国法律没有过多的限制,主要依靠公司章程进行规范。

问：甲查阅了公司章程。公司章程对此没有明确规定,这又该如何处理？

答：董事是公司的管理者并对公司及全体股东负有义务。董事的义务主要体现为受信义务,包括注意义务和忠实义务。尽管在有限责任公司董事会上,我国《公司法》确实对董事如何在董事会决议上表达意见,没有明确规定。但甲可以参照我国《公司法》中关于股份有限公司的规定来表明自己的意见,即"董事应当对董事会的决议承担责任。董事会的决议违反法律、行政法规或者公司章程、股东大会决议,致使公司遭受严重损失的,参与决议的董事对公司负赔偿责任。但经证明在表决时曾表明异议并记载于会议记录的,该董事可以免除责任"。这一规定表明,"董事在表决时曾表明异议并记载于会议记录"就可以免除责任,但如何异议？也不明确,因此,为稳妥起见,如果甲不同意董事会决议的事项,最好应明确表明其态度,而不能简单地采用保留意见或附条件同意的方式。假设投资项目失败，甲的保留意见或附条件同意，有可能解读为同意了该决议事项，这样一来，甲可能面临着被公司追责的风险。

问：甲应在董事会决议上表明自己的意见，是吗？同时，甲可以在决议上写出自己对这个投资项目的建议吗？

答：是的。甲应该在董事会决议上明确表明自己的意见，不要含混不清，以免给自己带来麻烦。另外，一般情况下，董事会决议仅表明决议事项及投票结果。至于甲的建议，可以记录下来，作为董事会记录予以保存。

问题 86：董事从公司擅自拿走资金，该如何处理？

问：甲公司有3名董事，其中A董事在2018年7月从公司拿走了60万元的资金，至今未还。甲公司该如何处理这件事情？

答：该董事从公司拿走资金时，告诉公司或经过公司相应的决策程序了吗？如果未告知公司，A可能涉嫌挪用公司资金，构成犯罪。

问：董事从公司拿走资金，一般要经过什么程序？

答：董事要从公司拿走资金，以下几点值得注意：第一，召开一个权力机构的会议。所谓权力机构，对公司而言，依据公司章程规定，股东会或者董事会都可以。会议的形式当然是正式的面对面会议最好，对于简单的权力机构，也可以是股东、董事、合伙人逐一传递文件并签字的方式。第二，由权力机构作出决议或者决定。依据公司章程的规定，做出有效的股东会或董事会决议。第三，在有限责任公司中，法律没有禁止董事从公司借款，但在股份公司中，依据《公司法》第115条之规定，公司不得直接或者通过子公司向董事、监事、高级管理人员提供借款。

问：A要构成挪用资金罪，须符合什么条件呢？

答：依据《刑法》第272条第1款之规定，挪用资金罪，是指公司、企业或者其他单位的工作人员，利用职务上的便利，挪用本单位资金归个人使用或者借贷给他人，数额较大、超过3个月未还的，或者虽未超过3个月，但数额较大、进行营利活动的，或者进行非法活动的行为。可见，挪用资金有两种形式：归个人使用或者借贷给他人。所谓归个人使用包括三种情形：(1)将本单位资金供本人、亲友或者其他自然人使用的；(2)以个人名义将本单位资金供其他单位使用的；(3)个人决定以单位名义将本单位资金供其他单位使用,谋取个人利益的。

问:A董事拿走这笔资金以后,至今没有归还,确实可能构成犯罪。但其他股东认为A董事为公司的发展做了不少贡献,只要他把资金还回来,就不再追究他的责任,这样的做法可以吗?

答:法律确实是这样规定,但如果股东考虑到其他原因,甲公司也可以给A董事说明原因,让他尽快归还公司资金,否则,甲公司可以进行控告,追究他的刑事责任。

问题 87：董事违反竞业禁止义务的行为是否有效？

问：A公司是做食品贸易的。最近，A公司的甲董事兼总经理以公司的名义购买了一批食品，在未经董事会及股东会同意的情况下，又将该批食品转卖给了第三人，并从中获利20万元。甲董事的行为违反了竞业禁止义务吗？

答：根据我国《公司法》第148条第1款的规定，董事、高级管理人员不得有未经股东会或者股东大会同意，利用职务便利为自己或者他人谋取属于公司的商业机会，自营或者为他人经营与所任职公司同类的业务的行为。该条第2款规定，"董事、高级管理人员违反前款规定所得的收入应当归公司所有"。依据前述规定，董事、高级管理人员是公司的主要管理人员，了解公司的商业机会信息，未经股东会或股东大会同意，从事或为他人提供公司同类业务，与公司构成竞争，可能损害公司的利益，违反了对公司的忠实义务，应予禁止。同时，其违法行为的获利，应当归公司所有。A公司的甲董事利用其身份，在未经过股东会同意的情况下，擅自以公司名义进行食品批发业务，属于违反了董事的竞业禁止义务，公司有权利向其行使归入权。

问：甲董事与第三人签订的买卖合同无效吗？A公司是否可以向人民法院请求确认该买卖合同无效？

答：《公司法》规定了董事、经理负有竞业禁止的义务，同时，又规定因从事违反竞业禁止义务的营业或活动产生的收入应当收归公司所有，但并没有明确规定董事违反竞业禁止义务的行为无效。从鼓励交易及保护善意第三人的原则出发，如果轻易认定董事违反竞业禁止义务的行为无效，往往会牵涉善意第三方（甚至是更多交易主体）的利益，影响交易的安全性，因此，在没有违反《民法典》第143条及第三人不存在恶意的情况下，不宜简单地认为董事违反竞业禁止义务的行为必然无效。

问题 88：公司董事长因故不能履职，可以授权他人行使相关职权吗？

问：董事长具有哪些职权？其能否担任法定代表人？法定代表人的职权又有哪些？

答：第一，除非公司章程另有规定，否则董事长的职权相对较小。其主要职权是：主持股东大会；召集和主持董事会会议；检查董事会决议的实施情况。

第二，法定代表人，是指依法律或公司章程规定代表公司从事民事活动的负责人。公司法定代表人依照公司章程的规定，由董事、执行董事或者经理担任。在没有设置经理职位的公司，一般都采用董事长兼法定代表人的模式。

第三，一般情况下，法定代表人具有下列职权：（1）对外代表公司的权利，签署法律性文件资料。例如签署授权委托书等。（2）代表公司签订合同的权利。在订立合同过程中，法定代表人签字常常是合同的生效条件，法定代表人一经签署，合同即为生效。（3）公司发行债券、股票的，必须由法定代表人签名、公司盖章。（4）公司章程可以对法定代表人职权做出特别规定。

问：董事长能否召集股东会？执行董事可以行使董事会职权吗？

答：《公司法》第 46 条规定了董事会的职权为召集股东会，并向股东会报告工作等。董事长的职权是主持股东会议，召集和主持董事会会议。《公司法》未赋予董事长召集股东会的职权，股东会的召集权属于董事会。因此，董事长在没有经过董事会讨论并作出决定的情况下，无权擅自召集股东会。此外，执行董事经公司章程授权可以行使董事会的全部职权。

问：如果董事长因故被关押在看守所，其人身自由受到限制，他能否授权他人行使相关职权？

答：在广西金伍岳能源集团有限公司与广西物资储备有限公司确认合同无效纠纷案[最高人民法院(2019)最高法民再35号民事判决书]中，最高人民法院认为，董事长作为董事会的负责人，对于公司的总体发展、生产经营等承担着重要的职责，董事长因故不能履职时，理应通过法定程序让渡权力或者进行改选，而不能通过个人总体概括授权的方式让渡董事长职权。

问：在这个案件中，董事长是如何授权的？

答：在此案中，董事长的授权为"代为行使物资储备公司董事长和法定代表人职权、保管公司公章印鉴并依法开展公司经营活动"。

问题 89：董事、监事的职权可以委托他人行使吗？

问：在有限责任公司中，不设监事会的执行监事，想将自己的所有监事权利委托给第三人去行使，可行吗？

答：在公司经营异常的情况下，监事可以聘请会计师事务所等协助调查，除此之外，监事职权不能委托行使，否则，监事会制度就会被架空，失去它存在的意义。如果不想担任执行监事，可以辞去执行监事职务，而不是委托他人行使执行监事职权。

问：股份有限公司董事会开会期间，董事的职权可以委托给其他董事，不可以委托给其他非董事人员。那么有限责任公司的董事，可以委托其他第三方行使参会表决等权利吗？

答：第一，在董事会召开期间，股份有限公司董事可以委托他人代行职权。第二，有限责任公司没有禁止性规定，因此，在特定条件及事项下，委托他人代行董事职权，应该可行。第三，董事会的议事方式和表决程序，在《公司法》没有规定的情况下，可以由公司章程作补充规定。

问：股东会能够无故解除董事职务吗？

答：原《公司法》规定，董事在任期届满前，股东会不得无故解除其职务。现行《公司法》删除了这一规定，这意味着股东会选举和更换董事不需要特别的理由。在实践中，一般在董事不受信任或损害公司利益等情况下，股东会就会解除其职务。

问：董事被股东会解除职务后，董事应该如何寻求救济？

答：董事职务被解除后，因补偿与公司发生纠纷提起诉讼的，人民法院应当依据法律、行政法规、公司章程的规定或者合同的约定，综合考虑解除的原因、剩余任期、董事薪酬等因素，确定是否补偿以及补偿的合理数额。

问题 90：如何理解监事会？

问：什么是监事会？

答：监事会是由全体监事组成的常设性机构，是公司的监督机构，成员不得少于 3 人（股东人数较少或者规模较小的有限责任公司，可以设 1—2 名监事，不设监事会）。监事会对公司的日常业务经营活动进行监督和检查，对公司财务以及公司董事、高级管理人员等履行职责的合法性进行监督。监事会的设置对于防止董事、高级管理人员滥用职权损害公司和股东利益，促进公司的健康运营和长远发展有着重要作用。

问：监事会如何组成？

答：监事会应当包括股东代表和适当比例的公司职工代表，其中职工代表的比例不得低于 1/3，具体比例由公司章程规定。监事会中的职工代表由公司职工通过职工代表大会、职工大会或者其他形式民主选举产生。监事会设主席 1 人，由全体监事过半数选举产生。董事、高级管理人员不得兼任监事，监事的任期每届为 3 年。监事任期届满，连选可以连任。

国有独资公司的监事会有特殊规定，国有独资公司监事会成员不得少于 5 人，其中职工代表的比例不得低于 1/3，具体比例由公司章程规定。监事会成员由国有资产监督管理机构委派，但是，监事会成员中的职工代表由公司职工代表大会选举产生。监事会主席由国有资产监督管理机构从监事会成员中指定。

问：监事会行使哪些职权？

答：监事会主要监督董事、经理的经营管理情况和公司财务。监事可以列席董事会会议，并对董事会决议事项提出质询或者建议。监事会、不设监事会的公司的监事发现公司经营情况异常,可以进行调查;必要时,可以聘请会计师事务所等机构协助其工作,聘请费用由公司承担。监事会、不设监事会的公司监事行使下列职权:(1)检查公司财务;(2)对董事、高级管理人员执行公司职务的行为进行监督,对违反法律、行政法规、公司章程或者股东会决议的董事、高级管理人员提出罢免的建议;(3)当董事、高级管理人员的行为损害公司的利益时,要求董事、高级管理人员予以纠正;(4)提议召开临时股东会会议,在董事会不履行《公司法》规定的召集和主持股东会会议职责时召集和主持股东会会议;(5)向股东会会议提出提案;(6)依照《公司法》第151条的规定,对董事、高级管理人员提起诉讼;(7)公司章程规定的其他职权。需要进一步说明的是,《公司法司法解释(四)》第23条规定,公司董事会或者执行董事、监事会或者监事系公司机关,其履行法定职责代表公司提起的诉讼,应当是公司直接诉讼,应列公司为原告,依法由监事会主席或者不设监事会的有限责任公司的监事代表公司进行诉讼。

问:监事会如何召集及召开?

答:监事会每年度至少召开一次会议,监事可以提议召开临时监事会会议。监事会的议事方式和表决程序,除《公司法》有规定的外,由公司章程规定。监事会决议应当经半数以上监事通过。监事会应当对所议事项的决定作成会议记录,出席会议的监事应当在会议记录上签名。监事会主席召集和主持监事会会议;监事会主席不能履行职务或者不履行职务的,由半数以上监事共同推举1名监事召集和主持监事会会议。

问题 91：如何理解董事、监事选举中的累积投票制？

问：什么是累积投票制？

答：累积投票制，是指股份公司股东大会选举董事或者监事时，每一股份拥有与应选董事或者监事人数相同的表决权，股东拥有的表决权可以集中使用。累积投票制是一种与直接投票制相对应的公司董（监）事选举制度。在累积投票制下，每一股份享有与拟选出的董（监）事人数相同的表决权，股东可以自由地在各候选人间分配其表决权，既可分散投于多人，也可集中投于一人，然后根据各候选人得票多少的顺序决定董（监）事人选。按通常投票法，股东必须在候选人中间平分选票。累积投票制则可以让股东将所有的选票投给一位候选人。通过累积投票制，中、小股东提名的人选有可能进入董事会、监事会，参与公司的经营决策和监督，虽不足以控制董事会、监事会，但至少能在其中反映中、小股东的意见，使大股东提名的董事、监事在行事时有所顾忌、有所制约，从而实现董事会、监事会内部一定程度的监督。

累积投票制起源于英国，并在20世纪中后期的美国得到了重大发展。作为限制资本多数决原则以保护小股东利益的一项举措，累积投票制曾受到过广泛的推崇；但自该制度产生之日起，关于其优劣的争论就从未停止过。从制度本身看，它虽为扩大小股东的发言权提供了相应保证，但这种保证仍以小股东持有或者合计持有一定数量的表决权为条件。若小股东持股数量过低，在持股比例上与大股东相差悬殊，或者小股东之间不能有效地采取一致行动，累积投票制难以充分地发挥其应有的作用。世界主要国家和地区对累积投票制主要有两种立法例：一是强制性累积投票制，即由法律明确规定，公司选举董事、监事时，必须适用累积投票制；二是任意性累积投票制，即法律未明确规定必须适用累积投票制，而是由公司章程或者股东大会自行决定。目前，美国大多数州和日本公司法对累积投票制的态度已由强制改为任意,俄罗斯公司法则仍采强制主义。我国对于股份公司选举董(监)事是否采取累积投票制,实行的是任意主义而非强制主义。

问:我国《公司法》对累积投票制如何规定?

答:依据《公司法》第105条的规定,"股东大会选举董事、监事,可以依照公司章程的规定或者股东大会的决议,实行累积投票制。本法所称累积投票制,是指股东大会选举董事或者监事时,每一股份拥有与应选董事或者监事人数相同的表决权,股东拥有的表决权可以集中使用"。这就是我国《公司法》关于股份公司中累积投票制的规定。

问:我国对累积投票制适用范围有哪些?

答:股份公司累积投票制的适用范围为股份公司董事、监事的选举。此外,中国证监会于2018年发布的《上市公司治理准则》规定,单一股东及其一致行动人拥有权益的股份比例在30%及以上的上市公司,应当采用累积投票制。

问:能否具体举例说明累积投票制的运作?

答:运用累积投票制选举公司董事或监事时,每位股东持有的有表决权的股份数乘以本次股东大会选举董事或监事人数的乘积,即为该股东所有能用于投票的累积表决票数。一般情况下,董事或监事候选人根据得票的多少决定是否当选。举例说明如下:

某上市公司有100,000万股股份,其中大股东持有70%股份,剩余所有股东持有30%股份,该上市公司拟新选3名董事(不含独立董事)。

在未实行累积投票制的情况下,每名候选董事被拉出来单独表决,每个人的通过比例都是7:3,只有大股东相中的人有当选机会。

在实行累积投票制的情况下,大股东的累积表决票数为210,000万票,小股东们的表决票数为90,000万票,如果小股东们把票集中投给某个候选董事,则必有一个小股东们中意的人当选。

问题 92：监事在外另成立公司，并把所任职公司的客户挖走，是否应当承担责任？

问：甲股东是 A 公司监事，也是公司高级管理人员，主管采购和财务，熟悉客户。后来股东之间闹矛盾，甲股东自己成立了 B 公司，业务与之前的 A 公司有交叉。同时，该甲股东退出了 A 公司的日常经营管理。甲股东利用之前在 A 公司经营管理、熟悉客户的便利，通过降低价格方式把 A 公司客户挖到 B 公司。A 公司以该股东损害公司利益为由，起诉了甲股东和 B 公司。A 公司的起诉是否有道理？

答：如果有证据证明甲股东损害公司利益，A 公司的请求应获得支持，加之，监事本身对公司就负有忠实义务与勤勉义务。另外，如果甲是高级管理人员或签订有劳动合同，还可以从高级管理人员的义务或竞业禁止角度出发解决这个问题。

问：甲公司总共 2 名股东，甲是小股东，兼任监事。因 2 名股东之间产生了矛盾，大股东把甲股东赶出了公司，所以甲股东就不再参加经营，而是自己成立了一个 B 公司。B 公司是在甲股东离开 A 公司后成立的。换言之，甲股东在 B 公司开展业务时，他已经不是 A 公司的高级管理人员，仅仅只是股东和监事。《公司法》第 148 条规范的是董事和高级管理人员，A 公司不能适用这条行使归入权。此外，在不参与 A 公司经营后，甲股东利用价格优势展开竞争是否属于损害行为？公司章程未约定股东的竞业禁止，甲股东也没有与公司签订书面劳动合同。

答：确实如此。《公司法》第 148 条所规范的归入权仅针对董事与高级管理人员，将监事排除在外，因此，建议结合本案证据情况，从以下方面寻找论证思路：第一，考虑适用《公司法》第 20 条股东不得滥用股东权利的规定；第二，可考虑适用监事的忠实义务与勤勉义务；第三，本案关键是看监事是否利用了公司的商业机会，比如经营与公司类似的业务、利用公司商业秘密等，而不是一个简单的是否利用价格优势的问题。

问：监事是否需要具有竞业禁止义务？

答：《公司法》规定，监事"执行公司职务时违反法律、行政法规和公司章程，给公司造成损失的，应当承担责任"，但因监事并非《公司法》第148条明文规定的规制对象，因此，在司法实践中，就监事应否承担竞业禁止义务尚有争议。笔者认为，竞业禁止义务应涵盖于忠实义务范围之内，即监事存在违反竞业禁止义务规定之情形的，亦应承担相应的民事责任。

问题 93：如何认识公司经理？

问：经理的概念是什么？其在公司中的地位如何？

答：经理，是指由董事会聘任的、负责组织公司日常经营管理活动的常设业务执行机关。与股东会、董事会及监事会不同，经理机关并非会议形式的机关，其行为不需要通过会议以多数原则形成意志和决议，而是以担任总经理的高级管理者的最终意志为准。虽然公司也设副总经理，但其只是由总经理提名协助其工作的辅助人员。实践中，经理不仅成为公司组织机构中不可或缺的常设机构，而且由于直接操控公司经营，其权力有不断膨胀的趋势。即使如此，经理的基本性质和地位仍为公司的业务执行机构。公司经理由董事会聘任，对董事会负责，具体落实股东会和董事会的决议，主持公司的生产经营管理活动，维持公司的良性运转。

问：如何聘任公司经理？

答：公司经理不同于公司董事、监事，他并非选举产生，而是由董事会聘任产生。因为经理由董事会聘任，其权力虽由《公司法》规定出一般的内容与范围，但其职务的取得源自董事会，且董事会对其权力可作出扩大或缩小的决定。如果经理违法经营或者其能力、素质不足以管理公司，董事会可以依法在召开的董事会会议中决定解聘该经理。

问：经理有任职资格吗？

答：经理是公司日常经营的实际管理者，是公司的高级管理人员，因此，经理的资格（即具备什么条件的人员才能被选聘为经理）便成为公司运营中的重要问题。经理的资格包括两个方面：一方面为积极条件，即经理应该具备的各种能力和素质,主要包括品质素质、知识素质、管理能力素质、生理和心理素质等;另一方面为消极条件,即经理不得拥有的条件,如犯罪之人不得担任公司经理等。经理素质等积极条件需要通过考察其学历、品行业绩、声誉等因素后综合认定,很难有统一标准,完全属于各个公司内部事务,应由董事会自由决定,不应由法律强行干预。《公司法》主要从消极条件对公司经理的任职资格进行应相规范,为此,我国《公司法》第146条对于经理消极方面所作的资格条件限制与董事、监事任职条件限制是一致的。

问:经理有何职权?

答:经理由董事会选聘并对董事会负责,但不同公司的经理的实际权限并不完全相同。根据我国《公司法》之规定,经理行使下列职权:(1)主持公司的生产经营管理工作,组织实施董事会决议;(2)组织实施公司年度经营计划和投资方案;(3)拟订公司内部管理机构设置方案;(4)拟订公司的基本管理制度;(5)制定公司的具体规章;(6)提请聘任或者解聘公司副经理、财务负责人;(7)决定聘任或者解聘除应由董事会聘任或者解聘以外的负责管理人员;(8)董事会授予的其他职权。经理有权列席董事会会议。此外,公司章程还可对经理的职权作出其他规定。

问:董事会、董事长、总经理之间是什么关系?

答:实践中,在公司设立时,发起人往往通过公司设立时的章程、股东协议方式约定,由一方委派的人员担任董事长、一方委派的人员担任总经理、一方委派的人员担任监事。这些公司"关键人物"的安排,实质上是全体发起人对各自在公司贡献度大小(货币出资额、销售渠道、全职工作、核心技术、管理经验)、公司控制权与经营权分工的主观博弈与安排。

依据我国《公司法》关于"三会一层"有关职权职责的规定,可以这样认为,公司股东会或股东大会是公司最高议事权力机构,董事会是最高行政决策机构,总经理是日常最高行政执行机构。根据我国《公司法》的规定,公司董事长有权召集和主持董事会会议,并且,董事长对董事会会议的讨论议题、临时董事会会议的召开、临时董事会会议决议的作出、召集临时股东会会议决议的形成(董事会有召集临时股东会会议的权力,但临时股东会会议的召开,是否须有公司董事会先形成决议,《公司法》在有限责任公司层面未有规定。但股份有限公司召开临时股东大会会议前,须由董事会就该动议形成临时董事会决议)起到举足轻重的作用。董事长可以被认定为全体股东在最高行政决策机构中的代言人或代表,代表着全体股东的最高利益,引领着最高行政决策机构(董事会会议)的前进方向。

总经理经董事会聘任后,组建并聘请若干副经理、财务负责人及各部门负责人,形成日常经营管理层领导班子,执行并实施董事会决议,向董事会负责。公司董事会和总经理实质构成委任(委托)合同关系,以总经理为首的全体经理层员工,是整个公司采购、供应、销售、营销、生产车间等直接管理者和绩效目标任务落实者(行政执行机构)。

问:总经理与 CEO 有何区别?

答:CEO 为"Chief Executive Officer"的缩写,该概念来自境外,一般译为首席执行官。国际上的大公司已普遍设立 CEO,我国许多公司也仿效境外设置了 CEO。目前,CEO 并非一个法律上的概念,而是公司治理与管理实务上的概念。在实践中,CEO 的主要职责是:(1)主持公司的日常业务活动;(2)执行董事会的决议;(3)经董事会授权,对外签订合同或处理业务;(4)任免经理人员。CEO 领导的公司高级管理人员主要包括总经理、副总经理、各部门经理、总会计师、总工程师等。需注意的是,一些中国企业对外宣传所称的 CEO,结合中国《公司法》和实践情况,实际代指公司总经理,系公司日常最高行政执行机构。

问题 94：如何认识股东、高级管理人员等与公司之间的劳动关系？

问：股东与公司之间具有劳动关系吗？

答：一般情况下，公司与股东不具有劳动关系，但股东有可能全职管理公司，担任一定的其他职务，每月领取固定工资，这可能形成劳动关系，因此，股东、董事或监事、劳动者，这三种身份还可能同时具备，或同时具备其中任意两种身份。

问：董事、监事与公司之间具有劳动关系吗？

答：第一，董事、监事与公司签署劳动合同的，则建立劳动关系。职工董事、职工监事就属于这种情况。如果双方就工资、劳动合同的履行与解除发生争议，则应该按劳动争议处理。如果双方就董事或监事职务的履行与解除、董事或监事津贴等发生争议，则应该依据《公司法》，直接向人民法院提起诉讼，无须经过劳动争议仲裁程序。

第二，董事、监事未与公司签署劳动合同，仅担任该职务的，比如独立董事，未形成劳动关系。双方就董事或监事职务的履行与解除、董事或监事津贴等发生争议，则应直接向人民法院提起诉讼，无须经过劳动争议仲裁程序。需注意的是，虽然仅担任董事或监事，但按月领取报酬，缴纳社会保险，这种情形仍有可能被认定为事实劳动关系。在这种情况下，双方最好签订协议明确双方的关系。

第三，未与公司签署劳动合同，但在公司全日制工作，担任其他岗位职务的，按月领取报酬，这可能属于事实劳动关系。此外，符合相关条件时，也可能与公司建立非全日制用工关系、劳务派遣关系、聘用关系等。

第四，A公司的董事，可能是B公司的员工。例如，上级公司的高级管理人员被指派到所参股的关联公司担任董事,则该高级管理人员是上级公司的员工,与上级建立劳动关系。同时,他还是关联公司的董事,与下级公司不建立劳动关系。

问:法定代表人与公司之间具有劳动关系吗?

答:法定代表人其行为直接代表公司,法定代表人在协议上签字的效力等同于公司的公章。但法定代表人并非一定是股东。具体可以分为以下几类:第一,法定代表人与单位签署劳动合同,在单位全职工作,则属于全日制的劳动合同关系。第二,法定代表人未与单位签署劳动合同,但其是单位的总经理,其他方面亦符合劳动关系的特点的,也属于劳动关系。第三,法定代表人未与单位签署劳动合同,同时是单位的股东、董事、出资方等角色,受单位的股东或出资方指派,对单位的股东或出资方负责,则不属于劳动关系。需指出的是,即使法定代表人与单位建立劳动关系,由于其身份的特殊性,一般并不支持未签订书面劳动合同的双倍工资,因为,未签订书面劳动合同可能是法定代表人自身原因造成的。法定代表人与单位不建立劳动关系时,如与单位就报酬、解聘等发生争议时,可以考虑"劳务合同纠纷"为案由,直接向人民法院提起诉讼,而无须经过劳动争议仲裁。

问:职业经理人和其他高级管理人员与公司之间具有劳动关系吗?

答:《公司法》第216条规定,高级管理人员,是指公司的经理、副经理、财务负责人,上市公司董事会秘书和公司章程规定的其他人员。也就是说,现实中的总经理、副总经理、财务总监、董事会秘书属于高级管理人员之列。总经理有可能同时是公司的法定代表人。这些人员与公司可能具有如下关系:

第一,高级管理人员与公司之间仍属于劳动关系,双方劳动合同的履行、解除均需依据《劳动合同法》等相关法规。第二,高级管理人员在职期间有法定的竞业禁止义务(《公司法》第148条),该竞业禁止义务无须双方事先约定。第三,《公司法》第146条对高级管理人员的任职资格有法定的要求,如果违反该资格要求,则公司不得聘用。如果违法聘用了(包括入职后才出现丧失资格的情形),则公司可以(且应当)解除劳动合同,这种情形下,无须支付经济补偿金。如果高级管理人员任职期间,有违反上述任职资格的情形,则公司可以解除劳动合同且不支付经济补偿金。第四,总经理、人事负责人等对签署劳动合同负有职责的人员,如未签订书面劳动合同,则一般不会支持其未签订书面劳动合同的双倍工资诉求。第五,如果总经理等与公司制定考核指标,签订承包经营协议,则他们之间的关系不适用《劳动法》,而应适用《民法典》的相关规定。

问题 95：财务总监、销售总监、研发总监属于公司高级管理人员吗？

问：最近，甲与几个朋友打算成立 A 公司。在讨论人事安排时，涉及公司高级管理人员问题。我国《公司法》对公司高级管理人员是如何规定的？

答：在我国《公司法》中，高级管理人员，是指公司管理层中担任重要职务、负责公司经营管理、掌握公司重要信息的人员，主要包括经理、副经理、财务负责人，上市公司董事会秘书和公司章程规定的其他人员。理解这一规定，需要注意以下几点：第一，这里的经理、副经理，是指《公司法》第 49 条和第 113 条规定的经理、副经理。在实务中，就是公司的总经理、副总经理。经理由董事会决定聘任或者解聘，对董事会负责；副经理由经理提请董事会决定聘任或者解聘。第二，这里的财务负责人是指由经理提请董事会决定聘任或者解聘的财务负责人员。第三，这里的上市公司董事会秘书是《公司法》第 123 条规定的上市公司必设的机构，负责上市公司股东大会和董事会会议的筹备、文件保管以及公司股东资料的管理，办理信息披露事务。第四，至于"公司章程规定的其他人员"，则是赋予公司的自治权利，允许公司自己选择管理方式，聘任高级管理人员，但这些人员（职位）必须在公司章程中加以明文规定。上述高级管理人员应当符合《公司法》第六章关于公司高级管理人员任职资格的规定，并履行法律和章程规定的义务。

问：担任公司高级管理人员需要什么任职资格？

答：有下列情形之一的，不得担任高级管理人员：(1) 无民事行为能力或者限制民事行为能力；(2) 因贪污、贿赂、侵占财产、挪用财产或者破坏社会主义市场经济秩序，被判处刑罚，执行期满未逾 5 年，或者因犯罪被剥夺政治权利，执行期满未逾 5 年；(3) 担任破产清算的公司、企业的董事或者厂长、经理，对该公司、企业的破产负有个人责任的,自该公司、企业破产清算完结之日起未逾3年;(4)担任因违法被吊销营业执照、责令关闭的公司、企业的法定代表人,并负有个人责任的,自该公司、企业被吊销营业执照之日起未逾3年;(5)个人所负数额较大的债务到期未清偿。公司违反这些规定聘任高级管理人员的,该聘任无效。

问:A公司准备聘任财务总监、销售总监、研发总监,这些人员属于公司高级管理人员吗?

答:如果财务总监在公司处于财务负责人的角色,那么,他就是法定的公司高级管理人员。至于销售总监、研发总监,是否属于公司高级管理人员,主要取决于公司章程的规定,除非A公司的章程规定他们属于公司高级管理人员,否则,销售总监、研发总监不属于《公司法》意义上的高级管理人员。

问:为简化机构及人员设置,A公司准备让董事长兼任销售总监,总经理兼任财务总监。这样的安排可以吗?

答:《公司法》上没有禁止性规定,应该是可以的,只是实践中比较少见。

问题 96：行政部经理未与公司签订劳动合同，公司需要支付双倍工资吗？

问：甲是某公司行政部经理，负责公司的人事、行政、后勤等工作。其在职期间，没有与公司签订书面劳动合同。甲离职后可以要求公司支付双倍工资吗？

答：根据《劳动合同法》第10条、第14条及第82条的规定，用人单位应当自用工之日起1个月内与劳动者订立书面劳动合同。如果超过1个月还没有与劳动者订立书面劳动合同的，用人单位就应自用工满1个月的次日起向劳动者支付2倍的工资，一直支付至实际补签书面劳动合同的前一日。如果自用工之日起满1年还未与劳动者订立书面劳动合同的，则视为用人单位与劳动者已经订立无固定期限劳动合同。一方面，甲是某公司劳动者；另一方面，又是某公司聘请的管理者。从他被聘任为行政部经理之时，就可以推定其向公司展示的个人能力足以让公司相信他具备全面负责人事、行政及后勤工作的知识和经验，否则即有欺诈之嫌。同时，某公司已经通过任命文件和规章制度的形式将任职要求明确告知甲，在公司未对行政部经理劳动合同的签订问题另作说明的情况下，甲自己劳动合同的签订事宜应由他自己负责，现在其劳动合同没有签订，说明他本人对本职工作已存在失职行为，因此，未订立书面劳动合同的责任应由其自己承担，其要求某公司支付双倍工资没有事实与法律依据，其请求不应得到支持。

问：《公司法》第46条的规定，可以成为解除公司高级管理人员劳动合同的理由吗？

答：在调整范围上《劳动合同法》没有区分公司高级管理人员和普通劳动者，带来的最明显的法律冲突首先体现在对公司高级管理人员劳动合同的解除上。根据《公司法》第46条的相关规定，董事会决定聘任或者解聘公司经理及其报酬事项，并根据经理的提名决定聘任或者解聘公司副经理、财务负责人及其报酬事项。然而依据《公司法》罢免高级管理人员职务的合法行为并不能当然成为《劳动法》范畴解除劳动合同关系的条件。对于解除劳动合同的理由，无论是仲裁还是诉讼都应当根据《劳动合同法》关于用人单位单方解除劳动合同条件来确定解除是否合法。一旦用人单位的单方解除被认定为非法，而劳动者又要求恢复劳动关系的，如果不存在客观上恢复不能的情况，人民法院会判决恢复劳动关系，即使单位能举证存在客观回复不能，依然要支付违法解除劳动合同的赔偿金。

问：涉及公司高级管理人员的相关纠纷，应该如何适用《劳动合同法》或《公司法》？

答：涉及高级管理人员的纠纷，不能因其在公司具有强势地位一概适用或者不适用《劳动合同法》，适用《劳动合同法》的前提应是公司与高级管理人员之间存在劳动关系，否则，应适用《民法典》合同编或者《公司法》的规定。即便二者之间存在劳动关系，人民法院也应考虑高级管理人员在公司职位上的特殊性，对高级管理人员的权益保护区别于一般劳动者。

问题 97：如何认识"挂名"法定代表人及其风险？

问：什么是法定代表人？

答：公司，属于营利性法人，在性质上属于法律上拟制的人，其本身并不具有自然状态上的行为能力，其行为只有通过自然人才能得以体现和实施，自然人代表法人的行为最终由法人享有权利并承担相应义务，因此，法人的行为必须通过法定代表人才能显现。《民法典》第61条规定："依照法律或者法人章程的规定，代表法人从事民事活动的负责人，为法人的法定代表人。"《公司法》第13条规定，"公司法定代表人依照公司章程的规定，由董事长、执行董事或者经理担任，并依法登记"。由此可见，法定代表人是指依照法律或法人（公司）章程规定代表法人（公司）行使民事权利，履行民事义务的主要负责人（担任董事长、执行董事或者经理）。

问：如何认识"挂名"法定代表人？

答：按常理，一个不参与公司经营管理的人，不可能也不应成为公司的法定代表人，因其根本就不具备对外代表法人的基本条件和能力。公司的法定代表人应与公司之间存在实质关联性，即法定代表人要参与公司的经营管理，因为公司的法人地位属于法律拟制人格，法人对外开展民事活动需通过其法定代表人进行。实践中，由于登记机关仅做形式审查，而不做实质审查，加之，许多公司实际控制人为规避责任，转嫁风险，导致"挂名"法定代表人的乱象丛生。很多"挂名"法定代表人认为自己只是挂个名而已，况且还有"挂名"报酬可以拿，何乐而不为？事实上，在法律层面"挂名"法定代表人与实际公司法定代表人需承担同样的法律责任。

问："挂名"法定代表人有什么潜在的法律风险？

答："挂名"法定代表人的法律风险可以从民事、行政及刑事三个方面分析。

1. 民事法律责任

《民法典》第62条规定，"法定代表人因执行职务造成他人损害的，由法人承担民事责任。法人承担民事责任后，依照法律或者法人章程的规定，可以向有过错的法定代表人追偿"。《公司法》第147条规定，"董事、监事、高级管理人员应当遵守法律、行政法规和公司章程，对公司负有忠实义务和勤勉义务。董事、监事、高级管理人员不得利用职权收受贿赂或者其他非法收入，不得侵占公司的财产"。《公司法》第149条规定，"董事、监事、高级管理人员执行公司职务时违反法律、行政法规或者公司章程的规定，给公司造成损失的，应当承担赔偿责任"。《公司法》第152条规定，"董事、高级管理人员违反法律、行政法规或者公司章程的规定，损害股东利益的，股东可以向人民法院提起诉讼"。由上述规定可知，若法定代表人违反忠实、勤勉义务，损害了公司、股东利益的，需对公司或股东承担损害赔偿责任。此外，虽然公司以其自身的财产为限对外承担还款责任，但如果实际控制人操纵公司，又有虚构出资、抽逃出资等行为，或者在诉讼过程中有隐匿、转移资产，或未经清算擅自处分财产等行为，那么"挂名"法定代表人也需承担相应的连带赔偿责任。

2. 行政法律责任

在行政管理领域，针对某些公司实施的不合法、不合规行为，行政管理部门是有权对公司法定代表人采取行政强制措施或处罚措施的，尤其是在公司工商登记与税务缴纳领域。比如《税收征收管理法》第44条规定，"欠缴税款的纳税人或者他的法定代表人需要出境的，应当在出境前向税务机关结清应纳税款、滞纳金或者提供担保。未结清税款、滞纳金，又不提供担保的，税务机关可以通知出境管理机关阻止其出境"。

3. 刑事法律责任

在我国《刑法》规定的某些罪名中，除了对单位进行处罚外，还可能追究"直接负责的主管人员和其他直接责任人"的刑事责任。对于"直接负责的主管人员"的具体范围，在司法实践中通常会将法定代表人认定属于单位"直接负责的主管人员",并据此判定法定代表人对公司的行为承担刑事责任。若公司实际控制人利用公司实施经济犯罪行为的,如合同诈骗、非法吸收公众存款等,"挂名"法定代表人虽未直接参与以上行为,但有证据能证明其明知公司实际控制人利用公司实施上述犯罪行为,却不加阻止或放任实际控制人的犯罪行为的,则"挂名"法定代表人很可能也需承担相应的刑事责任。实务中涉及的常见罪名有:工程重大安全事故罪、重大责任罪;生产、销售伪劣商品类犯罪;走私类犯罪,如走私普通货物、物品罪、走私文物罪、走私珍贵动物、珍贵动物制品罪、走私淫秽物品罪、走私废物罪等;妨害对公司、企业的管理秩序罪;非法吸收公众存款罪、集资诈骗罪;危害税收征管类罪,如偷税罪;逃避追缴欠税罪;骗取出口退税罪;虚开增值税专用发票、用于骗取出口退税等;扰乱市场秩序类罪,如损害商业信誉、商品声誉罪;合同诈骗罪;非法经营罪;强迫交易罪;伪造、倒卖伪造的有价票证罪;非法转让、倒卖土地使用权罪等;拒不支付劳动报酬罪、拒不执行判决、裁定罪。

4. 其他责任

第一,被限制高消费。根据《关于限制被执行人高消费及有关消费的若干规定》(以下简称《限高规定》)第1条、第3条规定,被执行人未按执行通知书指定的期间履行生效法律文书确定的给付义务的,人民法院可以采取限制消费措施,限制其高消费及非生活或者经营必需的有关消费。纳入失信被执行人名单的被执行人,人民法院应当对其采取限制消费措施。被执行人为单位的,被采取限制消费措施后,被执行人及其法定代表人、主要负责人、影响债务履行的直接责任人员、实际控制人不得实施前款规定的行为。换言之,被限制高消费的包括自然人被执行人及单位被执行人。被执行人为单位的,还包括其法定代表人、主要负责人、影响债务履行的直接责任人员、实际控制人。

第二,担任董事、监事、高级管理人员受限。《公司法》第146条规定,担任因违法被吊销营业执照、责令关闭的公司、企业的法定代表人,并负有个人责任的,自该公司、企业被吊销营业执照之日起未逾3年的,不得担任公司的董事、监事、高级管理人员。

问题 98：公司或其他股东不配合，如何辞去公司法定代表人职务？

问：甲是一家公司的法定代表人，并非公司的股东，现在公司经营困难，而且股东之间也出现了矛盾，于是甲不想经营这家公司了。加之，公司还面临着诉讼，甲希望能辞去公司法定代表人职务，但因股东不配合出具股东会决议，也找不到合适的人继任法定代表人，无法办理工商变更登记，这种情况下，甲如何才能不担任法定代表人呢？

答：在正常情况下，根据《公司法》的相关规定，公司法定代表人依照公司章程的规定，由董事长、执行董事或者经理担任，并依法登记。公司法定代表人变更，应当办理变更登记；公司变更法定代表人的，应当自变更决议或者决定作出之日起30日内申请变更登记。法定代表人职务是基于公司章程的规定而直接产生的附属职务，并不是一个独立的聘任职务，不能单独辞去。换言之，要辞去公司法定代表人职务，首先得辞去法定代表人的基础职务。这家公司的章程对法定代表人问题有何规定？

问：这家公司董事会由3人组成，公司章程规定由董事长担任法定代表人，董事长由2/3以上的董事选举产生。由于另外两名董事由股东担任，股东之间有矛盾，甲要求召开董事会，但他们迟迟未配合召开。

答：要达到变更法定代表人的目的，甲可以考虑辞去董事及董事长职务，我国《公司法》规定公司的董事由股东会、股东大会选举、更换，但是对于董事辞职需经过何种程序、履行何种手续并没有明确的规定。在法律和公司章程没有相反规定的情况下，公司董事辞职一般应于董事辞职的意思表示送达公司董事会时即发生法律效力。

问：甲已经递交了辞职申请书，把董事及董事长辞了，但由于做变更登记时需要股东会决议及新的董事人选继任法定代表人。在目前的情况下，股东肯定不会配合的，甲又该怎么办呢？

答：这确实比较麻烦，如前所述，尽管董事辞职无须经过股东会、董事会决议，但其在任期内辞职而导致董事会成员低于法定人数的，董事的辞职不发生效力，直至新任董事就任之日。换言之，即使甲辞去董事及董事长职务，如果没有股东会决议也无法办理工商变更登记。

问：甲可以通过法院诉讼的形式，先确认辞去董事及董事长或法定代表人的法律效力，然后通过法院判决让登记机关做变更登记吗？

答：一些案例表明，可以通过法院诉讼确认辞去董事及董事长或法定代表人的法律效力，但判决结果仍不统一，有的支持，有的驳回。加之，在实操层面上，在未确定新的法定代表人，股东不配合办理工商变更的情况下，是否可以通过给登记机关发送协助执行函来执行存在不确定性，判决可能面临执行不能的风险。

问：甲的法定代表人身份很难变更了，那么，为变更法定代表人，甲还可以做些什么准备呢？

答：在目前的情况下，甲可以考虑采取如下措施，以降低自身风险。

第一，在当地或有影响力的报纸（具体应根据该公司的业务范围进行选择）或网站上发表公开声明，要求辞去法定代表人职务，并表示此后公司的相关经营管理活动，自己将不再承担任何责任，如公司其他股东及管理人员冒用法定代表人代行签署相关法律文件的，应当自行承担一切法律责任。

第二，可以以快递形式发函给公司、股东或董事，提出辞去公司法定代表人职务，并要求限期变更法定代表人，并保留公司签收的证据、收回个人印章等。

第三，发函到工商、银行、税务等相关部门说明其本人已要求辞去公司法定代表人职务，并备案法定代表人签名，提醒相关部门工作人员防止冒签。

第四，需要注意的是，非正常渠道辞去法定代表人职务，或将对公司正常经营管理造成影响，存在一定风险，因此，应注意方式方法和保护自身权益。

问题 99：公司法定代表人变更后，应解除对原法定代表人的限制高消费措施吗？

问：什么是限制高消费措施？被限制高消费措施的对象有哪些？

答：根据《限高规定》第1条、第3条规定，被执行人未按执行通知书指定的期间履行生效法律文书确定的给付义务的，人民法院可以采取限制消费措施，限制其高消费及非生活或者经营必需的有关消费。纳入失信被执行人名单的被执行人，人民法院应当对其采取限制消费措施。被执行人为单位的，被采取限制消费措施后，被执行人及其法定代表人、主要负责人、影响债务履行的直接责任人员、实际控制人不得实施前款规定的行为。换言之，被限制高消费的包括自然人被执行人及单位被执行人。被执行人为单位的，还包括其法定代表人、主要负责人、影响债务履行的直接责任人员、实际控制人。

问：被限制高消费的具体范围有哪些？

答：根据《限高规定》第3条、中共中央办公厅、国务院办公厅《关于加快推进失信被执行人信用监督、警示和惩戒机制建设的意见》第2.7条的规定，被法院纳入限消对象后，将在以下方面受限：第一，乘交通工具限制。不得乘坐列车软卧、G字头动车组列车全部座位、其他动车组列车一等以上座位、民航飞机、轮船二等座等。第二，住宿宾馆饭店限制。不得住宿星级以上宾馆饭店、国家一级以上酒店及其他高消费住宿场所；限制在夜总会、高尔夫球场等高消费场所消费。第三，高消费旅游限制。不得参加旅行社组织的团队出境旅游，以及享受旅行社提供的与出境旅游相关的其他服务。第四，子女就读高收费学校限制。不得以其财产支付子女入学就读高收费私立学校。第五，购买具有现金价值保险限制。不得支付高额保费购买具有现金价值的保险产品。第六，新建、扩建、高档装修房屋等限制。不得新建、扩建、高档装修房屋，购买非经营必需车辆等。

第七，租赁高档办公场所限制。不得租赁高档写字楼、宾馆、公寓等场所办公。

问：限制高消费和纳入失信被执行人名单有何区别？

答：人民法院在执行案件的过程中，可以依法采取限制高消费和纳入失信被执行人名单措施。限制高消费，即限制有关人员高消费及非生活或者经营必需的有关消费。纳入失信被执行人名单，是指人民法院将有关人员认定为失信被执行人，将其信息录入最高人民法院失信被执行人名单库，通过该名单库统一向社会公布，并进行不良信用记录，对被执行人予以信用惩戒。限制高消费和纳入失信被执行人名单都是人民法院基于执行案件的需要对有关责任人员采取的惩戒措施，都是为了敦促被执行人自觉履行生效法律文书确定的义务。但二者存在诸多不同。

第一，对象不同。依照《限高规定》第3条的规定，被限制高消费的包括被执行人本人，被执行人为单位的，还包括其法定代表人、主要负责人、影响债务履行的直接责任人员、实际控制人。依照最高人民法院《关于公布失信被执行人名单信息的若干规定》（以下简称《失信名单规定》）第1条，被纳入失信被执行人名单的，只能是被执行人。

第二，条件不同。《限高规定》第1条规定："被执行人未按执行通知书指定的期间履行生效法律文书确定的给付义务的，人民法院可以采取限制消费措施，限制其高消费及非生活或者经营必需的有关消费。纳入失信被执行人名单的被执行人，人民法院应当对其采取限制消费措施。"《失信名单规定》第1条规定："被执行人未履行生效法律文书确定的义务，并具有下列情形之一的，人民法院应当将其纳入失信被执行人名单，依法对其进行信用惩戒：（一）有履行能力而拒不履行生效法律文书确定义务的；（二）以伪造证据、暴力、威胁等方法妨碍、抗拒执行的；（三）以虚假诉讼、虚假仲裁或者以隐匿、转移财产等方法规避执行的；（四）违反财产报告制度的；（五）违反限制消费令的；（六）无正当理由拒不履行执行和解协议的。"总之，相比于限制高消费，纳入失信被执行人名单的条件更高。被限制高消费的不一定被纳入失信被执行人名单，而被纳入失信被执行人名单的必须被限制高消费。

第三,效果不同。《限高规定》第 3 条规定,被限制消费的人,不得有 9 项消费行为;《失信名单规定》第 8 条规定,人民法院应当将失信被执行人名单信息,向政府相关部门、金融监管机构、金融机构、承担行政职能的事业单位及行业协会等通报,国家工作人员、人大代表、政协委员等被纳入失信被执行人名单的,人民法院应当将失信情况通报其所在单位和相关部门,国家机关、事业单位、国有企业等被纳入失信被执行人名单的,人民法院应当将失信情况通报其上级单位、主管部门或者履行出资人职责的机构。通报的目的是供相关单位依照法律、法规和有关规定,在政府采购、招标投标、行政审批、政府扶持、融资信贷、市场准入、资质认定、选人用人等方面,对失信被执行人予以信用惩戒,"一处失信,处处受限"。

问:对被执行人采取限制消费措施后,被执行人及其有关人员如何解除或暂时解除该措施?

答:根据《限高规定》规定,可以将解除或暂时解除限制消费措施的法定情形归纳为以下四种:第一,被执行人提供确实有效的担保;第二,申请执行人同意;第三,被执行人履行完毕生效法律文书确定的义务;第四,因私消费以个人财产实施时,申请暂时解除。

此外,《关于在执行工作中进一步强化善意文明执行理念的意见》第 17 条对被执行人及其有关人员申请解除或暂时解除进一步规定如下:

(1)单位被执行人被限制消费后,其法定代表人、主要负责人、影响债务履行的直接责任人员、实际控制人以因私消费为由提出以个人财产从事消费行为,经审查属实的,应予准许。

(2)单位被执行人被限制消费后,其法定代表人、主要负责人确因经营管理需要发生变更,原法定代表人、主要负责人申请解除对其本人的限制消费措施的,应举证证明其并非单位的实际控制人、影响债务履行的直接责任人员。人民法院经审查属实的,应予准许,并对变更后的法定代表人、主要负责人依法采取限制消费措施。

(3)被限制消费的个人因本人或近亲属重大疾病就医,近亲属丧葬,以及本人执行或配合执行公务,参加外事活动或重要考试等紧急情况亟须赴外地,向人民法院申请暂时解除乘坐飞机、高铁限制措施,经严格审查并经作出该措施决定的人民法院院长批准,可以给予其最长不超过 1 个月的暂时解除期间。

问:作为公司的法定代表人被限制高消费,公司变更法定代表人后,对原法定代表人是否应解除限制高消费措施?

答:依据《关于在执行工作中进一步强化善意文明执行理念的意见》第 17 条第 2 项之规定,"单位被执行人被限制消费后,其法定代表人、主要负责人确因经营管理需要发生变更,原法定代表人、主要负责人申请解除对其本人的限制消费措施的,应举证证明其并非单位的实际控制人、影响债务履行的直接责任人员。人民法院经审查属实的,应予准许,并对变更后的法定代表人、主要负责人依法采取限制消费措施"。由此可见,作为公司的法定代表人被限制高消费,公司变更法定代表人后,只有在原法定代表人举证证明其并非公司的实际控制人、影响债务履行的直接责任人员,限制高消费措施才可能被解除。而如何举证,可以通过证明实际代表公司签订合同的主体并非原法定代表人;公司内部重大决议实际参与人并非原法定代表人;原法定代表人当时仅作为挂名法定代表人等。

问题 100：如何认识董事及高级管理人员违反忠实义务时的归入权？

问：什么是公司归入权？

答：公司董事、高级管理人员忠实义务纠纷在实务中较为常见，公司在董事、高级管理人员违背忠实义务的情况下，如何进行有效救济？我国《公司法》赋予公司归入权以进行救济。关于公司的归入权制度，在我国《公司法》和《证券法》中均有相关规定，但公司归入权这一概念并没有为立法所统一使用。关于归入权这一定义是学者们从理论研究和司法实践中抽象出来的，在学界也称为"介入权"或"夺取权"。

问：公司行使归入权的法律依据是什么？

答：《公司法》第148条规定："董事、高级管理人员不得有下列行为：（一）挪用公司资金；（二）将公司资金以其个人名义或者以其他个人名义开立账户存储；（三）违反公司章程的规定，未经股东会、股东大会或者董事会同意，将公司资金借贷给他人或者以公司财产为他人提供担保；（四）违反公司章程的规定或者未经股东会、股东大会同意，与本公司订立合同或者进行交易；（五）未经股东会或者股东大会同意，利用职务便利为自己或者他人谋取属于公司的商业机会，自营或者为他人经营与所任职公司同类的业务；（六）接受他人与公司交易的佣金归为己有；（七）擅自披露公司秘密；（八）违反对公司忠实义务的其他行为。董事、高级管理人员违反前款规定所得的收入应当归公司所有。"

问：公司行使归入权时，应注意什么？

答：第一，公司归入权的范围。归入权的范围应是董事、高级管理人员因违背忠实义务而取得的个人收入。这主要有两方面的含义:(1)归入的董事、高级管理人员的个人收入应是其违背忠实义务所得,即该个人所得和其违背忠实义务之间存在因果关系,非因违背忠实义务所得的收入不属于归入权的范围;(2)董事、高级管理人员违背忠实义务,他人因此受益的,董事、高级管理人员的个人所得属于归入权的范围,但他人因此获得的利益不属于归入权的范围。

第二,公司归入权的行使主体。违反忠实义务行为,侵害公司利益,这在本质上是一种侵权行为,受害方为公司,因此,公司常常成为归入权行使的主体。在司法实践中,常见由公司监事或者公司的股东作为原告,公司作为第三人的诉讼。为什么会出现这种情况呢?在相关案件中,损害公司利益的往往是公司的实际控制人,他们通过侵害公司利益最终损害公司其他股东的利益,在这种实际控制人侵害公司权利的情况下,很难由公司来提起诉讼。根据《公司法》第151条之规定,公司股东可以提请监事作为诉讼主体提起诉讼,但存在"用尽内部救济"的前置程序,该前置程序并非绝对的。在该条款中同时规定,情况紧急,不立即提起诉讼将会使公司利益受到难以弥补的损害的,股东有权为了公司的利益以自己的名义直接向人民法院起诉,因此,在一定条件下,公司股东和监事都可以代表公司行使归入权。

第三,行使公司归入权与损害赔偿请求权的区别。行使公司归入权与损害赔偿请求权所依据的条款不同。前者依据《公司法》第148条,后者依据《公司法》第149条和《民法典》侵权责任编的相关规定。归入权和赔偿请求权属于两种不同的请求权,可以同时提起,因为二者的目的不同,前者在于没收被告的违法所得,后者在于赔偿原告的经济损失。另外,从《民事案件案由规定》来看,两者案由均为"损害公司利益责任纠纷",属于同一案由,不涉及案由不同需要另案起诉的问题。因此,如果公司通过行使归入权不足以弥补公司受到的损失,可以在同一案件中提起损害赔偿请求。

第四,归入收益数额的认定。实务中,关于归入数额的证明是归入权行使的重要问题。由于归入权的范围是违背忠实义务的董事、高级管理人员的个人所得,而在董事、高级管理人员违背特定忠实义务(如为他人篡夺公司商业机会)的情况下,公司往往很难获知董事、高级管理人员的个人所得,取证存在相当大的困难。那么,公司对董事、高级管理人员违背忠实义务的所得举证不能的,其后果如何？实践中,如能证明原公司利益因董事、高级管理人员违背忠实义务受损的,人民法院一般并不因此免除董事、高级管理人员的赔偿责任,而是结合其他因素酌情推定董事、高级管理人员所得的收入。

问题 101：董事或经理如何运用商业判断规则免责？

问：A公司甲股东提起诉讼，要求公司总经理兼法定代表人，赔偿因滥用职权、违反勤勉义务给公司造成的损失。针对甲股东的诉讼请求，高级管理人员可以以商业判断规则要求免责，什么是商业判断规则？

答：商业判断规则（Business Judgment Rule）发端于美国判例法，该原则是一种司法审查标准，对现代公司法中董事及高级管理人员责任体系的构架意义重大，商业判断规则的目的是尊重公司董事及高级管理人员做出的商业判断。我国《公司法》第147条规定："董事、监事、高级管理人员应当遵守法律、行政法规和公司章程，对公司负有忠实义务和勤勉义务。"然而，实务中如何认定董事及高级管理人员违反勤勉义务却一直是个模糊地带。许多人民法院都将英美法上的"商业判断规则"引进审判实践，用以考量董事及高级管理人员是否尽到忠实、勤勉义务，因此，在我国，商业判断规则仍为一种学理概念而存在，各人民法院在司法实践中对其理解尚不统一。

问：什么情况下，董事及高级管理人员的决策符合商业判断规则？

答：目前，美国法学会编撰的《公司治理的原则——分析和报告》一书中，对商业判断规则的定义是影响最大的，"如果符合下列条件，则认为董事的决策行为符合商业判断规则：1. 与所从事的交易无利害关系；2. 该决策是在充分收集信息和了解情况的基础上作出的；3. 合理地相信该决策对公司是最有利的"。

问：将《公司法》第147条作为追究董事及高级管理人员责任的法律依据，应如何理解？

答：董事、监事和高级管理人员由公司选举、委派或者聘任产生，基于公司、股东的信任取得经营管理公司的权力,其应当正当行使权力,依法为公司最大利益服务。关于董事、监事和高级管理人员对公司、股东的义务,大陆法系国家一般定义为委托代理关系,英美法系国家一般定义为信托关系。不管是委托代理关系还是信托关系,二者的具体内容是基本一致的,主要包括注意义务和忠实义务。注意义务要求公司的董事、监事、高级管理人员应当以善良的管理人的注意来管理公司,避免公司、股东的利益受到不必要损害;忠实义务要求公司董事等不得将自身的利益置于公司、股东利益之上,不得进行损害公司、股东利益的行为。

我国《公司法》第147条作为追究董事及高级管理人员责任的请求权基础,从我国公司治理的实际出发,明确公司的董事、监事、高级管理人员对公司负有忠实义务和勤勉义务。根据该条的规定,第一,董事、监事、高级管理人员必须遵守法律、行政法规和公司章程。董事等人员履行忠实义务和勤勉义务,遵守法律、行政法规和公司章程是前提条件。董事、监事、高级管理人员违反法律、行政法规,或者不遵守公司章程,影响公司治理,给公司、股东利益造成损害,必然会违反其对公司、股东的忠实义务和勤勉义务。第二,董事、监事、高级管理人员不得利用职权收受贿赂或者其他非法收入,不得侵占公司的财产。董事等人员利用公司赋予的职权,收受贿赂或取得其他非法收入,或者侵占公司财产,为自己谋取非法利益,背弃了公司的托付,直接或者间接对公司、股东的利益造成损害,严重违反忠实义务。这是董事等人员履行忠实义务的必然要求。

问:董事或经理以商业判断规则进行抗辩时,举证责任如何分配?

答:根据"谁主张,谁举证"的原则,原告对董事及高级管理人员滥用职权的行为本就需举证。商业判断规则进一步要求法官在特定条件下推定董事及高级管理人员的决策合理,从而使原告需要承担更高的举证责任以推翻这种推定。

问题 102：如何认识高级管理人员的竞业禁止与竞业限制？

问：如何区分高级管理人员竞业禁止与竞业限制？

答：高级管理人员的竞业禁止义务源于《公司法》第148条的规定："董事、高级管理人员不得有下列行为：……（五）未经股东会或者股东大会同意，利用职务便利为自己或者他人谋取属于公司的商业机会、自营或者为他人经营与所任职公司同类的业务；……董事、高级管理人员违反前款规定所得的收入应当归公司所有。"高级管理人员的竞业限制义务则来源于《劳动合同法》第23条的规定，"……对负有保密义务的劳动者，用人单位可以在劳动合同或者保密协议中与劳动者约定竞业限制条款"。二者的区别，如表1所示：

表1 竞业禁止与竞业限制的区别

比较项目	竞业禁止	竞业限制
主体不同	董事、高级管理人员	高级管理人员、高级技术人员、和其他负有保密义务的人
性质不同	法定义务	约定义务
禁止行为不同	未经股东会或者股东大会同意，利用职务便利为自己或他人谋取属于公司的商业机会，自营或者为他人经营与所任职公司同类的业务	到与本单位生产或者经营同类产品、从事同类业务的有竞争关系的其他用人单位，或者自己开业生产或者经营同类产品、从事同类业务
违约后果不同	所得收入归公司所有，即归入权	违约责任
时间不同	在职期间	离职后
补偿支付	无须支付补偿金	需支付补偿金

问：实践中，公司可以与高级管理人员签订竞业限制协议吗？

答：在实践中，公司为防范经营风险，可与高级管理人员等就其离职后的竞业行为进行限制约定，此时，不再适用《公司法》的规定，而转由《劳动合同法》调整。对这种约定的法律后果，应注意的是：其一，公司应对高级管理人员支付经济补偿，否则依《劳动合同法》规定，此种约定不生效；其二，一旦公司高级管理人员离职后发生特定行为，公司可要求其承担责任，此种责任不再是《公司法》上的法定责任，而是转化为《劳动合同法》上的违约责任。

问题 103：公司解聘高级管理人员职务时，劳动关系也一并解除吗？

问：甲进入 A 公司工作，双方签订有劳动合同，约定甲担任公司总经理一职。后因 A 公司拟改变经营方针，经董事决议，不再聘请甲担任总经理，并对其转岗(薪酬不变)。甲认为按照劳动合同约定，其职务为总经理，因此，他拒绝职务调整。不久，A 公司向甲出具终止劳动合同通知书。A 公司可以解聘甲的总经理职务吗？

答：根据《公司法》规定，公司可以单方面解除高级管理人员职务而不需要负任何补偿义务；但根据《劳动法》规定，除法律明确规定的情形外，公司无法解雇包括高级管理人员在内的劳动者，两部法律似乎存在明显冲突。

问：既然存在冲突，是否意味着 A 公司可以解聘甲总经理职务，而不负任何责任呢？

答：虽然《公司法》规定，公司董事会可以无条件解除高级管理人员职务，但《公司法》并未对被解除高级管理人员职务的劳动关系处理作出更进一步的规定，因此，应进一步区分聘任关系与劳动关系。

问：应如何区分聘任关系与劳动关系，又如何适用《公司法》与《劳动法》？

答：第一，高级管理人员在与公司建立聘任关系时不存在劳动关系。在此情形下，公司与高级管理人员之间的法律关系不受《劳动法》调整，公司依据《公司法》单方面解除高级管理人员职务，终结双方的聘任关系，并不存在违反《劳动法》的问题。

第二，公司与高级管理人员同时存在劳动关系与聘任关系。在此情形下，我们应分阶段确定适用法律。在公司解除高级管理人员职务，终结聘任关系时，适用《公司法》规定，公司无须与高级管理人员协商即可单方解除。但在解除高级管理人员职务后，公司与高级管理人员之间的劳动关系仍然存续，由于职务的缺失，此时的劳动关系是不完整的，而正是这一不完整的劳动关系，为《劳动法》的适用提供了空间。公司为解除职务的高级管理人员提供新的工作岗位时，应该与其进行协商，保证其工作条件、薪资待遇等不会产生不合理的变动，否则，可能违反《劳动法》的相关规定。

问：只要高级管理人员与公司之间存在劳动关系，即使其职务被解除了，公司也不得单方解除其劳动关系，是吗？

答：是的。A公司依据《公司法》解除甲的总经理职务，不存在问题。关键是将甲的岗位由总经理调整到其他岗位，这属于变更劳动合同约定的内容。根据《劳动法》规定，变更劳动合同内容，用人单位应当与劳动者协商一致。现A公司、甲就调整工作岗位并未协商一致，在此情况下，A公司以甲不服从工作安排为由，对甲作出解除劳动合同的决定，显然违反了《劳动法》的规定，理应承担相应的法律责任。

问题 104：如何防范公司印章管理中的法律风险？

问：公司印章有什么类别及功能？

答：第一，公章。公章是公司效力最大的一枚章，是法人权利的象征。除法律有特殊规定外（如发票的盖章），均可以公章代表法人意志，对外签订合同及其他法律文件。使用范围：凡是以公司名义发出的信函、公文、合同、介绍信、证明或其他公司材料均可使用公章。保管者：一般来说，公章的掌管者应该是公司创业者或其最信任的人，例如，董事长或总经理。

第二，财务专用章。通常与银行打交道的时候会用到财务专用章，比如银行的各种凭据、汇款单、支票的用印。另外，也会用于财务往来的结算等。保管者：一般由企业的财务人员管理，可以是财务主管或出纳等。

第三，合同专用章。单位对外签订合同时使用，可以在签约的范围内代表单位，在合同上加盖合同专用章，单位需承受由此导致的权利义务。一般来说，创业初期可以直接用公章盖合同，减少一支公章可以减少风险（比如遗失、公章私用等）。保管者：可以是公司法务人员、外部律师或行政部门等。

第四，法定代表人章。法定代表人章，俗称为法人章，主要用于公司有关决议，银行有关事务办理及交易合同的签订。印章印模里含有其公司单位名称、法人专用章字样。保管者：一般是法定代表人自己，也有让公司财务部门出纳人员管理的情况。

第五，发票专用章。公司在购买和开发票时，需要加盖发票章。印章印模里含有其公司单位名称、发票专用章字样、税务登记号。根据《发票管理办法实施细则》的规定，通常需要在发票联和抵扣联加盖发票专用章。保管者：一般由财务部门的发票管理员保管。

第六，电子印章。自《电子签名法》实施后，电子印章（签名）就具有了合法地位。所谓电子印章(签名),并不是实体印章的图像化,而是数据电文中以电子形式所包含、所附用于识别签名人身份并表明签名人认可其中内容的数据。通俗点说,电子印章(签名)就是一个能够识别出具体盖章人(签名人)的电子数据密钥。除了法律法规规定不适用电子文书的情况外,都可以约定使用电子印章。但电子印章不适用于以下情形:(1)涉及婚姻、收养、继承等人身关系的;(2)涉及土地、房屋等不动产权益转让的;(3)涉及停止供水、供热、供气、供电等公用事业服务的;(4)法律、行政法规规定的不适用电子文书的其他情形。

第七,分公司印章。公司总部以外设立分公司的,分公司可以刻制分公司印章。分公司印章主要包括分公司公章、合同专用章、财务专用章及负责人名章等。

第八,项目部专用章、部门印章等。经过公司允许,由相关部门或项目部刻制的印章,这类印章应严格管理,否则,极易构成表见代理,由公司承担相应的法律责任。

第九,钢印。一般用在需要粘贴照片的证件上,表示证件与照片相吻合,或者用在各种票据的连接部位,也表示吻合的意思。钢印不能独立使用,不能用钢印作为文件、介绍信及其他票据的有效标志。

问:应采取什么措施,防范公司印章的管理风险?

答:公司各种印章的权限不一,所有加盖印章的文件可能代表公司行为,因此,公司印章的保管工作必须要引起重视。公司印章应实行印章专人保管、负责人印章与财务专用章分管的制度,并严格执行保管人交接制度。一般来说,公司各类印章的管理可考虑采用以下措施。

第一,明确印章管理者的岗位、法律风险防控意识及责任。公司可以要求印章保管或管理者签订"法律风险岗位承诺书",明确保管者的法律风险防控意识及职责,同时也要加强对他们进行印章管理工作的法律防范教育,使其充分认识到印章的重要性,加强印章管理的技能和法律风险防范意识。在加强管理者的岗位意识的同时,也要建立规范的印章管理规定。如明确印章管理者的管理职责,规范印章使用的业务流程以及定期检查印章使用情况等,使印章管理工作做到有规可依、有章可循。

第二,建立并使用统一的印章使用审批制度和使用登记表。公司应建立并使用统一的印章使用审批制度和使用登记表,使用者要遵守公司的印章使用规定。一般来说,经公司领导批准后,印章使用者应填写统一的用印登记表,公司文书人员对用印文件要认真审查,审核与申请用印内容、用印次数是否一致,然后才能在相关文件上用印。需要注意的是,使用印章时,要确保由印章保管人员亲自用印,不能让他人代为用印,同时,不能让印章离开印章保管人员的视线。一般情况下,未经公司主要领导亲自批准,不允许使用者将印章携带外出,即使需要外出携带,最好指定可信任的人随往,确保印章安全。

第三,严格控制或禁止在空白文件上盖印章。印章使用过程中,印章管理者一定要确保使用者不能在空白文件,如空白纸张、空白单据、空白介绍信等上面加盖公司印章。如遇特殊情况,必须要经过公司核心领导的同意。如果加盖印章的空白文件无用后,持有者也要将该空白文件退回印章管理部门(如行政部、办公室),请其妥善处理,从而确保用章安全。

第四,对变更或撤销的部门或分公司应及时收缴或处理相关印章。公司所属部门发生变更或被撤销后,印章统一管理部门必须收缴部门印章及用印记录;所属分公司注销后,在工商注销手续完成后,必须收缴分公司包括:行政印章、合同专用章、财务专用章、负责人名章等在内的全部印章及用印记录;项目部关闭后,项目部印章及用印记录必须全部上缴企业印章管理部门。企业印章管理部门会同法律部门将收缴的印章统一销毁,用印记录由印章管理部门按档案管理规定存档。

问:印章被盗、遗失,该如何补办?

答:印章被盗、遗失后,可按以下程序办理:第一,登报。到省市级以上报纸进行登报,声明自己公司丢失了哪枚印章,以及此印章即刻作废。第二,印章补刻。到公司注册时刻章的印章公司,表明自己公司的哪个印章丢失了需要补刻,然后将登报的报纸、法定代表人身份证复印件和营业执照副本复印件给印章公司,印章公司会去公安机关进行备案并获得补刻的许可。第三,更换银行预留印鉴。公章、财务专用章与法定代表人章补刻后需要到开户行进行预留印鉴更换。

此外，为防止被盗、遗失的印章被其他人非法使用，应及时携带公司授权委托书、身份证原件及复印件、工商营业执照副本原件及复印件到丢失地点所辖的派出所报案，领取报案证明。

问：如何识别公司印章的真伪？

答：公司印章真伪有时很难辨别，以下辨别方式，可供参考。

第一，看字体。根据法律规定，印章必须要用宋体字，如果对方加盖的印章并非宋体字，就要怀疑印章的真实性了。

第二，看颜色。由于质材和力度的原因，真正加盖的公章的颜色往往不均匀，而电脑制作的印章则颜色一致，而且也更加鲜明。

第三，看形状。包括字的形状和周围圆圈的形状。首先，无论是圆形还是椭圆形的印章，虽然字都不是横平竖直的，但是每个字单独看都是规规矩矩的长方形，不可能扭曲，或者上面胖下面瘦看起来呈梯形。其次，看印章周围圆圈的形状，这个圆圈是有一定宽度的，并且仔细看边缘（包括印章上面的边缘），不可能非常平滑，经常有一些小缺口、小棱角或者小空白，这是由于沾油墨和盖印的过程中，油墨的密度和盖印的力度不一致造成的。

第四，看角度。虽然绝大多数人盖章的时候都希望把章盖得很正，但是总会出现一点偏差，特别是圆形的印章更不好把握，但电脑制作印章时默认情况下是正的。

第五，看位置。看看公章是盖在协议的空白处，还是盖在文字上。一般而言，真印章都盖在公司名称上，而制作粗劣的假印章都喜欢盖在空白处，因为假印章是电脑做的，如果盖在文字上就会挡住后面的文字。但是制作水平高一些的假印章为了看起来更真，也会盖在文字上，这个时候需要仔细看一下，印章上的字和纸上印刷的字重合的地方。如果是真印章，即使重合，后面的文字还是可以透过油墨显示出来，而电脑制作的假印章，就会完全挡住下面的文字。

问题 105：如何索回被"抢占"的公司印章及证照？

问：A公司因董事长兼法定代表人损害公司利益，股东们通过股东会罢免了董事长，可是，董事长拒不交出公司印章及相关证照，A公司有什么办法让他交出公司印章及证照吗？

答：公司印章及证照对外代表公司的意志，是公司的形象。实践中，公司印章及证照由不同的公司机关及其人员实际占有、控制。当实际占有人失去控制公司证照的权利时，因不予返还，容易产生纠纷。因公司印章及证照返还引发的纠纷，其实质涉及公司内部治理中对公司控制权的争夺。公司印章及证照作为公司的一种特别财产，被他人侵占后，若想通过诉讼的方式追回被侵占的证照时，其请求权基础如下。

第一，《民法典》第3条规定，民事主体的人身权利、财产权利以及其他合法权益受法律保护，任何组织或者个人不得侵犯。《民法典》第235条规定，无权占有不动产或者动产的，权利人可以请求返还原物。《民法典》第459条规定，占有人因使用占有的不动产或者动产，致使该不动产或者动产受到损害的，恶意占有人应当承担赔偿责任。《民法典》第460条规定，不动产或者动产被占有人占有的，权利人可以请求返还原物及其孳息；但是，应当支付善意占有人因维护该不动产或者动产支出的必要费用。

第二，《公司法》第147条规定，董事、监事、高级管理人员应当遵守法律、行政法规和公司章程，对公司负有忠实义务和勤勉义务。董事、监事、高级管理人员不得利用职权收受贿赂或者其他非法收入，不得侵占公司的财产。

最高人民法院在民事案件案由中将"公司证照返还纠纷"作为独立的三级案由，编号为252。案由虽为"公司证照返还纠纷"，但该类纠纷的返还标的物范围并不仅限于公司证照，其外延还包括公司的各类印章，以及其他对于公司拥有特殊意义的动产。

问：公司印章、证照等属于公司财物，公司可以通过起诉原董事长，要求他返还吗？A公司又应该向哪个人民法院起诉呢？

答：可以。本类案件的请求权基础实为侵权法律关系，故依据《民事诉讼法》第28条的规定，"因侵权行为提起的诉讼，由侵权行为地或者被告住所地法院管辖"。关于侵权行为地，根据最高人民法院《关于适用〈中华人民共和国民事诉讼法〉的解释》（以下简称《民事诉讼法司法解释》）第24条的规定，"民事诉讼法第二十八条规定的侵权行为地，包括侵权行为实施地、侵权结果发生地"。依据上述规定，公司证照返还纠纷的管辖法院包括被告住所地、侵权行为实施地、侵权结果发生地。

问：现在公司印章掌握在原董事长手里，由于起诉状需要加盖公司印章，如果原董事长不予配合，A公司是否就无法提起诉讼呢？

答：尽管公司印章掌握在原董事长手里，但公司股东可依法通过股东会决议授权或任免新法定代表人的方式，在确定公司证照、印章被侵占时，作为公司诉讼代理人，向人民法院提起公司证照返还纠纷。

问：除提起诉讼外，A公司还有其他的方法索回公司印章、证照吗？

答：除了民事诉讼外，还可以尝试以下方法：第一，登报后重新刻制印章或补证。公司先行以召开公司股东会形式选举新法定代表人或董事长等职务，并以股东会决议形式授权其代为向公安机关申请办理公司印章重新刻制或向市场监督管理局补证。第二，刑事报案。可以考虑以侵占公司财物为由向公安机关报案。如报案成功，对侵占人具有较好的威慑效果，或许可以要回公司印章及证照。

问题 106：如何理解公司决议不成立、无效和可撤销？

问：何为公司决议不成立？

答：公司是最活跃的市场主体，股东利益与公司发展密切相关，股东除了能够通过担任公司高级管理人员参与公司管理外，主要是通过股东会、董事会决议的方式决定公司的重大事务。此前，我国《公司法》对决议效力瑕疵的分类采用的"二分法"，包括决议无效和决议可撤销两种。《公司法司法解释（四）》确立了"决议不成立之诉"，即在立法上让股东会决议的"二分法"走向了"三分法"。

决议不成立，是指公司决议意思表示的程序存在严重瑕疵，公司决议不存在或不具备成立要件。

问：如何理解公司决议不成立之诉？

答：第一，公司决议不成立的法定理由。《公司法司法解释（四）》第5条规定，股东会或者股东大会、董事会决议存在下列情形之一，当事人主张决议不成立的，人民法院应当予以支持："（一）公司未召开会议的，但依据公司法第三十七条第二款或者公司章程规定可以不召开股东会或者股东大会而直接作出决定，并由全体股东在决定文件上签名、盖章的除外；（二）会议未对决议事项进行表决的；（三）出席会议的人数或者股东所持表决权不符合公司法或者公司章程规定的；（四）会议的表决结果未达到公司法或者公司章程规定的通过比例的；（五）导致决议不成立的其他情形。"由此可见，公司决议不成立的法定理由可以概括为：会议未召开、未表决、出席人数或表决权不符合规定、表决结果未达比例或其他情形。

第二，公司决议不成立之诉的起诉时限。《公司法》没有对决议不成立纠纷的起诉时效作出限制性规定，原告提起决议不成立纠纷的，不受起诉时限的限制。

第三,公司决议不成立之诉的诉讼主体。《公司法司法解释(四)》第1条规定,"公司股东、董事、监事等请求确认股东会或者股东大会、董事会决议无效或者不成立的,人民法院应当依法予以受理"。第3条规定,"原告请求确认股东会或者股东大会、董事会决议不成立、无效或者撤销决议的案件,应当列公司为被告。对决议涉及的其他利害关系人,可以依法列为第三人"。由此可见,在公司决议不成立之诉中,公司的股东、董事、监事等可以作为原告,请求人民法院确认决议不成立;决议不成立纠纷的被告应当是公司;对决议涉及的其他利害关系人(涉案股东会/股东大会决议的股东、董事会决议的董事),可以依法列为第三人。

第四,公司决议不成立之诉的管辖法院。公司决议不成立纠纷属于公司纠纷,管辖适用《民事诉讼法》第26条、《民事诉讼法司法解释》第22条的规定,由公司住所地法院管辖。

问:何为公司决议无效?

答:公司决议无效,是指公司决议意思表示的内容存在瑕疵,该瑕疵违反法律法规的规定,影响决议的最终结果,因而自始无效。

问:如何理解公司决议无效之诉?

答:第一,公司决议无效之诉的法定理由。《公司法》第22条第1款规定,"公司股东会或者股东大会、董事会的决议内容违反法律、行政法规的无效"。由此可见,公司决议无效的法定理由只能是决议的内容违反法律或行政法规,原告以其他理由主张决议无效的,不会被支持。

第二,公司决议无效之诉的起诉时限。《公司法》没有对决议无效纠纷的起诉时效作出限制性规定,原告提起决议无效纠纷的,不受起诉时限的限制。

第三,公司决议无效之诉的诉讼主体。《公司法司法解释(四)》第1条规定,"公司股东、董事、监事等请求确认股东会或者股东大会、董事会决议无效或者不成立的,人民法院应当依法予以受理"。第3条规定,"原告请求确认股东会或者股东大会、董事会决议不成立、无效或者撤销决议的案件,应当列公司为被告。对决议涉及的其他利害关系人,可以依法列为第三人"。由此可见,公司的股东、董事、监事等可以作为原告,请求人民法院确认决议无效;决议无效的被告应当是公司;对决议涉及的其他利害关系人(涉案股东会/股东大会决议的股东、董事会决议的董事),可以依法列为第三人。

第四,公司决议无效之诉的管辖法院。《民事诉讼法》第26条规定,"因公司设立、确认股东资格、分配利润、解散等纠纷提起的诉讼,由公司住所地人民法院管辖"。《民事诉讼法司法解释》第22条规定,"因股东名册记载、请求变更公司登记、股东知情权、公司决议、公司合并、公司分立、公司减资、公司增资等纠纷提起的诉讼,依照民事诉讼法第二十六条规定确定管辖"。由此可见,公司决议无效纠纷,由公司住所地法院管辖。

问: 何为公司决议可撤销?

答: 公司决议可撤销,是指公司决议意思表示的程序存在瑕疵,但该瑕疵并未达到可使决议无效的程度。

问: 如何理解公司决议可撤销之诉?

答: 第一,公司决议可撤销之诉的法定理由。《公司法》第22条第2款规定,"股东会或者股东大会、董事会的会议召集程序、表决方式违反法律、行政法规或者公司章程,或者决议内容违反公司章程的,股东可以自决议作出之日起六十日内,请求人民法院撤销"。由此可见,公司决议可撤销的法定理由是:(1)召集程序违反法律、行政法规或公司章程;(2)表决方式违反法律、行政法规或公司章程;(3)决议内容违反公司章程。

第二,公司决议可撤销之诉的起诉时限。《公司法》第22条第2款规定,"股东可以自决议作出之日起六十日内,请求人民法院撤销"。《公司法司法解释(一)》第3条规定,"原告以公司法第二十二条第二款、第七十四条第二款规定事由,向人民法院提起诉讼时,超过公司法规定期限的,人民法院不予受理"。由此可见,原告起诉撤销公司决议的,要受"决议作出之日起六十日"的时间限制,超过该期限起诉的,人民法院不予受理。

第三,公司决议可撤销之诉的诉讼主体。《公司法司法解释(四)》第2条规定,"依据民法典第八十五条、公司法第二十二条第二款请求撤销股东会或者股东大会、董事会决议的原告,应当在起诉时具有公司股东资格"。第3条规定,"原告请求确认股东会或者股东大会、董事会决议不成立、无效或者撤销决议的案件,应当列公司为被告。对决议涉及的其他利害关系人,可以依法列为第三人"。由此可见,股东可以作为原告,起诉撤销公司决议,且该股东应当在起诉时具有股东资格;决议可撤销之诉的被告应当是公司;对决议涉及的其他利害关系人(涉案股东会/股东大会决议的股东、董事会决议的董事),可以依法列为第三人。

第四,公司决议可撤销之诉的管辖法院。公司决议可撤销纠纷属于公司纠纷,管辖同样适用前文《民事诉讼法》第26条、《民事诉讼法司法解释》第22条的规定,由公司住所地法院管辖。

问:在提起公司决议无效、可撤销和不成立之诉中,应注意什么?

答:第一,决议成立是无效和撤销的前提,三种情形都涉及时,人民法院会优先认定决议不成立,而不会认定为决议无效或可撤销。

第二,决议不成立和决议可撤销的程序瑕疵程度不同,前者瑕疵重大从而导致决议结果不存在,后者相对轻微对决议结果影响不大。

第三,针对公司决议撤销事由不能提起无效之诉,判断公司决议可撤销必须建立在该决议不具有法定无效情形的基础上。

问题 107：公司决议之诉中，能否停止决议的执行？

问：什么是公司决议纠纷？

答：公司决议纠纷案件，是指公司股东、董事、监事等针对公司股东会或者股东大会、董事会的决议（以下统称公司决议），依据《公司法》第22条的规定提起的确认公司决议无效和撤销公司决议诉讼，以及依据《公司法司法解释（四）》第5条之规定提起的确认公司决议不成立的诉讼。

问：公司决议诉讼从立案到判决，时间比较长，等诉讼有结果时，公司决议可能已经执行完毕，比如法定代表人等已变更登记完毕或公司与相对方交易已经发生，因此，即使胜诉后，要恢复决议之前的状态成本也很高或意义不大。请问在公司决议之诉中，能否停止决议的执行？

答：依据《公司法司法解释（四）》（征求意见稿）第10条规定，"股东会或者股东大会、董事会决议存在实施后不能恢复原状或者使当事人、利害关系人的合法权益受到难以弥补的损害等情形的，可以依据原告的申请禁止实施有关决议。人民法院采取前款规定的行为保全措施，可以根据公司的申请或者依职权责令原告提供相应担保。原告提供相应担保的，应当禁止实施有关决议。人民法院经审查认为，原告的申请存在恶意干扰或拖延决议实施情形的，应当驳回申请"。这一条规定了公司决议纠纷中的行为保全制度，但基于人民法院有限介入公司内部事务的原则，该规定在正式颁布时被删除。这与行为保全手段在知识产权、不正当竞争领域被大量使用，有显著的区别。

问：既然司法解释没有明确规定公司决议纠纷中的行为保全制度，那么是否意味着不能通过行为保全，阻止公司决议的执行？

答：也不完全是这样。依据《民事诉讼法》第100、101条规定，行为保全，是指为避免判决难以执行或对当事人造成损害，人民法院责令相关主体做出一定行为或禁止其做出一定行为所采取的强制措施。相对于财产保全更多的是侧重于避免判决难以执行，而行为保全更多侧重于避免发生难以挽回的损失或难以弥补的损害。在公司决议之诉中，如果公司决议的执行符合《民事诉讼法》中行为保全的要件，可以考虑申请行为保全，阻止公司决议的执行。

问：这种申请能够得到人民法院的支持吗？

答：在司法实践中，公司决议之诉中的行为保全问题，《公司法》及其司法解释没有明确规定，加之，法官较少遇到这类的行为保全申请、缺乏处理经验等原因，能够获得人民法院支持的可能性并不高，但这并不意味着不能进行尝试。在申请行为保全时，建议与法官进行充分沟通，说明事态的紧迫性及执行公司决议的不利后果。

问：在申请行为保全时，应如何把保全请求写清楚？

答：依据公司决议的不同内容，保全请求主要是禁止公司实施决议或办理相关工商变更登记。

问题 108：如何认识未通知部分股东参加股东会的决议效力？

问：没有通知部分股东参会，便做出股东会决议，是公司决议纠纷的常见情形之一。虽然《公司法司法解释（四）》进一步将公司决议瑕疵分为不成立、无效、可撤销三种类型，但对上述决议属于何种类型没有规定。对这类股东会决议效力应该如何认识？

答："未通知股东"感觉上属于程序违法，但在细究"股东会召开程序违法"的法律后果之后，却陷入了矛盾之中。根据《公司法》第22条第2款的规定："股东会或者股东大会、董事会的会议召集程序、表决方式违反法律、行政法规或者公司章程，或者决议内容违反公司章程的，股东可以自决议作出之日起六十日内，请求人民法院撤销。"需要注意的是此处的"六十日"是"除斥期间"而非"诉讼时效期间"，换言之，不存在中断、中止事项，只要自决议作出之日超过60日，该决议就无法被撤销了。依据这样的逻辑，于是乎可以得出一个悖论：一方面，公司的控股股东，如果其自身持有的股权比例已经超过公司章程规定的股东会决议通过要求，则其完全可以通过不通知小股东的方式来剥夺小股东的知情权和表决权；另一方面，非上市公司的股东会决议也不需要将决议结果进行公告，小股东基本无可能在除斥期间内得知股东会决议已作出的情况，更无可能在不知情的情况下去行使撤销权，从而导致小股东的撤销权被架空。

问：如果未通知股东参会作为可撤销情形，股东极易因60日的除斥期间的经过，而无法行使撤销权。还有其他办法否定这类股东会决议的效力吗？

答：《公司法司法解释（四）》施行后，股东会决议瑕疵区分为轻微瑕疵与重大瑕疵，并据此判断股东会决议之效力。股东会决议存在轻微瑕疵的（包括内容上的轻微瑕疵以及程序上的轻微瑕疵),根据《公司法》第 22 条第 2 款之规定,应认定为可撤销决议。根据撤销权制度的设计规则,股东会决议被撤销前,应仍属有效决议。撤销权作为形成权逾期未行使的,撤销权消灭。股东会决议存在重大瑕疵的,区分为内容上的重大瑕疵以及程序上的重大瑕疵。股东会决议内容上的重大瑕疵,根据《公司法》第 22 条第 1 款之规定,"公司股东会或者股东大会、董事会的决议内容违反法律、行政法规的无效"。无效是自始、当然无效,并不存在权利主张期间的问题。股东会决议程序上的重大瑕疵,《公司法司法解释(四)》施行前,审判实务中一般认定为决议无效。《公司法司法解释(四)》施行后,包括未召开股东会议形成的决议(可以不召开股东会的情形除外);虽召开股东会但未通知部分股东参加,并伪造该部分股东签名等,属于《公司法司法解释(四)》第 5 条规定之情形,应认定为股东会决议不成立。

问:未履行通知程序属于轻微瑕疵,还是重大瑕疵?

答:在股东会之前未通知股东参加,致使股东不能行使其权利,表面看来仅属于"程序瑕疵",但此种情形与通常的程序瑕疵情形(如公司章程规定应当以书面形式通知的但公司以电话、短信形式通知;公司章程规定应当在召开股东会前 15 天通知但公司仅提前 10 天进行通知)相比并不相同,此种情形使得股东无法知悉股东会的召开时间地点,无法参加股东会议表达自己的观点与看法,直接剥夺了小股东的知情权、参与重大决策权等程序权利,因此,应该属于程序上的重大瑕疵。

问:这是否意味着未通知部分股东参加股东会形成的决议,不属于可撤销范畴,而属于决议不成立呢?

答:是的。可以依据是否开会等具体情况,以《公司法司法解释(四)》第 5 条作为请求权基础,请求人民法院确认未通知部分股东参加股东会形成的决议不成立。目前,在司法实践中,也普遍认为,未履行通知程序的股东会决议属于不成立的决议。此外,在北京中文娱乐有限责任公司等与郑惠文等公司决议效力确认纠纷二审案[北京市第三中级人民法院(2019)京 03 民终 10855 号民事判决书]中,人民法院认为,我国《公司法》第 22 条第 1 款规定了股东会决议因会议召集程序及表决方式存在瑕疵而可被撤销的情形,第 40 条、第 41 条第 1 款分别规定了股东会会议的召集程序以及召开股东会会议的通知事项。未通知股东参会系指未履行法律规定的召开会议通知事项,而非法律规定的会议召集程序,因此,未通知股东参会形成的决议不属于可撤销情形。

问题 109：进入清算程序的公司，股东有权查阅财务会计资料吗？

问：什么是股东知情权？

答：股东知情权，是指法律赋予公司股东了解公司信息的权利，包括了解公司的经营状况、财务状况以及其他与股东利益存在密切关系的公司情况的权利。股东知情权是股东享有的一项独立的权利，是股东监督公司经营管理的重要手段，也是股东参与重大决策、选择管理者和资产收益权等其他核心权利得以实现的前提和基础。

问：股东知情权能否通过公司章程、股东协议等予以剥夺或限制？

答：《公司法司法解释（四）》第9条规定，"公司章程、股东之间的协议等实质性剥夺股东依据公司法第三十三条、第九十七条规定查阅或者复制公司文件材料的权利，公司以此为由拒绝股东查阅或者复制的，人民法院不予支持"。由此可见，股东知情权属于股东的固有权利，不得通过公司章程、股东之间协议等进行剥夺与限制。

问：既然股东知情权不能进行限制，那么行使方式及范围能否通过公司章程、股东会决议等予以扩大？

答：如果通过公司章程等对股东知情权进行扩大，应当允许股东按照约定的方式行使相应的知情权。

问：瑕疵出资股东是否享有股东知情权？

答：股东行使知情权的基础在于其享有股东资格，知情权具有身份属性，与是否严格履行出资义务无直接联系,因此,瑕疵出资股东应该享有知情权。

问:有限责任公司的股东是否可以请求查阅公司原始会计凭证？

答:《公司法》第 33 条第 2 款规定,股东可以要求查阅公司会计账簿。《公司法司法解释(四)》对股东知情权诉讼的一般问题作出了规定,但对股东是否可以查阅原始会计凭证的问题,未作出明确规定。在股东知情权诉讼案件中,对有限责任公司股东提出的查阅原始会计凭证诉讼请求是否可以支持,存有争议。2020 年 3 月 26 日,在富巴投资有限公司、海融博信国际融资租赁有限公司股东知情权纠纷再审案[最高人民法院(2019)最高法民申 6815 号民事裁定书]中,最高人民法院认为,股东行使知情权的范围不包括会计原始凭证。依据这一案例,今后人民法院可能不再支持有限责任公司股东要求查阅公司会计原始凭证的诉请。

问:进入清算程序的公司,股东有权查阅财务会计资料吗？

答:在公司清算期间,公司仍然是市场主体,只是不得从事清算以外的经营活动,而股东知情权是法律所赋予的公司股东了解公司经营状况的基本权利,公司处于清算程序中,不是拒绝股东行使知情权的正当理由,只要公司没有被注销,股东仍然有权利查阅公司财务会计资料。

问:依据《公司法》第 33 条第 2 款之规定,股东查阅公司会计账簿,应具有正当目的。如何区分股东查阅会计账簿正当目的和不正当目的？

答:根据我国《公司法》第 33 条第 2 款之规定,股东可以书面请求查阅公司会计账簿,同时说明目的。若公司认为股东查阅会计账簿目的不正当可能损害公司合法利益的,可以拒绝查阅。该条从股东和公司两个层面,对股东知情权问题作了规定,从股东的角度,要求其说明使用会计账簿的用途,说明使用的理由；从公司的角度,拒绝股东使用的,应当说明原因,证明股东使用目的不正当。

一般说来,股东查阅公司会计账簿的正当目的可归纳如下:(1)与自己的股权投资利益有直接关系。例如,评估其投资是否符合预期目的;拟转让自己股权或者收购公司其余股东的股权等,需要考量其股权价值等。(2)对公司的经营管理有合理怀疑。例如,未参与公司管理的中、小股东需要了解公司相关利益决策是否合理;公司控股股东的关联交易可能损害公司利益;对公司管理中存在的问题有合理怀疑,尤其是公司董事、监事、高级管理人员有可能损害公司利益。

《公司法》第33条第2款在赋予股东查阅公司会计账簿的权利时,一方面,对股东请求人民法院要求公司提供会计账簿以供查阅设置了前置程序,即"应当向公司提出书面请求,说明目的";另一方面,也对公司拒绝查阅提供了依据。因此,在股东知情权纠纷案件中,公司几乎毫无例外地以股东查阅会计账簿具有不正当目的,可能损害公司合法利益为由作出抗辩。对何为具有不正当目的,《公司法司法解释(四)》第9条列举了人民法院应当认定股东具有《公司法》第33条第2款规定的"不正当目的"的情形:第一,股东自营或者为他人经营与公司主营业务有实质性竞争关系业务的,但公司章程另有规定或者全体股东另有约定的除外;第二,股东为了向他人通报有关信息查阅公司会计账簿,可能损害公司合法利益的;第三,股东在向公司提出查阅请求之日前的3年内,曾通过查阅公司会计账簿,向他人通报有关信息损害公司合法利益的。同时,该条第4款进行了一个兜底性的规定,即"股东有不正当目的的其他情形"。

问题 110：公司进入破产程序，股东能否行使知情权？

问：甲是 A 房地产开发有限公司的小股东。现公司进入破产程序，但甲多年未参与公司经营，现在想了解公司财务情况。甲是否有权行使股东知情权？

答：股东知情权是股东的固有权利，是股东获取公司信息、了解公司情况的权利。股东享有知情权是股东行使资产收益权和参与公司经营管理权的基本前提。只要公司没有被注销且股东资格存续的，股东即享有股东知情权，因此，无论是被吊销的公司，还是进入破产程序的公司，只要公司主体资格没有被注销，法人资格没有消灭，股东就依法享有知情权。

问：如何认识破产程序中，股东行使知情权的法律依据？

答：查阅我国《企业破产法》及最高人民法院《关于适用〈中华人民共和国企业破产法〉若干问题的规定（一）》《关于适用〈中华人民共和国企业破产法〉若干问题的规定（二）》《关于适用〈中华人民共和国企业破产法〉若干问题的规定（三）》《关于印发〈全国法院破产审判工作会议纪要〉的通知》等相关规定，均无处于破产程序中的有限公司股东行使股东知情权的相关规定，因此，在我国《企业破产法》及其司法解释未作出特别规定时，对于进入破产程序的公司，股东行使知情权仍适用《公司法》及其相关司法解释的规定。

问：在破产程序中，股东行使知情权的范围受限制吗？

答：在公司进入破产程序后，知情权的行使范围应该适用《公司法》第 33 条、第 97 条的规定。如果系有限责任公司，股东知情权范围包括一是查阅、复制公司章程、股东会会议记录、董事会会议决议、监事会会议决议和财务会计报告；二是在说明目的的前提下有权书面请求查阅公司会计账簿。如果系股份有限公司,股东知情权范围包括:查阅公司章程、股东名册、公司债券存根、股东大会会议记录、董事会会议决议、监事会会议决议、财务会计报告。

问:在破产程序中,股东行使知情权的范围是否包括查阅、复制与债权申报有关的材料?

答:对于这个问题,有不同的理解。有人认为,申请查阅与债权表、债权申报材料、债权人会议记录、债权审查过程等相关材料的,应按照最高人民法院《关于适用〈中华人民共和国企业破产法〉若干问题的规定(三)》中关于债权人知情权的规定执行。如股东不是债权人的,则不享有获知债权人知情权所涵盖范围的相关材料的权利。但在安徽大蔚置业有限公司、汪宏卫股东知情权纠纷案[安徽省高级人民法院(2019)皖民终291号民事判决书]中,二审法院认为,首先,大蔚置业公司在管理人管理期间仍然会产生清算目的范围之内的相关资料,如债权申报材料、债权审核依据资料、债权人会议表决记录等,由此,汪宏卫作为股东,在大蔚置业公司破产期间有行使知情权的可能。其次,股东作为公司的投资人,其对公司的破产清算更加关注。而股东知情权是股东的固有权利,在公司破产程序中的体现就是股东对管理人基于清算目的形成相关资料享有知悉的权利。所以,汪宏卫在大蔚置业公司破产期间有行使知情权的必要。最后,根据最高人民法院《关于审理企业破产案件若干问题的规定》第99条的规定,大蔚置业公司在破产程序期间形成的相关账册、文书等资料,在破产程序终结后将移交该公司的股东保存。也就是说,汪宏卫作为大蔚置业公司的股东,其最终对上述相关资料享有知悉的权利。只是该条规定是股东在破产程序终结后的保管职责,而股东在破产程序中行使股东知情权,有利于在破产程序中平衡保护公司股东与债权人的合法权益,从而最大程度发挥破产程序的功能与价值。因此,一审判决对汪宏卫要求查阅、复制大蔚置业公司的破产债权申报材料、债权审核结果及依据资料、四次债权人会议表决记录的诉讼请求予以支持,亦无不当。

问：进入破产程序后，股东应向谁主张知情权？

答：进入破产程序后，公司将被破产管理人接管，因此，股东应向破产管理人提出行使知情权的申请。破产管理人在收到股东行使知情权的申请时，应对股东请求的内容进行区分，并通过书面形式对区分后的请求进行分项列明查阅或复制的反馈。

问题 111：实际控制人应承担什么责任？

问：如何界定实际控制人？

答：我国《公司法》第 216 条规定，实际控制人，是指虽不是公司的股东，但通过投资关系、协议或者其他安排，能够实际支配公司行为的人。控股股东，是指其出资额占有限责任公司资本总额 50% 以上或者其持有的股份占股份有限公司股本总额 50% 以上的股东；出资额或者持有股份的比例虽然不足 50%，但依其出资额或者持有的股份所享有的表决权已足以对股东会、股东大会的决议产生重大影响的股东。由此可见，实际控制人是与公司控股股东相并列的主体，并且明确排除了股东身份与实际控制人身份的重合，因此，《公司法》对于股东责任的规定，不能当然适用于实际控制人。

问：假如 A 持有公司 2% 的股权，同时，A 通过协议安排可以控制公司，那么，A 是否是实际控制人呢？

答：依据《公司法》规定，实际控制人不具有股东身份，因此，A 不是实际控制人。

问：认定实际控制人的标准是什么？

答：认定实际控制人的核心标准在于是否"能够实际支配公司行为"，通过支配或行使股权表决权并非认定实际控制人的必要条件。司法实践中，应根据具体情况，综合以下因素进行分析判断：其对股东大会的影响情况；其对董事会的影响情况；其对董事和高级管理人员的提名及任免情况；公司股东持股及其变动情况；公司董事、高级管理人员的变动情况；其与工商登记股东的特殊关系、被认定人与公司的财务关系、公司决策、公章掌管、证人证言等其他任何能够支配公司行为的事实情况。

问：目前，《公司法》及其司法解释对实际控制人责任是如何规定？

答：《公司法》第 16 条规定，公司为实际控制人提供担保的，必须经股东会或者股东大会决议。受前款规定的实际控制人支配的股东，不得参加前款规定事项的表决。该项表决由出席会议的其他股东所持表决权的过半数通过。第 21 条规定，公司的实际控制人不得利用其关联关系损害公司利益。违反前款规定，给公司造成损失的，应当承担赔偿责任。此外，《公司法司法解释（二）》第 18 条、第 20 条对怠于履行清算义务所导致的公司"无法清算"情形下的追责主体认定，在隐含公司法人人格否认的法理基础下，将责任主体扩大到了公司的实际控制人。

问：《九民纪要》第 11 条第 2 款规定，"控制股东或实际控制人控制多个子公司或者关联公司，滥用控制权使多个子公司或者关联公司财产边界不清、财务混同，利益相互输送，丧失人格独立性，沦为控制股东逃避债务、非法经营，甚至违法犯罪工具的，可以综合案件事实，否认子公司或者关联公司法人人格，判令承担连带责任"。该规定能否成为追究实际控制人对公司债务承担连带责任的法律依据。

答：《九民纪要》第 11 条规定了股东在过度支配与控制情形下的责任承担问题。这一条规定包括两个条款，第一个条款规定，控制股东在特定情形下，应对公司债务承担连带责任。第二个条款规定了公司人格否认类型中的横向否认情形。其核心要义是，控制股东控制多个子公司或关联公司，财产边界不清、财务混同，利益相互输送，丧失人格独立性，相互否认子公司或关联公司法人人格，判令相互承担相应的连带责任，而非指实际控制人对公司债务承担连带责任。换言之，《九民纪要》第 11 条第 2 款，仅是公司人格否认的横向否认，效果及于关联公司，但是当公司法人人格的纵向否认时，没有突破，纵向否认不能及于实际控制人。

问：司法实践中，对实际控制人的代表权及责任又是如何认识的？

答：第一，关于实际控制人能否代表公司签订协议，在上海新长征国际贸易有限公司、宁波保税区明正国际贸易有限公司确认合同无效纠纷案[最高人民法院(2018)最高法民再361号民事判决书]中，最高人民法院认为，由于朱某系明正公司、沈师桥大酒店的实际控制人，其能够实际支配该两家公司的行为，故朱某代表明正公司、沈师桥大酒店签订案涉《协议书》的行为，系有权代表行为。

第二，关于实际控制人是否对公司债务承担连带责任，在佛山市南海能顺油品燃料有限公司、杜敏洪买卖合同纠纷案[最高人民法院(2019)最高法民终30号民事判决书]中，最高人民法院认为，杜敏洪、杜觅洪作为能盛公司的实际控制人，将能盛公司收取的中石化江西分公司的款项无充足合理原因转付给与其有关联关系的能源交通公司、隆泰公司及其个人之后，使得能盛公司在不能履行与中石化江西分公司签订的《购销合同》的情况下，亦无能力及时退还其所收取的中石化江西分公司的购货款，从而严重损害了中石化江西分公司的利益。因此，原审判决类推适用原《公司法》第20条第3款之规定，认定杜敏洪、杜觅洪应当对能盛公司所负的本案债务承担连带责任，并无不当。

第三，值得注意的是，为配合《民法典》的实施，最高人民法院发布《关于修改〈民事案件案由规定〉的决定》，在该决定中，"277.损害公司债权人利益责任纠纷"项下增加一个案由，即"（2）实际控制人损害公司债权人利益责任纠纷"，这表明最高人民法院把实际控制人滥用控制权，损害债权人利益的行为，正式纳入了司法裁判的范围。

问题 112：如何认识关联交易？

问：什么是关联关系？

答：关联关系，主要是指可能导致公司利益转移的各种关系，包括公司控股股东、实际控制人、董事、监事、高级管理人员与其直接或者间接控制的企业之间的关系，以及可能导致公司利益转移的其他关系。关联关系的主要形式有：公司控股股东与其直接或者间接控制的企业之间的关系；公司实际控制人与其直接或者间接控制的企业之间的关系；公司董事、监事、高级管理人员与其直接或者间接控制的企业之间的关系；其他可能导致公司利益转移的其他关系，如同一控股股东或者实际控制人控制下的公司之间的关系、合营企业之间的关系、联营企业之间的关系、主要投资者个人、关键管理人员或与其关系密切的家庭成员和公司之间的关系、受主要投资者个人、关键管理人员或与其关系密切的家庭成员直接控制的其他企业和公司之间的关系等。同时，考虑到我国国企的实际情况，本条特别增加了但书规定，即"国家控股的企业之间不仅仅因为同受国家控股而具有关联关系"。

问：什么是关联交易？

答：关联交易是一种特殊的自我交易，实质上也是一种利益冲突交易。由于正常的关联交易，可以稳定公司业务，分散经营风险，有利于公司发展，因此，我国《公司法》并未简单地禁止关联交易。但关联交易犹如一把"双刃剑"，一些公司大股东、实际控制人和管理层，利用与公司的关联关系和控制地位，迫使公司与自己或者其他关联方从事不利益的交易，以达到挪用公司资金、转移利润的目的，严重损害公司、少数股东和债权人利益，为此，我国《公司法》第21条明确了关联方利用关联关系损害公司利益应当承担损失赔偿责任。《公司法司法解释（五）》进一步对关联交易的内部赔偿责任及相关合同的效力进行了规范。

问：《公司法》及《公司法司法解释（五）》对关联交易是如何规制的？

答：《公司法》第21条规定，公司的控股股东、实际控制人、董事、监事、高级管理人员不得利用其关联关系损害公司利益。违反前款规定，给公司造成损失的，应当承担赔偿责任。第124条规定，上市公司董事与董事会会议决议事项所涉及的企业有关联关系的，不得对该项决议行使表决权，也不得代理其他董事行使表决权。该董事会会议由过半数的无关联关系董事出席即可举行，董事会会议所作决议须经无关联关系董事过半数通过。出席董事会的无关联关系董事人数不足3人的，应将该事项提交上市公司股东大会审议。

《公司法司法解释（五）》第1条规定，"关联交易损害公司利益，原告公司依据民法典第八十四条、公司法第二十一条规定请求控股股东、实际控制人、董事、监事、高级管理人员赔偿所造成的损失，被告仅以该交易已经履行了信息披露、经股东会或者股东大会同意等法律、行政法规或者公司章程规定的程序为由抗辩的，人民法院不予支持。公司没有提起诉讼的，符合公司法第一百五十一条第一款规定条件的股东，可以依据公司法第一百五十一条第二款、第三款规定向人民法院提起诉讼"。第2条规定，关联交易合同存在无效、可撤销或者对公司不发生效力的情形，公司没有起诉合同相对方的，符合《公司法》第151条第1款规定条件的股东，可以依据《公司法》第151条第2款、第3款规定向人民法院提起诉讼。

问：关联方利用关联交易损害公司利益应具备什么条件？

答：一般来说，要构成关联交易损害公司利益，需要满足以下条件：其一，主体上，要满足《公司法》规定，损害方为公司的控股股东、实际控制人、董事、监事或者高级管理人员；其二，加害方要实际开展了关联交易；其三，损害的表现形式可以是直接经济损失与本应得的间接的合法经济利益损失两种；其四，加害方的关联交易与公司的受损具有因果关系。

问：公司在进行关联交易时应注意什么？

答：在司法实践中，判断关联交易行为是否合规，一般考量以下几方面因素：

(1)关联交易是否违反法律规定的程序要件,即关联交易的披露和批准制度履行情况;(2)关联交易行为是否违反法律、行政法规、公司章程的规定;(3)交易目的是否正当,交易动机是否存在诸如操纵市场、转移利润或财产、虚假报表、逃避税收等恶意;(4)交易价格是否符合市场公允价格,是否给公司带来现实的或明显可能发生的损失;(5)关联交易本身是否违反常规,即商业交易习惯。因此,为确保公司关联交易合规,公司应做好如下相关工作。

第一,制定和完善公司关联交易管理制度,确保公司关联交易执行有据可依。对经常性关联交易和偶发性关联交易分类管理,分别授予股东(大)会和董事会相应的关联交易审批权限。

第二,公司应遵循独立交易原则,执行关联交易公允定价,并根据关联交易协议进行结算和开具发票,避免公司关联交易被认定为损害公司利益以及避免可能的涉税风险等。

第三,对于拟上市公司而言,另外需要注意如下问题:(1)关联交易金额及占公司采购或销售比例情况;(2)关联交易真实性及必要性;(3)关联交易决策程序及定价机制;(4)对关联方的采购、销售和研发等是否存在重大依赖;(5)实质判断是否存在关联交易非关联化问题等。

第四章
解散与清算

Chapter
4

问题 113：何为公司注销、吊销和撤销？

问：如何理解公司注销？

答：注销，是指市场监督管理部门根据公司的申请，经过规定清算程序后作出准予公司终止法人资格的行政行为。注销是依申请而作出的一种行政许可行为。符合法定注销条件的公司，向登记机关申请，并经过清算程序后，登记机关作出准予登记，然后主体资格消灭。注销是企业合法退出市场的唯一方式。比如，经过注销登记的公司，法人资格就此终结，员工全部遣散，债权债务关系全面清理完毕，公司至此消失了。

《市场主体登记管理条例》第 32 条规定，清算组应当自清算结束之日起 30 日内向登记机关申请注销登记。公司申请注销登记前，应当依法办理分支机构注销登记。第 33 条规定，公司未发生债权债务或者已将债权债务清偿完结，未发生或者已结清清偿费用、职工工资、社会保险费用、法定补偿金、应缴纳税款（滞纳金、罚款），并由全体投资人书面承诺对上述情况的真实性承担法律责任的，可以按照简易程序办理注销登记。公司注销依法须经批准的，或者公司被吊销营业执照、责令关闭、撤销，或者被列入经营异常名录的，不适用简易注销程序。

问：如何理解吊销？其与注销有何区别？

答：吊销，是指公司违反了市场监督管理法律法规，被市场监督管理部门采取强制手段剥夺其经营资格的一种行政处罚。这是行政机关对公司实施的最严厉的行政处罚。《公司法》第 213 条规定，"利用公司名义从事危害国家安全、社会公共利益的严重违法行为的，吊销营业执照"。

吊销是一种行政处罚，是不以公司申请为前提，而是登记机关直接依职权、主动而为，这是吊销和注销的第一个区别。吊销后公司的经营资格丧失，从一定程度上讲，吊销也是公司退出市场的一种方式，但和注销相比，吊销不是一种合法的退出市场的方式，而是因为违法行为导致的处罚。这是吊销和注销的第二个区别。被吊销营业执照的公司不得继续从事市场经营活动，但是公司主体依然存在。公司只是不能从事经营活动，但是仍然"活着"，只是必须终止一切经营活动。这是吊销和注销最大的区别。

被吊销营业执照的公司仍然是法律上明确的诉讼主体和债务承担主体，也就是说，被吊销的公司不但能继续享有债权、承担债务，还能以自己的名义参加诉讼。

作为市场主体，公司一旦被吊销营业执照，就意味着永远告别市场，不能进入市场的公司即便还"活着"，也失去了存在的价值。因此《公司法》将"依法被吊销营业执照"列为公司的法定解散事由之一，被吊销执照的公司接下来面临的就是解散、清算以及注销。经注销登记后，公司的"最后一口气"也就喘完了，至此彻底消失，也只有最终经过注销登记，被吊销执照的公司才算是以合法的方式退出市场、走完生命历程。

问： 如何理解撤销？其与吊销有何区别？

答： 撤销，是市场监督管理部门或者其上级行政机关根据利害关系人的请求或者依据职权，作出的撤销行政行为的决定。通俗一点讲，撤销就是对已经完成的登记行为的否定，或者说是一种纠错行为，错误的登记丧失法律效力。它的前提是自始不符合登记条件，却通过非法情形取得了公司登记，比如登记人员滥用职权、违反法定程序，或者申请人提交虚假材料、隐瞒重要事实等，因此，市场监督机关通过撤销来纠正这个登记错误。《公司法》第198条规定："违反本法规定，虚报注册资本、提交虚假材料或者采取其他欺诈手段隐瞒重要事实取得公司登记的，由公司登记机关责令改正，对虚报注册资本的公司，处以虚报注册资本金额百分之五以上百分之十五以下的罚款；对提交虚假材料或者采取其他欺诈手段隐瞒重要事实的公司，处以五万元以上五十万元以下的罚款；情节严重的，撤销公司登记或者吊销营业执照。"

撤销设立登记的后果是公司设立登记自始无效,也就意味着该公司丧失了因设立登记而取得的法律主体资格和营业资格。按《公司法》的规定,这也是一种公司解散的法定情形,接下来所要面临的,和被吊销营业执照的公司一样,先清算后注销。撤销和吊销都是因为出现违法事由,而且最终结果都是注销。二者的区别如下:撤销是"先天不足",即登记过程中出现了违法情形,造成登记本身就是错误的;吊销是"后天病变",即登记本身是没有瑕疵的,违法情形出现在公司后面的经营过程中。

问题 114：公司连续多年不开会，符合解散公司条件吗？

问：提起公司强制解散之诉的条件是什么？

答：依据《公司法》第 182 条规定："公司经营管理发生严重困难，继续存续会使股东利益受到重大损失，通过其他途径不能解决的，持有公司全部股东表决权百分之十以上的股东，可以请求人民法院解散公司。"由此可见，股东请求解散公司的实体条件有三个：第一，公司经营管理发生严重困难；第二，公司继续存续会使股东利益受到重大损失；第三，通过其他途径不能解决。

问：能否具体解释这三个实体条件？

答：第一，公司经营管理发生严重困难。一般是指公司的股东会和董事会等公司机构的运行状态出现严重困难，因为公司作为一个法律拟制的法人机构，其实际管理和经营主要依靠股东会、董事会等意思机构和执行机构的有效运行，而股东会或董事会因股东或董事之间的相互对抗，无法有效召集或形成有效决议必然导致公司经营的无法运行。这被称为"公司僵局"。这一点，可以参照《公司法司法解释（二）》第 1 条之规定，公司持续 2 年以上无法召开股东会或者股东大会，公司经营管理发生严重困难的；股东表决时无法达到法定或者公司章程规定的比例，持续 2 年以上不能做出有效的股东会或者股东大会决议，公司经营管理发生严重困难的；公司董事长期冲突，且无法通过股东会或者股东大会解决，公司经营管理发生严重困难的；经营管理发生其他严重困难，公司继续存续会使股东利益受到重大损失的情形。

第二，公司继续存续会使股东利益受到重大损失。一般指在公司经营管理已发生严重困难的状态下，已不能正常开展经营活动，公司资产不能得到有效维持并不断减损，股东直接面对投资失败的可能。

第三,通过其他途径不能解决。这也是一个前置性条件,"其他途径"指穷尽了各种能有效破解公司僵局的方法,包括公司自力救济、行政部门管理和行业协会协调等。此外,在吉林荟冠投资有限公司与长春东北亚物流有限公司、第三人董占琴公司解散纠纷再审案中,被告抗辩称公司存在盈利,原告是为了获取高额回报,且原告尚未穷尽司法救济渠道解决现有纠纷。最高人民法院认为,在公司解散案件中,法律并未设置主张解散公司的股东需要行使某项权利作为请求人民法院解散公司的前置程序,原一、二审法院多次调解未成的情况下判决解散公司并无不当。

问:谁可以提起公司解散之诉?

答:对于提起解散公司诉讼案件的原告资格问题,《公司法》第182条规定"持有公司全部股东表决权百分之十以上的股东"尚有权提起解散公司诉讼。《公司法司法解释(二)》从立法本意理解,认为上述规定中的"持有"应当包括"单独持有"和"合计持有"两种情形,即单独持有公司全部股东表决权的10%以上的股东可以独自提起解散公司诉讼;合计持有公司全部股东表决权10%以上的多个股东,亦可作为共同原告向人民法院提起解散公司诉讼。"单独持有"或"合计持有"10%以上是指"起诉时"所持有的表决权比例,对所持股份进行形式审查,只要股东能依工商登记、股东名册资料证明其所持有股份情况即可。人民法院受理后,如原告丧失股东资格或所持表决权未达到10%的,人民法院应裁定驳回起诉。上述所说的股东身份,一般以工商登记信息、股东名册等为准。是否出资到位和是否只是名义股东不影响起诉的权利。如在徐延国与鸡西市申太房地产开发有限公司公司解散纠纷再审案中,被告以原告未实际出资到位、股东会已经将原告除名、原告并非真实股东,实际上另有隐名股东为由作为抗辩。最高人民法院认为,应以工商登记信息为依据认定原告的股东身份。

问:2012年,甲与另一个股东成立了A有限责任公司,甲占49%的股权比例。公司成立后,仅召开了一次股东会与董事会,至今再未召开过股东会与董事会。甲打算提起解散公司之诉,可以吗?

答:依据《公司法司法解释(二)》第1条之规定,如果公司持续2年以上无法召开股东会或者股东大会,且公司经营发生严重困难,甲作为持股49%的股东,就可以以此为由提起解散公司的诉讼。但值得注意的是:其一,公司多年未召开股东会或董事会,不是解散公司的必然条件。甲还需要进一步组织证据,证明公司经营管理发生严重困难及公司继续存续会使股东利益受到重大损失。其二,尽管最高人民法院相关案例表明,经过多次调解无效,也可判决公司解散,但建议最好穷尽其他途径后再进行诉讼。

问:隐名股东能否提起公司解散之诉?

答:隐名出资人提出的股权确认之诉请或者股权变更诉请是否得到支持的问题虽然在《公司法司法解释(三)》中已有定论,但隐名出资人是否享有股权仍然需要通过诉讼程序或者其他途径予以确认或者变更,将"隐名"变为"显名"后才有资格提起公司解散之诉。在沈芬芳、叶伟光与深圳市宏美五金塑胶有限公司公司解散纠纷案[广东省深圳市中级人民法院(2016)粤03民终7868号民事裁定书]中,虽然原告沈芬芳提供了生效的裁判文书认定其是目标公司的实际投资人,但深圳市中级人民法院认为"投资权益"并不等同于"股东权益",原告沈芬芳、叶伟光不能当然享有股东身份、行使股东权利提起公司解散之诉,至于沈芬芳、叶伟光股东身份的确认,其应另寻法律途径解决。

问题 115：公司经营期限届满，小股东可以不同意延长期限吗？

问：甲是 A 有限责任公司的小股东，持有公司 20% 的股权，其余还有 2 名大股东，分别持有 35% 与 45% 的股权。根据公司章程的规定，还有 2 个月公司营业期限就届满了。现在股东们正在讨论是否继续经营？由于甲占股比例小，分红也不多，因此，甲不想再继续经营下去了。但公司另外 2 名大股东想继续经营。面对这种情况，应该如何处理？

答：我国《公司法》既未规定公司的最高经营期限，又未强制要求公司章程对其规定，因此，经营期限是我国公司章程中任意规定的事项。如果公司章程中规定了经营期限，在此期限届满前，股东会或者股东大会可以形成延长经营期限的决议。如果没有形成此决议，公司即进入解散程序。

问：形成延长经营期限的决议，需要经过什么程序？

答：如果公司章程规定了公司的营业期限，公司的营业期限届满，公司应当停止生产或者经营活动。但是，如果公司认为应当继续生产或者经营，可以修改公司章程规定的营业期限，使公司继续存在。由于修改公司章程是公司特别重大的事务，因此，在有限责任公司中必须经过代表 2/3 以上表决权的股东通过。

问：甲现在仅持股 20%，而其他 2 名股东一共持股 80%，那是否意味着甲没有办法阻止公司继续经营呢？

答：是的。由于甲仅持股 20%，其他两个股东持股超过了 2/3 的多数，因此，甲无法阻止其他两个股东修改公司章程的股东会决议的通过。换言之，只要 2 名大股东同意继续经营公司，甲是没有办法阻止的。

问：甲又不想继续经营，但又没办法阻止其他股东继续经营，甲是否就只有被动地跟着大股东一直经营下去？是否还有其他办法退出公司？

答：公司章程规定的营业期限届满时，公司本应解散，股东可以退出经营。但持有公司多数表决权的其他股东通过股东会决议修改公司章程，决定公司存续，已与公司章程订立时股东的意愿发生重大差异，因此，我国《公司法》规定，对股东会该项决议投反对票的股东，可以请求公司按照合理的价格收购其股权，从而退出公司。

问题 116：如何理解公司强制清算？

问：强制清算是指什么？

答：强制清算，是指因公司发生营业期限届满、股东会决议、合并或者分立、被吊销营业执照、责令关闭或者被撤销等事由时，股东应当在15日内成立清算组，开始清算。逾期不成立清算组进行清算或成立清算组但故意拖延清算的或违法清算可能严重损害债权人或者股东利益，债权人、股东、董事及其他利害关系人可以申请人民法院指定有关人员组成清算组进行清算。强制清算是为了梳理公司资产与负债，终结被清算公司的各种债权、债务关系和法律关系，最终将公司注销，终结其法人资格。

问：启动强制清算的条件有哪些？

答：依据《公司法司法解释（二）》第7条第2款之规定，有下列情形之一的，债权人、公司股东、董事或其他利害关系人可以启动强制清算：(1)公司解散逾期不成立清算组进行清算的；(2)虽然成立清算组但故意拖延清算的；(3)违法清算可能严重损害债权人或者股东利益的。

问：强制清算的申请主体有哪些？

答：根据《公司法司法解释（二）》第7条第2款规定，强制清算程序申请主体可以是债权人、公司股东、董事或其他利害关系人。审理强制清算案件的审判庭审查决定是否受理强制清算申请时，一般应当召开听证会。听证会主要针对申请人是否具备申请资格、被申请人是否已经发生解散事由、强制清算申请是否符合法律规定等内容进行。听证会程序依照提前5日通知申请人和被申请人、需补充证据期限届满后10日内再次进行听证等。不召开听证会的，则及时通知申请人和被申请人,同时告知被申请人异议期限(收到通知之日起7日内提出异议)。

问:申请强制清算时,申请人应提交什么材料?

答:向人民法院申请强制清算时,申请人应当提交的有关材料,包括申请书应当载明申请人、被申请人的基本情况和申请的事实和理由。同时,申请人应当向人民法院提交被申请人已经发生解散事由以及申请人对被申请人享有债权或者股权的有关证据。公司解散后已经自行成立清算组进行清算,但债权人或者股东以其故意拖延清算,或者存在其他违法清算可能严重损害债权人或者股东利益为由,申请人民法院强制清算的,申请人还应当向人民法院提交公司故意拖延清算,或者存在其他违法清算行为可能严重损害其利益的相应证据材料。

问:在人民法院受理强制清算申请后,清算组如何组成?

答:人民法院受理强制清算案件后,应当及时指定清算组成员。公司股东、董事、监事、高级管理人员能够而且愿意参加清算的,人民法院可优先考虑指定上述人员组成清算组;上述人员不能、不愿进行清算,或者由其负责清算不利于清算依法进行的,人民法院可以指定《人民法院中介机构管理人名册》和《人民法院个人管理人名册》中的中介机构或者个人组成清算组;人民法院也可根据实际需要,指定公司股东、董事、监事、高级管理人员,与管理人名册中的中介机构或者个人共同组成清算组。强制清算清算组成员的人数应当为单数。人民法院指定清算组成员的同时,应当根据清算组成员的推选,或者依职权,指定清算组负责人。清算组负责人代行清算中公司诉讼代表人职权。清算组成员未依法履行职责的,人民法院应当依据利害关系人的申请,或者依职权及时予以更换。

问:清算组的职权有哪些?

答:清算组在清算期间行使下列职权:(1)清理公司财产,分别编制资产负债表和财产清单;(2)通知、公告债权人;(3)处理与清算有关的公司未了结的业务;(4)清缴所欠税款以及清算过程中产生的税款;(5)清理债权、债务;(6)处理公司清偿债务后的剩余财产;(7)代表公司参与民事诉讼活动。

问:清算组如何议事?

答:公司强制清算中的清算组因清算事务发生争议的,应当参照《公司法》第112条的规定,经全体清算组成员过半数决议通过。与争议事项有直接利害关系的清算组成员可以发表意见,但不得参与投票;因利害关系人回避表决无法形成多数意见的,清算组可以请求人民法院作出决定。与争议事项有直接利害关系的清算组成员未回避表决形成决定的,债权人或者清算组其他成员可以参照《公司法》第22条的规定,自决定作出之日起60日内,请求人民法院予以撤销。

问:债权人如何申报债权?

答:清算组应当自成立之日起10日内通知债权人,并于60日内在报纸上公告。债权人应当自接到通知书之日起30日内,未接到通知书的自公告之日起45日内,向清算组申报其债权。债权人申报债权,应当说明债权的有关事项,并提供证明材料。清算组应当对债权进行登记。在申报债权期间,清算组不得对债权人进行清偿。

问:清算后,公司财产如何分配?

答:清算组在清理公司财产、编制资产负债表和财产清单后,应当制订清算方案,并报股东会、股东大会或者人民法院确认。公司财产在分别支付清算费用、职工的工资、社会保险费用和法定补偿金,缴纳所欠税款,清偿公司债务后的剩余财产,有限责任公司按照股东的出资比例分配,股份有限公司按照股东持有的股份比例分配。

问:无法清算时,应如何处理?

答:对于被申请人主要财产、账册、重要文件等灭失,或者被申请人人员下落不明的强制清算案件,经向被申请人的股东、董事等直接责任人员释明或采取罚款等民事制裁措施后,仍然无法清算或者无法全面清算,对于尚有部分财产,且依据现有账册、重要文件等,可以进行部分清偿的,应当参照《企业破产法》的规定,对现有财产进行公平清偿后,以无法全面清算为由终结强制清算程序;对于没有任何财产、账册、重要文件,被申请人员下落不明的,应当以无法清算为由终结强制清算程序。债权人申请强制清算,人民法院以无法清算或者无法全面清算为由裁定终结强制清算程序的,应当在终结裁定中载明,债权人可以另行依据《公司法司法解释(二)》第18条的规定,要求被申请人的股东、董事、实际控制人等清算义务人对其债务承担偿还责任。股东申请强制清算,人民法院以无法清算或者无法全面清算为由作出终结强制清算程序的,应当在终结裁定中载明,股东可以向控股股东等实际控制公司的主体主张有关权利。

问:什么情况下,应终结强制清算程序?

答:公司依法清算结束,清算组制作清算报告并报人民法院确认后,人民法院应当裁定终结清算程序。公司登记机关依清算组的申请注销公司登记后,公司终止。公司因公司章程规定的营业期限届满或者公司章程规定的其他解散事由出现,或者股东会、股东大会决议自愿解散的,人民法院受理债权人提出的强制清算申请后,对股东进行剩余财产分配前,公司修改章程,或者股东会、股东大会决议公司继续存续,申请人在其个人债权及他人债权均得到全额清偿后,未撤回申请的,人民法院可以根据被申请人的请求裁定终结强制清算程序,强制清算程序终结后,公司可以继续存续。

问题 117：公司强制清算与破产清算有何异同？

问：如何理解公司强制清算与破产清算？

答：公司强制清算与破产清算是相关主体借助司法权力使市场主体强制退出市场的两种方式。强制清算，是指因公司发生营业期限届满、股东会决议、合并或者分立、被吊销营业执照、责令关闭或者被撤销等事由时，股东应当在15日内成立清算组，开始清算。逾期不成立清算组进行清算或成立清算组但故意拖延清算的或违法清算可能严重损害债权人或者股东利益，债权人、股东、董事及其他利害关系人可以申请人民法院指定有关人员组成清算组进行清算。破产清算是指宣告企业破产以后，由破产管理人接管企业，对破产财产进行清算、评估和处理、分配。

问：公司强制清算与破产清算有何相同之处？

答：第一，不论是强制清算还是破产清算，其根本目的都是梳理公司资产与负债，终结被清算公司的各种债权、债务关系和法律关系；第二，强制清算与破产清算都可以由债权人启动清算程序；第三，强制清算与破产清算同属于司法清算程序，都是在人民法院受理后启动，清算组织同由人民法院指定产生并向人民法院报告工作，执行职务的过程中履行基本相同的职责。

问：公司强制清算与破产清算有何不同之处？

答：依据《九民纪要》第117条之规定，要依法区分公司解散清算与破产清算的不同功能和不同适用条件。强制清算作为公司解散清算的一种，与破产清算具有以下不同之处。

第一，清算的前提条件不同。公司出现解散事由后，逾期不成立清算组进行清算,是强制清算的前提条件。而破产清算的原因是公司不能清偿到期债务或者明显缺乏清偿能力的,即资产小于负债是破产清算的前提条件。

第二,适用的法律不同。强制清算主要适用《公司法》及其司法解释,破产清算主要适用《企业破产法》及其相关司法解释。

第三,申请清算的主体不同。强制清算申请的主体除了债权人之外,公司股东、董事或其他利害关系人股东也可以申请对公司的强制清算。我国《企业破产法》第7条规定,"债务人有本法第二条规定的情形,可以向人民法院提出重整、和解或者破产清算申请。债务人不能清偿到期债务,债权人可以向人民法院提出对债务人进行重整或者破产清算的申请。企业法人已解散但未清算或者未清算完毕,资产不足以清偿债务的,依法负有清算责任的人应当向人民法院申请破产清算"。由此可见,申请破产清算的主体主要是公司自身或债权人。

第四,清算组织的不同。强制清算中负责清算的组织为清算组,由人民法院指定。人民法院会优先考虑由公司股东、董事、监事、高级管理人员组成清算组,符合条件的情况下,人民法院可以任命中介机构派出的人员组成清算组,也可以由中介机构派员与股东、董事、监事、高级管理人员共同组成。破产清算中负责清算的组织为管理人,管理人由人民法院指定。管理人可以由中介机构组成,也可以由具有管理人资质的个人组成,还可以由清算组组成。但是原则上,管理人成员中不应包括股东。

第五,对企业财产执行与保全措施的不同。一般情况下,采用强制清算程序的公司是资产大于负债,因此,强制清算的程序的启动不影响企业财产的执行与保全措施。而我国《企业破产法》规定,人民法院受理破产申请后,有关债务人财产的保全措施应当解除,执行程序应当中止。尚未开始执行的,不得开始;已经开始而尚未执行完毕的,不得继续进行。这一规定,体现了破产程序优于执行程序的原则。

问:强制清算与破产程序如何衔接?

答:公司强制清算中,清算组在清理公司财产、编制资产负债表和财产清单时,发现公司财产不足清偿债务的,除依据《公司法司法解释(二)》第17条的规定,通过与债权人协商制作有关债务清偿方案并清偿债务的外,应依据《公司法》第188条和《企业破产法》第7条第3款的规定向人民法院申请宣告破产。根据《公司法司法解释(二)》第17条之规定,公司强制清算过程中,发现公司存在资不抵债的情形时,可以与债权人协商制作有关债务清偿方案。债务清偿方案经全体债权人确认且不损害其他利害关系人利益的,人民法院可依清算组的申请裁定予以认可。清算组依据该清偿方案清偿债务后,应当向人民法院申请裁定终结清算程序。债权人对债务清偿方案不予确认或者人民法院不予认可的,清算组应当依法向人民法院申请宣告破产。此外,《九民纪要》第117条规定,债务人同时符合破产清算条件和强制清算条件的,应当及时适用破产清算程序实现对债权人利益的公平保护。债权人对符合破产清算条件的债务人提起公司强制清算申请,经人民法院释明,债权人仍然坚持申请对债务人强制清算的,人民法院应当裁定不予受理。

问题 118：办理注销登记时，股东或者第三人承诺对公司债务承担责任有效吗？

问：何为保结人及保结责任？

答：公司保结人，是指在公司登记机关办理注销登记时承诺处理或者承担公司债务的承诺人。公司保结人基于保结承诺所应承担的责任即保结责任。依照《公司法》和《公司登记管理条例》的规定，公司注销必须先经清算，清算结束后，公司只需提交股东会、股东大会、一人有限责任公司的股东、外商投资的公司董事会或者人民法院、公司批准机关备案、确认的清算报告即可申请注销登记，无须公司保结人出具保结承诺。公司注销保结制度的产生是基于原《企业法人登记管理条例》及《企业法人登记管理条例实施细则》的有关规定。原《企业法人登记管理条例》第 21 条规定："企业法人办理注销登记，应当提交法定代表人签署的申请注销登记报告、主管部门或者审批机关的批准文件、清理债务完结的证明或者清算组织负责清理债权债务的文件。"基于这一规定，实践中，大量公司虽未经依法清算也可申请注销，但必须由有关主体出具负责清理债权债务的承诺，此即保结承诺。有些公司登记机关在公司已经依法清算的情况下，甚至也会要求相关主体出具保结承诺。

问：保结人责任的构成要件有哪些？

答：《公司法司法解释(二)》第 20 条第 2 款专门规定了公司注销保结人的相关民事责任。该款规定，"公司未经依法清算即办理注销登记，股东或者第三人在公司登记机关办理注销登记时承诺对公司债务承担责任，债权人主张其对公司债务承担相应民事责任的，人民法院应依法予以支持"。当前此类案件的审判实践，反映对该条款的适用还不够准确统一，特别是不注意审查"未经依法清算"这一前提条件。把握该条规定时需注意，保结人对公司未了债务承担责任的构成要件包括:(1)公司未经依法清算即办理注销登记;(2)保结人向公司登记机关承诺,对公司债务承担责任。对符合这两项构成要件的事实存在与否,人民法院需要全面审查,不应遗漏。只有在同时符合这两项要件的情况下,保结人才对公司债务承担责任,缺一不可。

问: 如何对"未经依法清算"进行认定?

答: 根据我国《公司法》规定,有限责任公司在解散事由出现之日起15日内,股东应当组成清算组进行清算。公司依法清算完毕后,清算组才能向公司登记机关申办公司注销登记手续。清算工作包括通知债权人、发布清算公告、登记核实债权、制作清算报告等。如果公司股东未成立清算组或虽成立清算组但未依法清算即注销公司,应当认定公司未经依法清算。如果公司股东组成了清算组并对公司进行了清算,只是清算工作中存在瑕疵,比如对个别有争议的债权未通知相关债权人等,那么即使股东出具了承诺保结书,此类情形下的责任认定,也不符合《公司法司法解释(二)》第20条第2款规定的构成要件。

问题 119：公司解散时，股东有清算义务吗？

问：在20世纪90年代，A集团公司收购了一家做销售的B有限责任公司。在2012年，因B有限责任公司未按时年检，其营业执照被登记机关吊销。但执照被吊销以后，由于管理原因，A集团公司一直未对B有限责任公司进行清算。最近，A集团公司准备进行清算，可由于搬家等原因，B有限责任公司的财务资料已部分遗失。《公司法》中对股东的清算责任是如何规定的？如果部分财务资料真的找不到了，A集团公司应该承担什么责任？

答：我国《公司法》要求公司解散后，应当在解散事由出现之日起15日内成立清算组，开始清算。该法并未明确规定，公司被吊销营业执照后，如果股东未及时清算或清算不能进行时，股东应该承担什么责任？为此，《公司法司法解释（二）》对股东的清算责任进行了进一步明确。

第一，有限责任公司的股东、股份有限公司的董事和控股股东未在法定期限内成立清算组开始清算，导致公司财产贬值、流失、毁损或者灭失，债权人主张其在造成损失范围内对公司债务承担赔偿责任的，人民法院应依法予以支持。有限责任公司的股东、股份有限公司的董事和控股股东因怠于履行义务，导致公司主要财产、账册、重要文件等灭失，无法进行清算，债权人主张其对公司债务承担连带清偿责任的，人民法院应依法予以支持。上述情形系实际控制人原因造成，债权人主张实际控制人对公司债务承担相应民事责任的，人民法院应依法予以支持。

第二，有限责任公司的股东、股份有限公司的董事和控股股东，以及公司的实际控制人在公司解散后，恶意处置公司财产给债权人造成损失，或者未经依法清算，以虚假的清算报告骗取公司登记机关办理法人注销登记，债权人主张其对公司债务承担相应赔偿责任的，人民法院应依法予以支持。

第三,公司解散应当在依法清算完毕后,申请办理注销登记。公司未经清算即办理注销登记,导致公司无法进行清算,债权人主张有限责任公司的股东、股份有限公司的董事和控股股东,以及公司的实际控制人对公司债务承担清偿责任的,人民法院应依法予以支持。公司未经依法清算即办理注销登记,股东或者第三人在公司登记机关办理注销登记时承诺对公司债务承担责任,债权人主张其对公司债务承担相应民事责任的,人民法院应依法予以支持。

结合上述司法解释的规定,因怠于履行义务,导致公司的主要财产、账册、重要文件等灭失,无法进行清算,有限责任公司的股东才对公司的债务承担连带清偿责任。

问:B有限责任公司主要账册还在,只是部分原始凭证遗失,加之,在B有限责任公司被吊销营业执照时,就准备进行清算,为此,A集团公司还请会计师事务所出具了审计报告。这种情况下,A集团公司应对其债务承担责任吗?

答:如果目前的财务资料能清晰、准确地反映公司被吊销营业执照时的资产、债权债务等情况,笔者认为,股东就不应该对B有限责任公司的债务承担连带清偿责任。

问:如何正确适用《公司法司法解释(二)》第18条第2款的规定?

答:《公司法司法解释(二)》第18条第2款关于有限责任公司股东清算责任的规定,其性质是因股东怠于履行清算义务致使公司无法清算所应当承担的侵权责任。在认定有限责任公司股东是否应当对债权人承担侵权赔偿责任时,应当注意以下问题。

第一,关于怠于履行清算义务的认定。《公司法司法解释(二)》第18条第2款规定的"怠于履行义务",是指有限责任公司的股东在法定清算事由出现后,在能够履行清算义务的情况下,故意拖延、拒绝履行清算义务,或者因过失导致无法进行清算的消极行为。股东举证证明其已经为履行清算义务采取了积极措施,或者小股东举证证明其既不是公司董事会或者监事会成员,也没有选派人员担任该机关成员,且从未参与公司经营管理,以不构成"怠于履行义务"为由,主张其不应当对公司债务承担连带清偿责任的,人民法院依法予以支持。

第二,关于因果关系抗辩。有限责任公司的股东举证证明其"怠于履行义务"的消极不作为与"公司主要财产、账册、重要文件等灭失,无法进行清算"的结果之间没有因果关系,主张其不应对公司债务承担连带清偿责任的,人民法院依法予以支持。

第三,关于诉讼时效期间。公司债权人请求股东对公司债务承担连带清偿责任,股东以公司债权人对公司的债权已经超过诉讼时效期间为由抗辩,经查证属实的,人民法院依法予以支持。公司债权人以《公司法司法解释(二)》第18条第2款为依据,请求有限责任公司的股东对公司债务承担连带清偿责任的,诉讼时效期间自公司债权人知道或者应当知道公司无法进行清算之日起计算。

问题 120：公司注销后，遗漏的债权、债务应如何处理？

问：甲与乙成立了 A 公司。甲没有参与经营，公司的经营管理全部由乙负责。经过正常的清算程序，公司现已被注销。前不久，甲发现在清算时，A 公司遗漏了一笔 60 多万元的债权。在 A 公司已经注销的情况下，公司清算时遗漏的这笔债权该如何处理？甲作为公司的股东，可以起诉要求债权人支付这笔款项吗？

答：公司经清算注销后，民事主体资格随即丧失，公司的债权债务关系亦应归于消灭。实务中，经常出现公司在注销登记申请后，发现遗漏债权或财产性权益未受偿的情形。此种情形下，原公司所享有的债权或财产性权益该如何处理，成为原公司股东关注的焦点问题。公司注销后发现遗漏债权，现行《公司法》《企业破产法》及相关司法解释均未见有明确规定。依据《公司法》第 186 条的规定，"……公司财产在分别支付清算费用、职工的工资、社会保险费用和法定补偿金，缴纳所欠税款，清偿公司债务后的剩余财产，有限责任公司按照股东的出资比例分配，股份有限公司按照股东持有的股份比例分配"。由此可见，由于遗漏债权在清算时没有进行处理的，依据该条规定，应该属于原公司财产。

问：现在面临的问题是公司已经注销，不具有诉讼主体资格。那么，在这种情形下，甲作为 A 公司股东，能否代表公司起诉？

答：《公司法司法解释（二）》第 19 条规定，"有限责任公司的股东、股份有限公司的董事和控股股东，以及公司的实际控制人在公司解散后，恶意处置公司财产给债权人造成损失，或者未经依法清算，以虚假的清算报告骗取公司登记机关办理法人注销登记，债权人主张其对公司债务承担相应赔偿责任的，人民法院应依法予以支持"。由此可见，虽然公司已注销，但存在遗漏债务未清偿的，债权人仍可向公司股东主张权利。根据公司股东权利义务对等原则,在现行法律法规、司法解释对公司注销后遗漏债权缺乏明确规定的情况下,对《公司法司法解释(二)》第 19 条进行反向解释后,可得出原公司股东对公司注销后遗漏的债权亦可以主张权利。

问:这样看来,股东可以主张遗漏债权,但如果甲作为 A 公司股东同意去起诉,但另一股东不同意,该怎么办呢?

答:如前所述。由于遗漏债权属于原公司财产,并不属于任何一个股东,任一股东通过诉讼追回的财产,在未分配的情况下,均属于原公司所有。基于此,任何一个股东都可以向人民法院提起诉讼,而无须征得其他股东同意。

问:在公司已经注销的情况下,追回的财产应该如何分配呢?

答:股东在公司注销后,追回的财产原属于公司财产,应当归属于全体股东,由全体股东按照公司章程或法律的规定进行分配。另外,对公司注销后遗漏债权的处理问题,现在一些地方法院出台了指导性意见,也值得关注。

问:公司未成立清算组依法进行清算即注销的,债权人应该向谁主张债权?

答:公司解散应当在依法清算完毕后,申请办理注销登记。公司未经清算即办理注销登记,导致公司无法进行清算,债权人主张有限责任公司的股东、股份有限公司的董事和控股股东,以及公司的实际控制人对公司债务承担清偿责任的,人民法院应依法予以支持。公司未经依法清算即办理注销登记,股东或者第三人在公司登记机关办理注销登记时承诺对公司债务承担责任,债权人主张其对公司债务承担相应民事责任的,人民法院应依法予以支持。此外,《民事诉讼法司法解释》第 64 条规定,"企业法人解散的,依法清算并注销前,以该企业法人为当事人;未依法清算即被注销的,以该企业法人的股东、发起人或者出资人为当事人"。

问：清算组未按规定通知债权人后公司注销,债权人应该向谁主张债权?

答：公司清算时,清算组应当按照《公司法》第 185 条的规定,将公司解散清算事宜书面通知全体已知债权人,并根据公司规模和营业地域范围在全国或者公司注册登记地省级有影响的报纸上进行公告。清算组未按照前款规定履行通知和公告义务,导致债权人未及时申报债权而未获清偿,债权人主张清算组成员对因此造成的损失承担赔偿责任的,人民法院应依法予以支持。

问：因债权人存在重大过错未在申报期申报债权的,还能否追偿?

答：债权人在规定的期限内未申报债权,在公司清算程序终结前补充申报的,清算组应予登记。公司清算程序终结,是指清算报告经股东会、股东大会或者人民法院确认完毕。债权人补充申报的债权,可以在公司尚未分配财产中依法清偿。公司尚未分配财产不能全额清偿,债权人主张股东以其在剩余财产分配中已经取得的财产予以清偿的,人民法院应予支持;但债权人因重大过错未在规定期限内申报债权的除外。换言之,债权人应当在申报期内申报债权,因重大过错未在申报期内申报债权的,公司依法注销后不得再行主张其债权。

附录一：股权与债权：从三个典型案例看"名股实债"的认定与预防

一、导读

当股东将财产投入公司以后，公司就变成这些财产的所有者，股东失去了这些财产的所有权，仅按出资额大小享有股权。换言之，股权，即股东所享有的权利，具体包括享有资产收益、参与重大决策和选择管理者等权利。从融资的角度分析，股权经过一定程序的分割与转让，就形成具有"高风险、高收益"的融资工具——股票。因此，股权作为融资工具之一，最本质的特征是股东之间共同投资、共担风险、共享收益，股东之间的关系类似于合伙人之间的关系，但与合伙之间最大的区别在于股东以投资额为限承担有限责任，而合伙人中的普通合伙人则对外承担无限连带责任。债权，作为一种传统的融资工具，其实就是借贷关系。其基本特征是"保本保息"，即债务到期时，债务人需要将本金及利息支付给债权人。正因为债务风险较低，因此，相比较于股权投资动辄上千倍的回报，债权投资的收益率（利息）也较低。本来债权"保本保息"的特征与股权"上不封顶、下不保底"的特征有着明显的区别，但面对日益庞大的资金需求，再加上日益复杂的金融创新，股权与债权之间的界限变得日益模糊。特别是在"名股实债"的情形下，不经仔细甄别，根本无法区分二者。

所谓"名股实债"，即在形式上或会计处理上体现为股权融资，而在权利义务和承担的风险上其实质乃债权融资的一种融资方式。由于其结合了股权和债权融资的优点，近年来受到特定行业，尤其是房地产、政府融资平台融资人的热烈追捧。据统计，采用此种融资方式的规模已达万亿级，而且还在快速增长。本文结合几个典型案例，在梳理法院裁判思路的基础上，对"名股实债"的认定、法律风险及预防等展开分析。

二、三个案例

案例一:新华信托与湖州港城置业破产债权确认纠纷案

案例来源:吴兴区人民法院(2016)浙 0502 民初 1671 号民事判决书

案情摘要:2011 年 6 月,新华信托与港城置业及其股东纪某、丁某签署《合作协议》,约定新华信托以信托财产溢价受让纪某、丁某持有的港城置业股权,股权转让款及溢价形成的资本公积均用于房地产项目建设;融资期限为 1 年半、2 年、2 年半,港城置业应向新华信托偿还信托资金,以及支付信托收益、信托报酬、保管费用、包干费用等。根据前述《合作协议》,新华信托与纪某、丁某分别签署《股权转让协议》,股权转让后,新华信托持有港城置业 80% 的股权。同时,为保证《合作协议》履行,纪某、丁某分别与新华信托签署《股权质押合同》,将其合计持有的港城置业 20% 的股权质押予新华信托;港城置业与新华信托签署《抵押合同》,将其所有的国有土地使用权抵押予新华信托。2015 年 8 月,港城置业宣告破产并进入破产清算程序。新华信托在债权申报期间向港城置业破产管理人申报债权,被告知不予确认债权,新华信托据此向法院提起诉讼。

裁判理由:本案的争议焦点是新华信托基于其投资行为对港城置业享有的是股权还是债权。(1)新华信托与港城置业及其股东丁某、纪某签署《合作协议》,系各方真实意思表示,且已履行并办理工商登记,对外具有公示效力。(2)认定名义股东和实际股东,应区分内部关系和外部关系。在内部关系中,可以当事人之间对内的约定为依据;而在外部关系中,应以当事人之间对外的公示为依据。(3)本案不是一般的借款合同纠纷或股权转让纠纷,而是港城置业破产清算案中衍生的债权确认纠纷。本案的处理结果涉及破产清算的所有债权人利益,应适用公司的外观主义原则,即港城置业所有债权人实际(相对于本案双方当事人而言)均系第三人,对港城置业的股东名册记载、工商登记信息(即新华信托为持有港城置业 80% 股份的股东身份),第三人有合理信赖的理由。故新华信托以名股实债、让与担保为由,要求在破产程序中获得债权人资格以及行使优先权利,并无法律依据,法院不予采纳。

案例二：广州市仙源房地产股份有限公司与广东中大中鑫投资策划有限公司等股权转让纠纷案

案例来源：最高人民法院(2009)民申字第1068号民事裁定书，载《最高人民法院公报》2010年第8期。

案情摘要：远兴公司成立时是中外合作经营企业性质的有限责任公司，2007年1月9日，中鑫公司、理财公司与远兴公司原股东二轻房产、香港卓康签订《出资额及权益转让合同》，分别从远兴公司的中、外方股东受让40%、60%股权后，由于出现人民币4591.8万元资金缺口，合同履行困难。在此情形下，2007年4月28日，中鑫公司、理财公司、仙源公司签订《股权转让及项目合作合同》，约定中鑫公司将其受让的远兴公司28.5%的股权转让给仙源公司，随后仙源公司为其垫资人民币4300万元，但中鑫公司拒绝按照《股权转让及项目合作合同》约定，将远兴公司28.5%的股权转让给仙源公司，遂仙源公司起诉要求中鑫公司履行股权过户手续及承担违约责任。

裁判理由：关于《股权转让及项目合作合同》的性质。当事人争议的是该合同是股权(权益)转让合同还是借款合同。第一，该合同名称为股权转让和项目合作合同，其内容也是仙源公司受让中鑫公司持有的28.5%股权，股权需变更至仙源公司名下，并约定了未按期完成股权变更的违约责任，故该合同是典型的股权(权益)变更合同。第二，中鑫公司称从《股权转让及项目合作合同》订立的背景和目的看，该合同是借款合同。该合同签订的背景是中鑫公司在竞拍远兴公司权益时出现资金缺口，这是事实。但在现实经济生活中，通过借款来解决资金困难不是唯一的方式，当事人还可以通过转让股权(权益)等方式来筹资。本案当事人选择了转让股权(权益)这种方式来筹资，并无借款的意思表示。第三，中鑫公司称《股权转让及项目合作合同》第5条第2款为保底条款，由此可推断该合同只能是借款合同。按照该合同条款，中鑫公司和仙源公司在远兴公司获得的贷款中提取一部分先行收回投资，该条款是提前收回出资的条款，而不是保底条款，更不能据此认定整个合同是借款合同。第四，中鑫公司称他人为该合同履行提供了担保，故该合同就是借款合同，这是对法律的误解。《担保法》第2条第1款规定："在借贷、买卖、货物运输、加工承揽等经济活动中，债权人需要以担保方式保障其债权实现的，可以依照本法规定设定担保。"该条仅列举了适用担保的部分情形,不能根据该款规定得出只能为借贷、买卖、货物运输、加工承揽提供担保的结论。根据《民法通则》第 89 条的规定,可以为各类债务的履行设定担保。股权(权益)转让合同属于民法上的债,为其履行设定担保符合法律规定。因此,不能根据肖雨田等人为《股权转让及项目合作合同》的履行提供了担保就认定该合同只能是借款合同。

案例三:联大集团有限公司与安徽省高速公路控股集团有限公司股权转让纠纷案

案例来源:最高人民法院(2013)民二终字第 33 号民事判决书

案情摘要:2003 年,安徽高速就受让联大集团所持公路公司 49% 股权,签订股权转让协议,并约定了 2 年期限的回购条款。其间,联大集团多次提出回购请求,并以担心其依约先付款后安徽高速拒绝返还股权为由,要求以银行保函方式履行付款义务遭拒。事后,安徽高速以联大集团行使回购权超过 2 年期限为由拒绝回购致诉。

裁判理由:第一,《股权转让协议书》并非名为股权转让,实为企业之间借贷的协议。而股权转让协议并未约定关于质押借款的内容,安徽高速在相关回复意见中表述的"融资"亦存在以其他形式进行融资的可能,不能仅理解为借款融资。第二,股权协议转让、股权回购等作为企业之间资本运作形式,已成为企业之间常见的融资方式。如果并非以长期牟利为目的,而是出于短期融资的需要产生的融资,其合法性应予承认。在案涉股权回购条件成熟时,联大集团可以行使股权回购权,但联大集团未在约定期限内依约回购,则丧失该回购权。

三、"名股实债"的认定与预防

(1)无论是最高人民法院,还是基层人民法院,法院倾向于认定此类融资方式的合法性。

依据合同效力判断准则,只有当合同"违反法律、行政法规的强制性规定"时,才导致合同无效,这是一个很高的标准。因此,当"名股实债"发生纠纷,法院一般不会考虑此类融资方式是否合法、是否无效,而是绕开这一问题,直接认定究竟是股权融资还是债权融资。甚至于在联大集团有限公司与安徽省高速公路控股集团有限公司股权转让纠纷案中,法院还确认了这一融资方式的合法性。

(2)究竟认定为股权投资,还是借贷关系,法院会考虑诸多因素,界定"名股实债"的法律性质。

由于股权具有劣后于债权受偿的特点。当股权与债权发生冲突时,法院为保护债权人的利益,会将"名股实债"认定为股权投资,而劣后于债权人受偿。在新华信托与湖州港城置业破产债权确认纠纷案中,法院为保护破产债权人的利益,就将"名股实债"认定为股权。在新华信托股份有限公司与诸城市江峰房地产开发有限公司合同纠纷案中,法院又将"名股实债"认定为借贷关系,其认定理由如下:新华信托与江峰公司签订的《合作协议》和《收益权转让合同》的实质均为借款合同。因为,首先,双方在签订《合作协议》之前,江峰公司向新华信托发出了借款申请、还款计划,并通过了股东会决议,表达了向新华信托借款1亿元的意愿。其次,《合作协议》约定新华信托"以1元资金受让江峰公司原股东持有的90%股权",显然与该股权的实际市场价值不符,也不符合常理。再次,因《合作协议》中江峰公司对新华信托不负有支付义务,该合同项下办理的在建商铺抵押和股权质押没有设定担保的主债权存在。江峰房公司庭审中主张《合作协议》的性质应为股权转让合同,这与当事人签订《合作协议》并办理相关担保财产的抵押、质押手续的意思表示不符。最后,只有在合同解释成立的情况下,才能合理地解释江峰公司以新债还旧债的行为。值得注意的是,在联大集团有限公司与安徽省高速公路控股集团有限公司股权转让纠纷案中,法院承认此种融资方式的合法性,但又以回购期限已过驳回了联大集团的请求。这一裁判逻辑,值得思考!

(3)以真实意思表示为基础,合理设计"名股实债"的交易结构。

实践中,名股实债是投融资经常使用的一种融资方式,投融资各方通过系列法律文件的签署将外在的债权投资包装成股权投资,其产生、发展是投融资各方各自利益诉求的集中体现,但其复杂的交易结构以及市场、政策等不确定因素导致这种融资模式存在风险。当发生纠纷时,法院不仅会从各方签订的书面协议表达的内容方面考察,而且还会结合当事人缔约过程、权利义务安排以及各方的实际行为加以考察,探求交易双方真实意思表示。如在附回购条款的股权转让交易结构中,法院可能会从股权转让比例、公司控制权、收益安排、股权转让价格、是否存在担保等方面进行综合认定。针对可能遭遇的投资风险,建议在设计交易结构时,可以在股东会、董事会设置,股权回购及保障,优先清算权等方面做出一系列安排,以最大限度降低投资风险。

附录二:股权众筹纠纷典型案例梳理与总结

导 言

股权众筹融资主要是指通过互联网形式进行公开小额股权融资的活动,具体而言,是指创新创业者或小微企业通过股权众筹融资中介机构互联网平台(互联网网站或其他类似的电子媒介)公开募集股本的活动。2012年4月5日,美国通过《乔布斯法案》(Jobs Act),将股权型众筹纳入合法范畴。2011年众筹开始进入中国,2013年国内正式诞生第一例股权众筹案例。随后,京东、阿里等互联网巨头纷纷进入处于"风口"的这一行业。

由于其具有"公开、小额、大众"的特征,涉及社会公众利益和国家金融安全,需要依法监管。2015年7月18日,人民银行等十部委发布《关于促进互联网金融健康发展的指导意见》(以下简称《指导意见》)。根据《指导意见》关于互联网金融监管责任分工,中国证监会正在抓紧研究制定股权众筹融资试点的监管规则,积极推进试点各项准备工作。2016年11月19日,李克强总理在其主持的国务院常务会议上,也明确提出"建立资本市场小额再融资快速机制,开展股权众筹融资试点"。

随着股权众筹在我国融资规模不断扩大,涉及的相关利益者也越来越多,如何规范其运作流程,防范金融风险,尤显紧迫。股权众筹本质上是投资者与融资者之间签订的投资合同,众筹平台作为第三人更多的是起居间作用。由于我国的股权众筹监管规则还未出台,这就导致在运作过程中,容易引发法律风险,导致群体性纠纷。尤其是可能触及公开发行证券或"非法集资"红线;投资合同欺诈;股权众筹平台权利义务模糊等。例如,在股权众筹第一案中,北京市第一中级人民法院就明确认为"股权众筹融资交易的发起人,应向投资人尽信息披露义务"。在正式监管规则未出台的情况下,如何界定投资者与融资者以及融资平台之间的权利义务尤为重要。本书通过中国裁判文书网收集到部分地方法院判决的股权筹资案例,从中提炼裁判规则,供投资者及相关各方参考!

规则一:通过股权众筹融资交易平台居间签订众筹融资合同后,发起人违反信息披露义务,导致合同不能继续履行的,应承担违约责任。

案例:北京飞度网络科技有限公司与北京诺米多餐饮管理有限责任公司居间合同纠纷案

案例来源:北京市第一中级人民法院(2015)一中民(商)终字第09220号民事判决书

案情摘要:2015年,飞度网络公司与诺米多餐饮公司签订委托融资服务协议,约定后者通过前者"人人投"股权众筹平台融资88万元,约定"融资成功并设立品牌餐厅分店之日"时视为履行完毕。网络公司后以餐饮公司实际租赁餐饮用房系楼房,与融资时向投资人公示的平房不同,且餐饮公司拒绝提供产权证及出租方转租证明为由,诉请餐饮公司支付委托融资费用4.4万元及违约金4.4万元。

裁判理由:第一,本案双方当事人签订的《融资协议》所涉及的法律关系虽为居间合同纠纷。但是居间服务的对象是股权众筹融资,众筹融资在我国属于新型金融业务模式。我国《指导意见》对包括众筹融资交易在内的互联网金融创新交易予以鼓励和支持,为上述交易的实际开展提供了空间,但是我国尚未出台专门针对众筹融资的行政法规和部门规章,涉及其他的文件主要有中国人民银行等十部委出台的《指导意见》、中国证券业协会发布的《场外证券业务备案管理办法》,上述文件亦未对本案所涉及的众筹融资交易行为予以禁止,同时飞度公司取得的营业执照、电信与信息服务业务经营许可证等手续,在主体资质方面目前并无法律法规上的障碍,因此,飞度公司与诺米多公司签订的《融资协议》其内容并未违反国家法律、行政法规等禁止性规定,且系双方当事人的真实意思表示,应认定为合法有效。

第二,关于违约责任问题,诺米多公司提供的《房屋租赁合同》显示其所租房屋系平房,而现有证据能够确认该房为楼房,故该房可能存在违建等隐患。即使该房是合法建筑,但房屋所有权人是否允许案外人进行转租等问题,直接关系到众多投资人的核心利益,并有可能加大投资人的风险。飞度公司及投资人要求诺米多公司进一步提供房屋产权证及转租文件等属于维护自身的正当权益。同时,飞度公司必须对诺米多公司融资信息的真实性负有审查义务,以此降低投资人的风险。因此,在诺米多公司提供的相关证件仍难以完全排除可能存在的交易风险的情况下,飞度公司认为诺米多公司存在信息披露不实具有相应的事实依据。因此,法院判决支持飞度公司的诉讼请求。

规则二:股权众筹的发起人,因项目公司未能正常设立时,应返还投资人投资款及相应的利息。

案例: 邓发涛与王松丽、河南诚铭装饰工程有限公司与公司有关的纠纷案

案例来源: 郑州市中级人民法院(2016)豫01民终4833号二审民事判决书

案情摘要: 被告王松丽系河南诚铭装饰工程有限公司法定代表人,其通过微信向社会发布众筹信息,募集资金拟成立梦红楼餐饮公司。2014年10月30日,原告邓发涛向被告出资1万元,二被告为原告出具收据一份载明,邓发涛股权金壹万元(10,000元)。收据上加盖有被告王松丽的个人印章及被告诚铭公司的财务专用章。2014年12月16日,郑州市工商行政管理局金水分局颁发个体工商户营业执照,名称为郑州市金水区萱苑梦红楼火锅店,经营者为被告王松丽,组织形式为个体经营。被告王松丽在火锅店成立后,未向原告等投资者进行过分红。后原告要求被告返还出资款未果而形成本案纠纷。

裁判理由: 王松丽通过微信发起众筹,募集资金拟成立梦红楼餐饮公司,邓发涛作为出资者向王松丽支付了1万元现金,因王松丽收取邓发涛等人的投资款后,却未按其发布的众筹信息约定成立有限责任公司,而是成立了以其为业主的个体工商户,致使众筹项目未能成立。故此,判决王松丽返还邓发涛投资款1万元及利息。

规则三:在股权众筹平台履行了项目经营、财务信息披露等监管义务的情况下,投资者应自担风险,不得要求融资平台承担赔偿责任。

案例: 韩甲与北京人人投网络科技有限公司合同纠纷案

案例来源: 北京市第二中级人民法院(2016)京02民终8736号二审民事判

决书

案情摘要：原告韩甲以被告北京人人投公司在网上发布虚假信息,诱使其对莫泰酒店项目进行投资,存在欺诈行为,要求被告退还中介费并赔偿损失。

裁判理由：韩甲与北京人人投公司之间形成的合同关系,系双方当事人的真实意思表示,且不违反我国现行法律、行政法规的强制性规定,亦不存在其他导致合同无效的情形,应属合法有效。双方当事人应当按照合同约定,全面履行各自义务。韩甲投资莫泰酒店项目后,北京人人投公司对该项目进行了审核、考察,对项目方的资金申请进行审核,事后发布了审计报告,并定期对财务进行监管,履行了合同约定的义务。韩甲作为完全民事行为能力人,应对其投资自担风险,其要求北京人人投公司对其损失承担赔偿责任依据不足,故法院驳回了韩甲的诉讼请求。

规则四：发起股权众筹时,若众筹项目未成功上线,股权众筹平台应返还收取的发起人支付的相关款项。

案例：湖南湘约时光海餐饮有限公司与湖南洲城地铁传媒有限公司合同纠纷案

案例来源：长沙市中级人民法院(2016)湘01民终3540号二审民事判决书

案情摘要：2015年8月15日,被告洲城地铁传媒公司和原告湘约时光海餐饮公司就湘约时光海餐厅众筹股权合作事项达成一致,共同签订了《众筹合作协议》,约定湘约时光海餐饮公司以股权众筹的形式在洲城地铁传媒公司独资拥有的长沙众筹网平台上对该项目进行总股金为150万元的股权众筹。为此,湘约时光海餐饮公司按约定向洲城地铁传媒公司交纳了保证金5万元。同时,双方还约定,甲方确因资金问题造成违约致使项目不能成功开展时,乙方应在解约之日起2日内将保证金全额返还甲方(项目上线前),或于解约之日起2日内将众筹资金全额返还投资人和领投人(项目上线后)。后由于洲城地铁传媒公司的原因致使众筹项目未能开展,签订的《众筹合作协议》并没实际履行。湘约时光海餐饮公司认为众筹时机已过,遂提出解除《众筹合作协议》,并要求洲城地铁传媒公司立即退还保证金5万元。

裁判理由：根据双方的约定,合作的期间为2015年8月17日起至2015年

11月17日止，期间届满后，双方未实际履行协议内容，亦未达成新的协议，现湘约时光海餐饮公司请求洲城地铁传媒公司退还保证金5万元，符合合同和法律规定，法院应予支持。

规则五：项目公司成立后，投资人未成为众筹项目股东的，可解除协议，并要求发起人退还投资款。

案例： 付敏敏与成都益参伟业商贸有限公司、成都玉原川餐饮管理有限公司合同纠纷案

案例来源： 成都市锦江区人民法院（2015）锦江民初字第7823号民事判决书

案情摘要： 原告付敏敏与被告成都益参伟业商贸有限公司、成都玉原川餐饮管理有限公司签订《投资入股意向协议》，约定原告参与被告发起的"玉原川大黑DAIKOKU（来福士店）股权众筹投资项目"，并向被告支付意向出资入股金（保证金）30万元。"大黑DAIKOKU（来福士店）"成立后，原告发现该店的实际经营人为成都凯蒂斯餐饮管理有限公司，其并未成为股东，故以投资目的落空为由，要求解除协议，被告返还投资款。

裁判理由： 原告系作为自然人投资入股，拟与投资各方共同经营"大黑DAIKOKU（来福士店）"，入股后应成为经营"大黑DAIKOKU（来福士店）"的公司股东，并按其实际持股比例分配利润。原告现既未成为"大黑DAIKOKU（来福士店）"的股东，也未成为其实际经营方凯蒂斯公司的股东，故原告签订《投资入股意向协议》的目的并未实现，判决解除《投资入股意向协议》，二被告返还投资款。

规则六：投资人是否具有股东身份，应依据众筹项目成立后的组织形式来认定。

规则七：发起人挪用投资款，投资人有权终止投资，并要求发起人返还投资款。

案例： 武汉融盈众筹服务有限公司与潘毅合同纠纷案

案例来源： 武汉市硚口区人民法院（2016）鄂0104民初409号民事判决书

案情摘要：原告武汉融盈众筹服务有限公司与被告潘毅于 2015 年 10 月 21 日签订《众筹服务协议》，协议中约定原告为被告位于武汉市江汉区屋里烤吧项目提供众筹中介服务，被告向原告支付服务费，被告保证将本次众筹所获得的资金用于众筹项目公司的运营，不得挪作他用。众筹项目开始后，第三人罗天龙通过原告参加了被告的众筹项目并向被告支付了投资金额，其中罗天龙支付 50,000 元，其余 16 人各支付了 10,000 元，共计 210,000 元。但是，被告违反协议约定，在众筹完成前，私自将资金挪用。故原告请求法院判决被告偿付原告 210,000 元的投资款及截至实际偿付之日的利息。

裁判理由：潘毅通过原告融盈公司在网络上发布众筹信息，第三人罗天龙等 17 人根据众筹信息向被告潘毅出资共计 21 万元，虽然众筹信息上以"每股""股权"来表述该众筹项目，但是潘毅与罗天龙等 17 人的法律关系应按实际情况来判断。本案中屋里烧烤店在众筹前已经成立为个体工商户，作为个体工商户并不具有《公司法》意义上的股份，而在潘毅收取第三人的款项后，各方也并未成立以被告及第三人为股东的有限责任公司，故潘毅与第三人罗天龙等 17 人之间不能被视作《公司法》意义上的公司股东关系，第三人罗天龙等 17 人的出资行为并非入股行为。

被告潘毅收到投资款后，将投资款挪作他用，并且未在承诺的期限内将该款项交给原告融盈公司托管，第三人罗天龙等 17 人基于对其资金安全的考虑及投资行为能否实现预期收益的合理怀疑，有权终止投资行为，要求原告潘毅返还投资款。

附录三:《股权投资协议》重要条款解读

条款一:估值(价格)条款

一、引言

在风险投资中,一般而言,投资人或 VC 只关注两件事:经济因素和控制因素。经济因素,指的是投资人最终能从清算事件中(常见为公司出售或上市)所能获得的收益。控制因素,则是指一种控制机制,即通过允许投资人直接控制公司或者有权否决公司做的一些决定(比如投资者要求设置一票否决权等)。而当投资者或者创业者谈及风险投资交易中经济因素方面的条款时,通常最关心的就是"公司的估值是多少",通俗点表达就是"这个公司到底值多少钱"。确定被投资公司的投资价格是私募股权基金投资的核心部分,贯穿于整个投融资活动的全过程,交易价格是交易成功的重要条件之一。

二、估值(价格)条款的定义

公司估值,是指着眼于公司现金流,对其内在价值进行评估。一家公司的估值由已发行的股票数量乘以每股价格来决定。

三、条款解读

1. 区分投资前估值和投资后估值

投资前估值:投资者在投资之前对公司现在价值的评估。

投资后估值:投资前估值加上投资额。

当公司创业者在与 VC 进行谈判时,首先会对公司价格进行界定。这时候分清投资前估值和投资后估值就会显得十分重要。例如,当 VC 说"我对公司估值 2000 万元(人民币,下同),拟投资 500 万元",那此时的估值 2000 万元指的是投资前估值还是投资后估值?如果是投资后估值,即表示公司估值就为 2000 万元,其投资后占股为 25%(500 万元/2000 万元);如果是投资前估值,即表示公司投资后估值为 2500 万元,此时 VC 占股则为 20%(500 万元/2500 万元),最终的结果完全不同。

2."完全稀释"(期权池)条款

期权池即在不稀释创业团队原始股份的前提下,保留一部分的股份(或股票期权)来作为员工报酬和激励。在投资交易中,公司预留的期权池越大,那么公司后期耗尽期权的可能性越小,即创始团队能长期占有尽可能多的股权比例。但期权池过大也会影响公司的投资前估值。而投资交易中,VC为了防止投资后的自己的股权被稀释,一般都会要求在投资前,公司就必须将期权池预留出来。

四、影响公司估值的因素

第一,创业者的经验。创业者经验越丰富,风险越小,估值就越高。第二,竞争的数量。市场中寻找项目的VC越多,价格就会上升。第三,公司的数据。公司的业绩、收益、资金消耗率、员工数量,每个数字都是决定价格的因素。第四,经济环境。当宏观经济处于低谷时估值则变低,反之则会上升。

五、估值的方法

目前,公司估值的方法主要有以下几种:

(一)P/E法(市盈率法)=每股价格/每股收益

优点:通俗易懂,计算简便,被普通投资者所喜爱;缺点:受市场经济影响,波动较大,准确性不足。

(二)DCF法(现金流折现法):公司的价值=未来股利或现金流进行折现后的净现值

优点:不容易受股票市场波动的影响,相对较稳定,且不需要同行公司作为估值参照;缺点:以很多假设为前提,但现实市场和投资者往往无法达到要求条件,在尽职调查中无法把握现金流指标的准确程度。

六、实践运用与启示

第一,对创业者而言,初期谈判时,必须弄清楚VC对公司的估值是投资前估值还是投资后估值,并在投资协议中明确写明;第二,控制期权池的范围比例,既要最大限度避免原始股东股权被稀释的风险,又要平衡公司投资前估值,一个典型的期权池通常在10%—20%。可以选择让投资者接受一个适中的期权池比例,比如15%,确实需要保持高比例期权池时,应要求VC提高公司的投资前估值,甚至在可能的情况下,也可以要求把增加的期权池部分加到投资后的估值里,但这个一般较难;第三,在与 VC 谈判之前,准备一份详细的期权预算:列明在下一轮融资前,计划聘用的所有员工以及授予每个人的大概期权额度,做到有备而战,增加谈判的成功概率;第四,在条件允许的情况下,尽可能多地接触融资机构,让多家 VC 都有兴趣投资你的公司,使得需求大于供给,公司价格随之则会上升;第五,看准时机,把握好整体经济发展趋势,乘势而入。

条款二:对赌协议(估值调整机制)

一、引言

投资人在进行风险投资时,如何确定被投资公司的投资价格是其关心的核心部分,贯穿于整个投融资活动的全过程。交易价格是交易成功的重要条件之一,即之前条款一解读中提到的"估值条款"的确定。由于被投资公司的"价值"在未来的经营中具有不确定性,那投资人如何控制投资后被投资公司出现的"贬值风险"呢?这个时候,"对赌协议"发挥作用了。投资人和被投资公司通过签订"对赌协议",来达到双方所认为的"公平交易"。投资人可以约定当既定条件出现时,可以行使某种权利或获得到多少补偿。同时,当既定条件(如经营业绩达到多少)出现时,被投资公司也可能获得更多的投资。

二、"对赌协议"的定义

(一)名字来源

"对赌协议"是舶来品,在国外称为"估值调整机制"。被引用到国内后,由于其结果具有不确定性,类似于"赌博",就赋予了它一个投机气息浓厚的名字,称为"对赌协议"。自从中国公司(多为"民营公司")开始与国内、国外股权投资机构合作,对赌现象日益增多。有成功的案例,如蒙牛和摩根士丹利的对赌安排,最终实现双赢。也有失败的案例,如永乐电器和摩根士丹利、小马奔腾与建银文化等机构的对赌安排,最终为别人做了嫁衣。

(二)定义

"对赌协议",是指投资方与融资方在达成股权性融资协议时,为解决交易双方对目标公司未来发展的不确定性、信息不对称以及代理成本而设计的包含了股权回购、金钱补偿等对未来目标公司的估值进行调整的协议。从订立"对赌协议"的主体来看,有投资方与目标公司的股东或者实际控制人"对赌"、投资方与目标公司"对赌"、投资方与目标公司的股东、目标公司"对赌"等形式。"对赌协议"本质上是期权的一种形式。

三、条款解读

(一)"对赌协议"的效力

2012年,最高人民法院对"海富投资案"的判决,作为"对赌协议"效力审核第一案,对"对赌协议"合法性的判断起到了示范作用。法院认可投资方与股东之间的"对赌协议"效力。原因在于,对赌协议对公司股东及管理层有一定激励作用,对投资方起到了保障的效果,促进整个投资交易公平合理,且不违反公共利益及法律强制性规定。而对于投资方与目标公司之间的"对赌协议"效力则采取否定态度,原因在于,该约定使得投资方的收益不受被投资公司经营业绩的影响,当既定条件出现时,被投资公司要先用利润支付投资方的收益,不足的还要用公司资产进行补偿,这明显损害了债权人及公司的利益,应当认定为无效。

依据上述案例,对于投资方与目标公司的股东或者实际控制人订立的"对赌协议",如无其他无效事由,认定有效并支持实际履行,实践中并无争议。投资方与目标公司订立的"对赌协议"是否有效以及能否实际履行,应该依据以下原则处理:投资方与目标公司订立的"对赌协议"在不存在法定无效事由的情况下,目标公司仅以存在股权回购或者金钱补偿约定为由,主张"对赌协议"无效的,人民法院不予支持,但投资方主张实际履行的,人民法院应当审查是否符合《公司法》关于"股东不得抽逃出资"及股份回购的强制性规定,判决是否支持其诉讼请求。投资方请求目标公司回购股权的,人民法院应当依据《公司法》第35条关于"股东不得抽逃出资"或者第142条关于股份回购的强制性规定进行审查。经审查,目标公司未完成减资程序的,人民法院应当驳回其诉讼请求。投资方请求目标公司承担金钱补偿义务的,人民法院应当依据《公司法》第35条关于"股东不得抽逃出资"和第166条关于利润分配的强制性规定进行审查。经审查,目标公司没有利润或者虽有利润但不足以补偿投资方的,人民法院应当驳回或者部分支持其诉讼请求。今后目标公司有利润时,投资方还可以依据该事实另行提起诉讼。

(二)"对赌目标"的常见类型

(1)财务绩效:约定被投资公司在一定时间内的公司净利润或销售收入等必须达到多少。

(2)非财务绩效:约定被投资公司在某个时间之前必须IPO;约定被投资公司在一定时间内产品的市场占有率必须达到多少、必须有多少的新产品或新专利测试开发等;约定创始团队的锁定期及竞业禁止等。

(三)"对赌协议"中常见的补偿

(1)现金补偿,即当公司未能实现对赌目标时,被投资公司、股东或实际控制人给予投资方一定数量的现金补偿。

(2)股权回购,即当公司未能实现对赌目标时,被投资公司、股东或实际控制人必须以溢价的方式回购投资方的股权。

(3)控制权转让,即当公司未能实现对赌目标时,被投资公司、股东或实际控制人同意投资方通过低廉价格增资或者受让股东或管理层的股权,从而获得对被投资公司的控制权。

(4)优先权的获得,即当公司未能实现对赌目标时,投资方将获得股息分配优先权、剩余财产分配优先权、超比例表决权等。

四、"对赌"双方的风险

对赌协议对投资方和被投资公司股东或管理层而言,实际上是风险共担。双方都有风险,有风险才会有收益。

(一)投资方的风险

(1)尽职调查不充分,被投资公司不符合预期要求。由于信息的不对称,受被投资公司提供的信息误导,对被投资公司的各项数据和管理体制掌握不全面,导致后期投资项目进入僵局,难以得到发展。

(2)成本回收困难。虽然约定了对赌失败后的权利救济,现金补偿或股权回购等,但在对赌条件实现的期限达到时,面临着被投资方公司价值贬低和股东或实际控制人无偿还能力等。

(3)市场风险。被投资公司发展的速度快慢,不但取决于管理层,还有市场的作用。如果投资方盲目预估被投资公司的业绩能力,可能导致后期达不到对赌目标。

（二）被投资公司的风险

（1）急于获得高估值融资,盲目自信,对自身估计过高,导致巨额赔偿。股东或管理层急于获得高估值融资,存在夸大公司能力的情况,导致融资后不能适应经济环境的发展,业绩难以达到投资人的要求,出现巨额赔偿。

（2）忽略控制权的独立性。投资方向被投资公司安排管理层,最终导致被投资公司股东或管理层不能独立引导公司的经营发展方向,受制于人。

（3）业绩未达标而失去控股权。被投资公司业绩未达标失去退路而导致控股权转移。一般来说,国内公司间的"对赌协议"相对较为温和,不会要求对控股权的完全比例的转移。

（4）对于要进行 IPO 的公司,可能需要清理或解释。

五、实践运用与启示

（1）尽管与被投资公司签订的对赌协议已被确认为有效,但能否实际履行还得依据《公司法》的相关规定,因此,可以提前约定履行程序,以免对赌失败后出现无法履行。

（2）对投资方而言,对被投资公司进行预估判断时,建议聘请专业的律师和财务团队进行尽职调查,对被投资公司的债权债务和股权纠纷进行全面充分地了解,更加详尽地掌握被投资公司的真实数据和经营管理能力。

（3）对被投资公司而言,应充分、客观地预估自身的业绩能力,不可因为急于获得投资而盲目设定不切实际的业绩目标。在获得高额投资的同时,也必须考虑自身的风险承担能力。

（4）被投资公司可设定"保底条款",在对赌成功后,最大限度地提高自身的收益;对赌失败后的责任承担限定在最低范围之内,保证被投资公司即使对赌失败,但仍有可经营发展的余地。

条款三:反稀释条款(反股权摊薄协议)

一、引言

在私募投资中,公司进行多轮融资实属常见,当公司进行多轮融资时,投资人在公司中的股权比例将因其他投资者的进入而降低,公司融资的价格也会有所不同。在私募投资的法律实践中,持股比例在一定程度上就等于话语权和控制权,反稀释条款对保障投资人的股权利益及后续战略退出至关重要,因此,其往往成为双方在谈判及签订投资协议等法律文件的焦点。

二、"反稀释条款"的定义

"反稀释条款",也称为"反股权摊薄协议",是指在目标公司进行后续项目融资或者定向增发过程中,投资人为避免自己的股份贬值及份额被过分稀释而采取的措施。

三、条款解读

(一)"反稀释条款"常见表述

(1)本次投资完成后,公司首次公开发行股票之前,若公司以任何形式进行新的股权融资,投资人有权按其持股比例,以同等条件及价格先认购新增股权。

(2)本次投资完成后,公司首次公开发行股票之前,若公司以低于本轮融资的价格进行新一轮融资,投资人有权要求创始股东无偿转让一定的股权比例。

(二)"反稀释条款"的类型

1. 股权比例(结构)反稀释(优先认购权)

目标公司后续融资增发新股或者老股东转让股权时,同等条件下,原投资人享有按比例优先购买或受让的权利,以此来确保其持股比例不会因为后续融资发行新股或股份转让而降低。

对创始股东来说,当原投资人行使优先认购权时,创始股东的股权稀释的也就越多。例如,当新投资者进行投资,获得10%的股权,不行使优先认购权的情况下,则创始股东和原投资人的股权各稀释到原比例的90%;但行使优先认购权时,相当于原投资人要优先认购一部分股权来达到第二轮融资前的股权比例(比如新认购2%),那么,需要多出让2%的公司股权,即一共需要出让12%,那创始股东的股权比例就要稀释到原比例的88%。

2. 股权价格(调整性)反稀释

(1)完全棘轮条款

如果目标公司后续融资的价格低于原投资人当时融资的价格,则原投资人可要求按照新一轮融资的较低价格进行重新定价。例如,投资人投资了100万元,购买了10万股股份,价格为10元/股,随后目标公司以5元/股的价格向另一战略伙伴发行5万股。按照完全棘轮的算法,原投资人的股份应以5元/股进行重新定价,此时,原投资人的股份即从10万股调整到了20万股。这种条款明显有利于投资者的利益,只要公司进行低价融资,即使是出让很少的股份,也会导致原投资人股份有较高的增长。

(2)加权平均条款

如果目标公司后续融资的价格低于原投资人融资的价格,则会按照原投资人融资价格和后续融资发行价格的加权平均值来进行重新定价,即给股份重新确定转换价格时,不仅要考虑低价发行的股份价格,还要考虑其权重(发行的股份数量)。相较于完全棘轮条款的严厉而言,加权平均条款比较温和也相对公平,较易被目前的投资者和公司所接受。

四、"反稀释例外"

通常,在某些特殊情况下,低价发行的股份也不应该引发防稀释调整,我们称这些情况为例外事项(exceptions)。对于被投资公司而言,例外事项当然越多越好,所以,这通常是公司和投资者双方谈判的焦点。目前来看,大部分投资人对这些例外事项都没有太大的异议。比如,发行下列股份,反稀释条款不适用:(1)公司期权池为员工预留的期权;(2)董事会批准的公司兼并、合并、收购或其他类似的业务事件而发行的用于代替现金支付的股份;(3)任何债券、认股权、期权或其他可转换证券在转换和执行时所发行的股份;(4)按照董事会批准的设备租赁或不动产租赁协议以及从银行或类似财务机构债权融资而发行的股份;(5)在股份分拆、股份分红或任何其他普通股股份分拆时发行的股份;(6)原投资人中,持股比例占大部分的股东表示放弃反稀释权的。

五、实践运用与启示

对被投资公司创始股东而言,反稀释条款特别是完全棘轮条款作为投资人的一个融资附加条件。当被投资公司在签订投资协议时,要严格限定反稀释条款的适用。

第一,设置明确的适用阶段:只在后续第一次融资(B轮)或只能在本轮投资后的某个时间期限内(比如1年)融资时才适用。第二,设置一个"保底价格":只有在公司进行后续融资时的价格低于保底价格时,原投资人才能适用反稀释条款,防止原投资人股份比例的持续增加。第三,创始股东要争取"继续参与"

(pay-to-play)条款:即原投资人必须要参与后续融资才能享有反稀释权利。第四,完全限制适用:约定被投资公司在达到一定的经营目标或资产净利润时,去掉反稀释条款或对反稀释条款引起的股份稀释进行补偿。

条款四:优先清算权条款

一、引言

优先清算权作为风险投资交易中仅次于交易价格的重要经济因素条款,其决定了公司在清算后资产如何分配。据统计,优先清算权条款在风险投资协议中总体出现的概率高达93.0%。对于投资方来说,事先设定好清算条款,不仅是对投资成本回收的一个保障,也是对被投资公司原始股东的一个限制。例如,投资方投资了500万元,占股25%,1个月后,被投资公司股东决定解散公司,公司净资产为1000万元。按照股权比例,投资方可以拿走250万元,而被投资公司股东却可以轻易地取得750万元。上述情况,如果有优先清算权,约定清算事件发生时,被投资公司原始股东必须先按照投资款的1—2倍给予投资方回报,再对剩余清算资产进行分配。此时,投资方可以先从1000万元中拿走500万元的投资款,双方再对剩余500万元的资产进行分配。由此来看,优先清算权作为投资方保证其投资利益最核心的条款之一,是不希望被投资公司发生,但又不得不保留的权利。

二、"优先清算权"的定义

"优先清算权",是指投资人在被投资公司发生清算事件时,具有的优先于其他股东获得分配清算资产的权利。通俗点来说,就是投资方可以优先把钱拿回来。

三、条款解读

(一)何为"清算事件"?

(1)公司"不干了":解散、破产等;(2)公司出售、转让全部或核心资产;(3)股权转让导致公司50%以上的股权属于创始人和投资人以外的第三人。

(二)"优先清算权"的类型

1.无参与权型优先清算权

投资方仅要求获得约定的优先清算额,不参与剩余清算资产的分配,即投资方要么获得优先清算额,要么按照股权比例分配可清算资产。此种类型相对简单,对被投资公司原始股东而言相对有利。例如可如此表述:当公司发生清算事件时,投资方有权优先从可分配款项中获得投资额 n 倍(一般为 1—2 倍)的款项,剩余清算资产由其他股东根据股权比例进行分配。此时,当被投资公司退出,价值低于优先清算额时,投资方拿走全部清算资金。当被投资公司退出,价值按投资方比例分配的数额高于优先清算额时,投资方一般会放弃行使优先权,跟其他股东一起按股权比例进行分配。

2. 完全参与型优先清算权

投资方在获得优先清算额(投资款或相应的回报)后,还可以按照股权比例参与剩余清算资金的分配。例如常见表述:当公司发生清算事件时,投资方有权优先从可分配款项中获得投资额 n 倍(一般为 1—2 倍)的款项,剩余清算资产根据股权比例分配给所有股东。

3. 附上限参与分配型优先清算权

投资方在获得优先清算额(投资款或相应的回报)后,还可以参与分配剩余清算资产,直到获得的总回报收益达到约定的上限。例如常见表述:当公司发生清算事件时,投资方有权优先从可分配款项中获得投资额 n 倍(一般为 1—2 倍)的款项,再根据股权比例参与剩余清算资产的分配,但当投资方获得的总回报(包括优先清算额)达到其原始投资额的 n 倍(一般为 2—3 倍),将停止参与分配。

此种情况下,如果公司退出价值在优先清算额和根据股权比例可分配数额之间时,投资方可以先拿走优先清算额,然后再根据股权比例参与剩余清算资产的分配。该种分配方法比较适中,在双方上限倍数约定一致的情况下,较多被接受采用。

(三)后续融资的"优先清算权"约定

公司早期融资时的优先清算权条款比较容易理解,随着公司发展,后续的股权融资将会引起投资方优先清算权的数量和结构上的变化,清算优先权也会变得更为复杂,其处理方式通常有两种:(1)层叠优先权:后轮投资者的优先清算权先于前轮投资者,即公司清算时,后轮投资者先得到回报,前轮投资者再获得回报。(2)混合优先权(等比例权益):后轮和前轮投资者没有先后之分,按照双方投资资本的相对比例分配回报,同时获得。

(四)我国《公司法》是否允许"优先清算权"的存在?

依据《公司法》的规定,公司清算时,公司财产在分别支付清算费用、职工的工资、社会保险费用和法定补偿金,缴纳所欠税款,清偿公司债务后的剩余财产,有限责任公司按照股东的出资比例分配,股份有限公司按照股东持有的股份比例分配。而在《民法典》中则规定,法人清算后的剩余财产,根据法人章程的规定或者法人权力机构的决议处理。据此,法人章程或者法人权力机构可以依据具体情况改变法人剩余财产的分配顺序,这就为股权投资协议中清算优先权的设计提供了合法性空间。

四、实践运用与启示

(一)对于投资者而言

(1)在早期的融资中,可采用无参与权的简单优先清算权条款,防止后期融资后股权比例降低,参与分配的利益比例也会变少;(2)争取多倍数的优先清算权,如果有可能的话,还可附带无上限的参与分配权;(3)需在投资协议中明确优先清算权的类型、倍数、有无参与权等权益条款;(4)可约定被投资公司可分配利润较低或出现亏损时,被投资公司股东对公司的优先清算支付承担连带责任。

(二)对于被投资公司而言

(1)签订投资协议时,应仔细辨别优先清算权的触发条件,即哪些属于约定的清算事件;(2)争取低倍数的优先清算权,如果有可能,最好能让投资方放弃参与分配权的条款;(3)如果约定了附上限参与分配优先清算权,应注意对"上限"的约定,必须在投资协议明确,并保证其准确无异议。

条款五:"董事会及成员安排"条款

一、引言

在风险投资中,VC所关注的除了前文我们提到的一些重要的经济因素条款之外,控制因素也是投资者与创业者们所谈判的重点。通常,VC对被投资公司的股权会低于50%,但他们会通过控制因素条款对被投资公司一系列行为进行有效控制,以保证能够监管他们的投资,而"董事会"条款无疑是"控制因素"中最重要的条款之一。董事会作为除公司最高权力机构股东会之外的公司治理中最为关键的一个控制机构,其席位设置、结构比例等问题也随之成为股权投资协议中一个重要的关注点,在整个投资过程中,起着至关重要的作用。

二、"董事会及成员安排"条款的意义

在硅谷流行这么一句话:"Good boards don't create good companies, but a bad board will kill a company every time."(好的董事会不一定能成就好公司,但一个糟糕的董事会一定能毁掉公司。)对于投资者而言,占据一定的董事会席位,能够防止创业团队恶意转让被投资公司或利用董事会权利剥夺投资者对公司经营的参与权和信息知情权等。对被投资公司创业团队而言,保留董事会选举的席位,能防止融资后,创业团队丧失对公司的控制权或因投资者的恶意经营,导致公司的后续融资遭受低估值等风险的阻碍。一个好的董事会,即使当员工不同意他们做出的决策时,仍然有理由信赖他们。

三、常见的"董事会及成员安排"条款

(1)本次投资完成后,公司董事会由 n 名董事组成,其中,投资方向公司董事会委派 n 名董事。

(2)董事会成员人数为 n 人。董事会由××(投资方代表)、××(创业团队代表)、××组成。

(3)董事会由 n 个席位组成,创业团队指派 n 名董事,其中 1 名必须是公司的 CEO,投资方指派 n 名董事,双方共同推荐 n 名外部董事(独立董事)。

(4)对于投资方因董事会活动而产生的一切费用,包括但不限于参加会议、伙食、住宿等,由公司全部承担。

四、"董事会及成员安排"条款的解读

(一)董事会人员设置

1. 一般情况

有限责任公司:3—13 人;股份有限公司:5—19 人,董事会席位设置一般为单数(防止出现投票僵持的情况)。通常默认的较均衡的董事会安排为:创始人+CEO+投资方+另一名投资方+一名外部董事。此种结构设置,创始人和 CEO 一起通常与 VC 占据相同数量的席位,外部董事作为合法的没有利益冲突的董事会成员可以帮忙协调和解决出现的分歧。早期的被投资公司董事会人数一般为3—5人，较为成熟的董事会人数一般为7—9人和更多的外部董事（一般是经营丰富的创业者或该领域的公司高级管理人员）。

2. 第一轮融资后的设置

当目标公司完成第一轮融资后，创业团队一般仍保留公司的绝对控制权，此时，融资后的董事会成员结构应保持创业团队多数比例的原则。在融资谈判中，创始股东应明确和坚持：公司董事会应根据公司的所有权比例来决定；董事会保障公司全体股东的利益（包括投资者和创始人），投资者的其他利益应通过其他"保护性条款"来约定。

3. 外部（独立）董事的设置

在实践中，如果目标公司急需融资，而可选择的投资机构又少的情况下，投资方占据优势，往往不会同意上述比例结构，此时，可选择一个折中方案，即设置外部董事席位。此时，外部董事的选任就显得尤为关键，实践中，这一问题也是投资方和创始人股东之间谈判的一个博弈点。当外部董事由投资方推荐时，创始人股东往往会要求投资方承诺：在公司的后续融资中，增加多少个投资人，就要相应地在董事会中增加多少个创始人股东的席位，避免在完成下一轮融资后，创始人股东被踢出董事会，丧失控制权。

（二）公司CEO席位的设立

实践中，公司CEO由创业团队的成员担任的情况实属常见。有的投资方会要求作为董事会成员的创始人股东担任公司的CEO。表面上看，对创业团队来说没有损伤，董事会席位仍然属于团队成员。但公司CEO是可以被董事会改选罢免的，一旦投资方掌握主动权，要求更换新的CEO，那么这个新的CEO则占据原来由创业团队成员占据的一个董事会席位。如果新的CEO是投资方的利益共同体，那么将形成"创始股东+CEO+投资方"的1:2结构模式，创始团队将失去董事会的控制权。例如，当公司需要进行新一轮融资时，新的CEO在投资方的授意下，不积极运作或阻碍公司筹集资金或引进新的投资者，最后导致公司只能降低估值，从当前投资者那里获得低价融资，投资者获得了更多公司股权，而创业团队的股权比例被大大降低。因此，公司在进行董事会成员的设置时，可为CEO单独设置一个席位，以此来保持原来的董事会席位中属于创业团队的席位不变。为了保持董事会成员成奇数的结构,此时可考虑增加 1 名外部董事做平衡。

五、实践运用与启示

(一)对于创始人股东而言

(1)董事会席位最好是设置为奇数,避免形成决策僵局;(2)在一定时期内,保证创始人股东可以提名半数以上董事会成员;(3)限制投资方提名董事的权利,比如投资方所推荐董事,应至少持股 n%;(4)严格限制"外部董事"的推选条件,争取由创始人股东推荐或创始人股东和投资方一起推荐;(5)避开投资方设置的"公司 CEO 担任董事会成员"的陷阱,挑选信任的利益共同体作为公司的 CEO,且独立于创始人股东,单独占据董事会席位;(6)可与投资方约定,公司进行后续融资时,投资方将董事会席位让出给新一轮的投资者,避免造成董事会臃肿,影响决策效率。

(二)对于投资方而言

(1)确保投资完成后,投资方提名一定比例董事的权利;(2)争取"外部董事"的推举权;(3)慎重行使董事提名权,确保对目标公司的经营参与权和信息知情权。

条款六:保护性(否决权)条款

一、引言

股权投资交易中,除了前文我们提到的"董事会条款"外,"保护性(否决权)条款"也是股权投资协议中最重要的控制条款之一。与"董事会条款"一样,"保护性(否决权)条款"也是通过对被投资公司某些行为的控制约束来达到保护投资人自身权益的目的。为什么需要单独设置"保护性(否决权)条款"?这也是"保护性(否决权)条款"被很多投资人忽视的原因。有些投资人觉得他们已经参与了董事会,拥有了足够的控制权(投票权)来确保创始人或被投资公司不会做任何违背他们利益的事情,所以,他们不用关注保护性条款,这显然是不利于投资人长期利益的。因为,作为公司董事会成员,代表的必须是公司的利益,对公司履行勤勉与忠实义务,这是法律的规定。即便该董事会成员是投资人任命或举荐的,但当公司利益和投资人利益相冲突的时候,该董事会成员也必须出于公司利益依法进行投票表决同意某项决议,不可能超越职权为投资人利益而实施保护性条款,而投资人也不可能代表董事会成员直接参与投票。既然是保护性的条款,那肯定就是保护投资人利益的,因此,在投资谈判中,投资人都希望尽可能多地设置"保护性(否决权)条款",而创始人则希望越少越好,最好是没有。

二、"保护性(否决权)条款"的定义

在投资协议中,投资人为了保护自己的利益不受损害,对创始人股东或者目标公司进行某些限制的条款。这个条款要求创始人股东或目标公司在执行某些潜在可能损害投资人利益的行为之前,要获得投资人的批准。这实质上就是投资人在公司某些特定事项上的否决权。

三、常见的"保护性(否决权)条款"

一般情况下,"保护性(否决权)条款"采用投资人在股东会或董事会行使"一票否决权"形式。例如在股权投资协议中规定,以下事项,必须经投资人或投资人指定的董事同意(或必须经占股n%的投资人同意):(1)公司合并、分立、清算、解散或以各种形式终止经营;(2)修改公司章程;(3)增加或减少公司注册资本;(4)公司后续融资时,与新投资人签订高于或等于本轮投资人拥有的优先权或特许权条款;(5)公司以任何形式进行股权回购;(6)分配股利,制订、批准或实施任何股权激励计划,以及任何清算优先权的设置或行使;(7)对超过n元的公司资产进行处理;(8)公司对外负债或对外担保超过n元;(9)增加或减少董事会成员。

"保护性(否决权)条款"根据每个投资人的投资要求而不同,有的可能只有一二条,有的长达二十几条。不管条款的多少,都是创始人为融资所做的妥协,对于创始人来说都没有多大益处,只有在谈判中尽可能找到一个中间利益的平衡点,在保证能顺利拿到融资的前提下,又最大限度地保障创业团队的利益。

四、"保护性(否决权)条款"的分析

(一)合法性

"保护性(否决权)条款"最终是通过在股东会或董事会上行使表决权来体现,这就涉及股东会及董事会的议事方式和表决程序。我国《公司法》规定有限责任公司和股份公司都可以在章程中对股东会和董事会的议事方式和表决程序

进行约定，只要不违反法律的强制性规定。因此，投资人与创始人在进行投资谈判时，可以将"保护性（否决权）条款"的具体内容进行明确的约定，但应注意工商局备案版本与自由约定之间的把控。另外，如果严格限制创始人股东股权的转让，有可能因限制了股权自由转让而被人民法院认定为无效。

（二）存在的利弊

1. 不利的方面

（1）投资人滥用"保护性（否决权）条款"，恶意否决公司正常的经营行为；（2）投资人借助"保护性（否决权）条款"阻止新的投资人进入；（3）投资人以"保护性（否决权）条款"为筹码，在放弃否决权时提出过分的附条件。

2. 有利的方面

（1）利用"保护性（否决权）条款"，对以后有可能出现分歧的地方予以事前规划，明确各自拥有的权利，提高公司决策运行的效率，减少事后纠纷；（2）发生合并、收购等情形时，投资人出于自身利益考虑，能为创始人带来更高的价格回报。

此外，对于创始人来说，不能一味地拒绝"保护性（否决权）条款"，这些条款不是要禁止某些行为，而仅仅是要求获得投资人的同意。一般情况下，只会在投资人感觉他们的利益即将受损时才会使用，创始人或公司所做的正常决策是会得到投资人的理解和支持的。

五、实践运用或启示

（一）对于创始人股东而言

（1）在保证顺利融资的前提下，尽量减少条款数量。（2）为"保护性（否决权）条款"设置前提条件：只有当投资人持股比例达到多少时才能启动"保护性（否决权）条款"。（3）争取将"保护性（否决权）条款"的行使权利过渡给"董事会"，通过董事会成员决议的方式来代替投资人作为股东直接参与投票决策。（4）设置"保护性（否决权）条款"失效条件：当公司业绩达到一定程度时，取消部分"保护性（否决权）条款"（投资人一般不会同意全部取消）。（5）争取较低的投票通过比例：投资人同意比例超过 n% 时即可通过某一决议，约定比例越低越好。如果约定过高，会出现小股东因为自身利益一票否决决议，损害其他投资人和创始人及公司利益。（6）同一系列投票：后续融资时，争取后续投资人与本轮投资人一起投票,防止运营决策时,需要面对两次"否决权"所带来的潜在风险。

(二)对于投资人而言

(1)平衡"董事会条款"与"保护性(否决权)条款"的关系,如果在董事会席位中已经占据绝对优势,可适当减少"保护性(否决权)条款"的数量,以此提高创始团队的积极性,保持公司快速发展;(2)投资人内部之间必须对"保护性(否决权)条款"内容达成一致意见,防止出现部分投资人利用否决权阻碍公司正常决策的通过,侵害其他投资人的利益。

条款七:"股权(份)回购权"条款

一、引言

在前面几篇文章中,我们探讨了几项非常关键的经济因素和控制因素条款。除这些条款外,在股权投资交易中,还有一些重要条款需要引起我们的关注。在"条款二:对赌协议(估值调整机制)"中提到过"股权(份)回购权",其作为对赌失败的一种处理类型,是投资人一项重要的退出机制。投资人退出方式中,IPO当然是投资人和创始股东喜闻乐见的情况,双方都可以通过出售股份实现资本套现。但如果公司经营不佳,没有创造期望的财富价值,更不能实现IPO的情况下,那此时,投资人该如何来实现退出呢?这就需要股权(份)回购条款。该条款有效地保障了投资人在没有占据董事会席位和投票权优势的情形下,仍可以通过股权投资协议的方式,在公司经营不佳的情况下,对投资利益实现合理套现并退出。因此,尽管在实际操作中,"股权(份)回购权"很少有被执行的情况,但"股权(份)回购权"条款仍然是股权投资协议中投资人很重视的一个条款。

二、"股权(份)回购权"条款的定义

所谓"股权(份)回购权"条款,即是指投资人在特定的条件下,可以要求创始股东或实际控制人以一定的价格回购其持有的公司股权(份)。该条款一般在公司经营处于下行风险的时候才会有影响,发挥其作用。

三、常见的"股权(份)回购"条款

1. 附条件回购

如果公司在某个时间点之前没有完成IPO或经营业绩未达到n元时,则由创始股东或实际控制人回购投资人持有的公司股权(份),回购价格相当于投资人原始购买价格加上已宣布但尚未支付的红利。在这种情形下,由于创始股东或实际控制人回购投资人持有的股权(份)取决于双方约定的触发事件能否出现,具有一定的不确定性,因此,称为附条件的回购。这就是前面论及的对赌协议。

2. 附期限回购

经大多数或_____%比例的投资人同意,创始股东或实际控制人应该从第 n 年(一般是 5—8 年)开始,分 n 次(年)回购投资人持有的公司股权(份),回购价格相当于投资人原始购买价格加上已宣布但尚未支付的红利。此类条款下,只要约定的期限一到,必然会出现股权(份)回购的结果,此时,投资人的投资目的则体现为只是为了取得所投资金在一段时间的利息收益,股权(份)转让不过是取得利息收益的手段。在现有法律框架下,很可能被认定为"变相的借贷",得不到法律的保护,存在一定的风险。

3. 不利变化回购

如果公司的前景、业务或财务状况发生重大的不利变化,超过_____%比例的投资人有权要求创始股东或实际控制人立刻回购投资人持有的公司股权(份),回购价格相当于投资人原始购买价格加上已宣布但尚未支付的红利。这项条款明显是投资人处于压倒性地位而提出的非公平条件,对公司非常具有惩罚性。对于"重大的不利变化"没有明确的约定,是一个模糊的概念,投资人可以基于自身利益对"重大的不利变化"是否出现给予主观判断,从而不恰当地行使回购权。因此,在实践中,如果创始股东遇到提出这样要求的投资人,往往都会考虑放弃此次融资。同时,该条款也可能会与不可抗力的法定免责相冲突,因此,应慎重草拟。

四、"股权(份)回购权"条款的分析

(一)合法性

我国《公司法》规定了异议股东的退出权,但是这种情况并非此处讨论的"股权(份)回购权"条款的范围。我们此处所指的"股权(份)回购权"条款,特指投资人通过股东协议、投资协议、章程等文件与创始股东或者公司约定其有权在特定条件下要求回购其股权(份)的条款。投资者之所以在协议中设定股权

(份)回购条款,主要出于为了自己在未达到预期收益或者其他情况下保留退出渠道的考虑,因此,此种协议约定属于当事人之间的真实意思表示,受合同相关法律法规约束,只要不违反法律禁止性规定,一般能得到法院的认可。值得注意的是,犹如对赌协议一样,该条款的效力可能得到法院的认可,但能否实际履行,还得依据《公司法》进行。

(二) 可操作性

1. 投资人向创始股东或实际控制人主张股权(份)回购

投资人行使回购权方式基于投资协议的约定。股权(份)回购一般通过股权(份)转让来实现,因此,是合法有效的。实践中,为了保证创始股东或实际控制人在投资人主张回购权时履行约定,投资人往往会在"投资协议"中约定较重的违约金,金额一般为投资人期望获得的股权(份)回购的对价。这种情况下,投资者可以与公司其他股东约定股权回购的行使条件、行使方式、回购股权范围等具体条件。

2. 投资者向公司主张股权(份)回购

相较于股东之间的股权(份)回购约定而言,投资人与公司之间的股权(份)回购则受到更多的法律限制。根据《公司法》第74条和第142条的规定,中国对于公司的股权(份)回购采取了"原则禁止,例外允许"的模式,一般不允许回购公司股权(份),仅在公司减资、合并、奖励员工和异议股东行使股权(份)回购请求权等特定情形下才允许公司回购自己股权(份)。而且,通过公司减资形式进行回购的,回购价格一般都是公司的每股净资产值,因此,投资人如果想完成拿回投资成本,最好是通过与创始股东或实际控制人签订回购协议来实现。如果约定公司进行回购的,尽管该约定可能有效,但涉及减资、资本维持原则等《公司法》原则,可能很难实际履行。

五、实践运用或启示

(一) 对于创始人股东而言

(1)尽量延长投资人行使回购权的时间,至少争取在首轮融资5年之后;(2)争取分期回购,减少资金压力,有利于公司经营;(3)在保证投资人成本回收的前提下,尽量压低回购价格;(4)设置合理的回购权通过方式,争取高比例的投资人投票权通过才能启动;(5)在投资协议中明确列明回购权行使的条件,如

IPO等,拒绝"公司出现重大事件"等模糊性的约定;(6)争取特定条件下的主动回购权。

(二)对于投资人而言

(1)设置合理的回购权行使时间,保证在风险基金的存续期间内,最大限度地获得预期的投资收益;(2)对于回购价款的支付,应在投资协议中约定除回购股东外其他创始股东的连带补偿责任,以防止约定的回购股东无力支付的情况;(3)后续融资的投资人,尽量争取约定与上轮投资人的回购权行使不分先后顺序;(4)投资人内部对于决议行使相同的投票,保证回购权能按照预期通过行使。

条款八:"领售权"条款

一、引言

前文我们分析了"股权(份)回购权"条款,那如果回购事件触发后,创始团队没有足够的资金来进行回购,投资人该怎么办?即使能根据协议条款获得一定的违约金补偿,但违约金与投资人想要达到的融资利益回报往往相距甚远。许多投资人考虑到此种情况,往往会要求在投资协议中约定"领售权"条款。该条款是股权投资领域中较为常见的投资人的一种保护措施。"领售权"条款一般表现为被投资公司被整个出售给第三方时,创始团队的股权会被如何处置?该条款一般会与"对赌协议"配套使用。之前发生的俏江南对赌案,即为"对赌+领售"的经典案例,俏江南获得融资之后,未能如期上市,触发了对赌协议中的股份回购条款。由于没有资金回购,投资人随后启动"领售权"条款,导致公司清算,投资人又利用清算优先权条款,最终导致控制人张兰"净身出户"。实践中,大部分人对"对赌协议"的关注较多,而对"领售权"条款可能了解不多,但随着风险投资交易的发展,"领售权"逐渐被越来越多的投资人所采用,特别是在公司进入极度困难的时期。

二、"领售权"条款的定义

"领售权",又称为"拖带权",是指在达到某些约定条件时,投资人有权强制公司原有股东(主要是指创始团队成员)参与投资人发起的公司出售行为的权利,原有股东必须依投资人与第三方达成的转让价格和条件向第三方出售股权。该种条款下,退出的主动权一般掌握在领售股东(一般为投资人)手中。

三、常见的"领售权"条款

(1)在公司 IPO(其他条件)之前,如果多数投资人股东同意出售或清算公司,创始人股东(其他股东)应该同意此交易,并以同样的价格和条件出售他们的股权(份)。(2)如果创始人股东未能在约定日期之前按照投资协议的要求履行回购义务,并且经多数(或全部)投资人一致同意,则投资人有权要求创始人股东(其他股东)和投资人一起向第三方转让股权(份),创始人股东(其他股东)必须按照投资人与第三方商定的价格和方式将股权(份)转让给第三方。

四、"领售权"条款的分析

(一)合法性

1. 受合同相关法律法规调整,系真实意思表示,合法有效

从性质上看,"领售权"条款实际上是一种约束股权(份)转让的条款,其主要是通过投资人与创始股东或其他股东之间签订领售协议,对创始股东或其他股东所拥有的股权(份)进行约束,从而保证投资人能顺利通过出售整个公司的方式领取融资回报而退出。其实质上是股权投资协议的组成部分,在协议签订之前,创始人股东和投资人作为协议当事人已经能够明确知晓该条款可能带来的后果,是协议双方博弈的结果,也是双方经过充分协商后订立的条款,一般很少出现合同无效,或者显失公平的情况,因此,只要其符合合同相关法律法规的基本构成要件,应认定为合法有效。

2. 领售权与股东优先购买权不冲突

《公司法》第71条规定了股东的优先购买权,"优先购买权"要求必须是"同等条件"下才能行使。当投资人启动"领售权"条款向第三方转让公司股权时,如果公司其他股东主张行使优先购买权的,其给出的价格和条件也必须与第三方相同,那么,对于作为投资方而言,其看重的是能否拿回资金回报,在同等条件下,其将股权转让给第三方还是其他股东,对于其利益并无实质影响,也不会损害投资人的利益。《公司法》第71条规定股东可通过公司章程对股权转让做出约定。如果投资人基于利益最大化的考虑,想把握绝对的主动权,将公司出售给其指定的第三方(比如有关联关系等)等,可以通过修改公司章程的方式,将领

售权的相关内容在章程中予以固化,并约定优先于其他股东的优先购买权,这样一来,就可以保证领售权的顺利行使和指定第三方的正常并购。

(二)"领售权"条款的执行

根据我国的法律环境,对于"领售权"条款的执行可能会遇到工商变更登记问题。根据《公司法》相关规定,修改公司章程、增加或减少注册资本必须经过代表 2/3 表决权的股东通过,而投资人股东或者领售股东有可能达不到 2/3 的比例。此种情况下,即使有"领售权"条款,但如果公司其他股东不配合办理工商变更登记,有些工商登记部门也是不会认可的,甚至有些部门对于公司出售等重大事项的工商变更登记,要求全体原股东必须共同签字后方可办理。因此,如果公司其他股东不配合办理工商变更登记,只能通过司法机关进行强制执行,凭借司法判决完成工商登记。在执行"领售权"条款时,应注意以下几点:

1. 事先通知

领售交易本质上是股权对外转让的行为,也应当依法履行通知程序。因此,投资人在决定出售公司时,应事先通知创始股东(其他股东),并对购买者的相关信息、拟转让的股权数量、转让对价等作出说明,创始股东(其他股东)将根据通知中载明的条款和条件参与到该项交易中。

2. 优先购买权

如果没有将"领售权"条款写入公司章程,此时需要询问其他股东是否需要行使股东优先购买权。

3. 董事会、股东会决议

《公司法》规定,涉及并购、重大资产处置的交易,必须经代表 2/3 以上表决权的股东通过。如果领售股东所持表决权不足 2/3 时,通常会在协议中设置受领股东必须同意表决交易的约定,进而通过股东会表决后,方可出售公司。

五、实践运用或启示

(一)对于创始人股东而言

(1)明确触发"领售权"条款的先决条件:结合公司业绩和财务的情况作出合理预估,在创始人股东处于强势地位时,还可要求需经董事会通过;(2)争取设立长的领售权激发时间:例如约定必须在融资 4—5 年后,才能要求启动;(3)限定公司出售的最低价格:避免因投资人以过低的价格出让公司股权,从而影响原始股东的权益;(4)明确收购方范围:应在协议中明确约定投资人的关联方、公司的竞争对手或投资人投资过的其他公司不能作为"领售权"的收购方,防止利益冲突;(5)设置其他股东的优先受让权:投资人因行使"领售权"而向第三方出售股权时,其他股东具有优先购买权;(6)设定"合理期限":在触发"领售权"条款时,投资人应当给予原始股东合理期限,由原始股东自行确定投资人;(7)明确收购方的支付方式:排除收购方用股权或股份代替收购款的方式,降低资金回收风险;(8)可在协议中约定如果同意投资人出售公司,创始股东可以要求不必为交易承担并购方在尽职调查中要求的在业务、财务等方面等的陈述与保证义务。

(二)对于投资人而言

(1)争取单一的"领售权"条款触发条件,尽量将董事会和创始人股东排除在发起人主体之外;(2)将"领售权"条款写入公司章程,并且明确优先于其他股东的优先购买权条款;(3)设置违约金:在协议中明确约定,如果创始股东或其他股东不配合执行"领售权"条款,则需承担一定比例的违约金;(4)注重"领售权"条款与其他"股权(份)回购权"条款、优先清算权条款的合理安排。

条款九:"竞业禁止"条款

一、引言

对于公司而言,最有财产价值的是人,只有人才能推动公司的发展。在风险投资领域中,投资人考察是否对目标公司进行投资时,其中一个重要的因素则是考量公司的创始人团队,一个好的商业模式落到执行力差的团队手里,可能会被毁掉,而一个普通的商业模式,执行力强的团队可以让它成长为上市公司。因此,投资人为了将公司高级管理人员和技术骨干牢牢地锁定在公司,防止他们离开公司之后,从事跟公司相同或相似的业务,给公司带来损失,一般会要求签订"竞业禁止"条款。投资人也会关注,公司创始人是否有未到期的"竞业禁止"协议,以此降低公司将来会出现的人为因素所带来的风险。而对于公司创始股东而言,让高级管理人员和核心技术人员签署"竞业禁止"协议也是很有必要的。因为他们都处于公司关键岗位,对公司的部门分工,运营策略了然于心,如果没有"竞业禁止协议"来约束,公司的竞争对手就会肆无忌惮地挖人,在利益的诱惑下,公司的销售总监、人力资源总监等重要管理层都有可能撒手走人,届时,公司面临的结果可能就会很糟糕。所以,"竞业禁止"条款已经成为目前的股权投资协议里面一个固定的条款,它的重要性也在不断地被投资人和公司股东所认识到。

二、"竞业禁止"条款的定义

竞业禁止,又称为"竞业限制""竞业回避",是指根据法律规定或协议约定,限制并禁止董事、高级管理人员及其他负有保密义务的人员同时兼职于业务竞争单位,以及在离职后一定时期内不得从事与本单位竞争的业务。需注意的是,在《公司法》层面,针对董监高,采用"竞业禁止"表述,而在《劳动法》层面,针对高级管理人员等员工,采用"竞业限制"。本文为表述方便,对此,不加区分。

三、常见的"竞业禁止"条款

第一,在从公司离职后的一段合理的期限内:(1)公司创始人或员工不得创立竞争性公司或为其他竞争性公司工作;(2)公司创始人或员工不得将公司客户带给新的雇主;(3)创始人或员工不得劝诱公司的员工和客户背弃公司。

第二,通过目标公司股东的承诺保证来约定:(1)公司股东不持有(包括直接持有或间接持有)与公司存在直接或间接竞争关系的公司的股权;(2)未经投资人书面同意,公司股东不得以任何形式设立或参与设立新的与公司业务相同、相近或相竞争的其他经营实体或为他人设立上述经营实体提供任何形式的咨询、指导、顾问、协助或资助。

第三,目标公司高级管理人员、高级技术人员等对其前雇主不存在竞业限制义务的承诺和保证:(1)不存在与第三方公司签订的任何形式的保密协议及竞业限制协议,不影响其在目标公司的尽职履责;(2)公司高级管理人员、高级技术人员等虽与第三方公司签订了竞业限制协议,但被投资公司不在竞业限制范围之列,不会影响其在被投资公司履职。

四、"竞业禁止"条款的分析

(一)"竞业禁止"条款与"保密条款"的区别

"竞业禁止"协议是针对"人"的,是为了防止公司的核心"人员"对公司造成损害而签订的。而"保密协议"是对于公司的客户名单、营销计划、技术文件等商业机密、知识产权的保护，是为了公司的商业秘密不被泄露。"竞业限制"签订的主体一般是公司的高级管理人员和技术骨干人员，而"保密协议"不局限于此，只要是通过相关工作能掌握和知晓公司约定的商业秘密的人员，都应成为保密协议的主体，遵守保密义务，其范围更广。

(二)"竞业禁止"条款的法律基础

1. 法定的"竞业禁止"

我国《公司法》第148条、《合伙企业法》第32条等都有对公司及合伙企业管理者法定竞业禁止义务的规定，违反上述义务规定，必须承担相应的法律责任。如早前达能娃哈哈合资公司秦鹏在担任沈阳娃哈哈董事期间，同时在乐百氏(广东)饮用水有限公司和光明乳业股份有限公司等其他20多家与该合资公司相竞争的公司中担任董事和董事长，违反了"竞业禁止"义务，被法院判决停止其在合资公司中的董事职务，并责令其向沈阳娃哈哈公司支付共计人民币40万元。

2. "竞业禁止"条款可通过协议自行约定

《劳动合同法》第23条和第24条规定，对公司的高级管理人员、高级技术人员和其他负有保密义务的劳动者，用人单位可以与其签订"竞业限制"协议，并约定限制范围、地域、期限等，但限制期限不得超过2年。最高人民法院《关于审理劳动争议案件适用法律问题的解释(一)》对此也有相关规定。因此，在投资协议里面对具体的"竞业禁止"领域范围进行约定，是可以得到法律支持的。

(三)"竞业禁止"条款的运用

在进行投资时，投资人为保证交易的顺利进行，减少必要的投资风险，一般会要求除了上述法定和约定的"竞业禁止"条款外，额外在投资协议中约定公司创始团队成员的"竞业禁止"义务。

1. 目标公司高级管理人员和核心技术人员的保证承诺

投资人对目标公司进行的投资前尽职调查，由于信息的不对称和调查方法的局限性，一般都侧重于目标公司的财务、股权方面，因此，投资人对不能审查的目标公司人为的风险因素，则会考虑通过要求作出承诺保证来实现。如果目标公司的高级管理人员、高级技术人员存在正在履行的竞业限制协议，则必定会影响到目标公司的正常经营，其存在潜在的诉讼风险也较高，目标公司也难以带来预期的收益回报。因此,投资人在股权投资协议中要求,目标公司及其高级管理人员、高级技术人员等作出没有未到期的"竞业禁止"以及不参与经营公司同类业务等的承诺。如果出现违反承诺的情形,投资人可放弃本次融资或要求公司及其高级管理人员和技术核心人员承担违约责任。

2. "竞业禁止"条款的签订主体

投资人一般不参与公司的实际经营,因此,除前文所说的法律规定的限制主体外,投资人为了稳定公司,降低公司存在的风险,一般会将签订"竞业禁止"条款的主体进行扩大,例如将公司的核心人员纳入法定的公司高级管理人或董事的范畴,将对公司发展起着核心关键作用的人,在协议中明确约定其"竞业禁止"的义务范围和领域等。投资人为了固定公司的创始团队,还可将公司现有的创始人团队成员都纳入公司的核心人员范畴,要求公司必须与每个创始团成员签订《竞业限制协议》,并约定核心员工每年的离职率不得超出一定比例。

(四)"竞业禁止"条款的执行保障

"竞业禁止"条款只是一个限制性条款,要将其发挥出关键性作用,还必须将其与其他的投资条款加以配合使用,保证在公司高级管理人员和核心技术人员违反该条款义务时,投资人能及时有效地降低损失,掌握主动权。例如,可约定在公司高级管理人员和核心技术人员违反上述条款时,对于公司股东,可以强制对其股权进行回购。如果公司创始团队人员离职率超过一定比例,导致公司领导层发生了变更,那么,投资人可要求跟随核心人员的股权一起转让给第三方(即"共同出售权"),以最大限度地保障投资人的利益。

五、实践运用或启示

(一)对于创始人股东而言

(1)针对不同的岗位要求设置不同的禁止期限,不能一概以最长期限进行限制;(2)对于因投资人方面的原因被迫离职的公司创始人,应缩短"竞业禁止"的期限或提前解除"竞业禁止"协议;(3)争取尽量少的"竞业禁止"领域范围和工作内容,为自己寻求更大的就职空间;(4)明确"竞业禁止"条款的具体竞争对手和工作范围。

(二)对于投资方而言

(1)合理设置"竞业禁止"期限及补偿金成本:例如,对负责销售和市场的创业者,可以要求更长的时间,避免创业者重新创业或跳槽后,影响公司的市场和客户;而对于负责技术的创业者,可以要求更短的时间,因为技术在短时间之内可能会发生更替。(2)尽可能地将对公司发展运营起关键作用的技术人员拉入"竞业禁止"条款的限制主体行列,扩大限制的主体范围。(3)明确竞争对手及禁止限定的工作范围,防止后期纠纷。在股权投资协议中明确哪些类型的公司属于竞争对手,创始人不可以为这些公司工作或创办这类公司。(4)将"竞业禁止"条款与其他投资条款合理的设计运用,尽可能多的约定违反协议后的救济保障。

条款十:"员工(期权)池"条款

一、引言

风险投资交易中,被投资公司大部分属于创业型,都处在资金缺乏的初期阶段,难以持续用高薪吸引到足够多的优秀人才。由此,便产生了"员工(期权)池"的概念,公司通过预留一部分的股权给未来的高级管理人员,将管理人员自身利益和公司股东的利益结合起来,增加公司的团队竞争力。"员工(期权)池"一般通过股权激励的形式体现。在国外,股权激励制度被视为公司送给经理人的"金手铐"。目前,我国很多非上市公司也在推行股权激励制度,以此来点燃员工的工作激情,加快公司战略目标实现的步伐。而投资人也希望公司能引进高级人才,一般也会同意公司预留股权作为"员工(期权)池",但如何设置则成了双方谈判的一个博弈点。投资人为了防止投资后的自己的股权被稀释,一般都会要求在投资前,公司就必须将期权池预留出来,而这对公司创始股东来说,却是非常不利的,因为,投资前预留则意味着投资人投资后所拥有的股权比例不发生变化,而预留的期权池比例则会从公司创始股东手中扣减出来。由此,双方对"员工(期权)池"比例的设置要求肯定是不同的,双方在进行融资时,一般也会要求将"员工(期权)池"的设定作为硬性条款写入投资协议。

二、"员工(期权)池"条款的定义

(一)期权的定义

期权即是在特定的时间、以特定的价格购买特定所有权的权利。其实质是

员工与公司之间关于公司股权未来进行买卖的合同。

（二）期权池的定义

期权池，就是指融资前将公司部分股权（份）提前留出，用于激励员工（包括创始人自己、高级管理人员、骨干、普通员工），是初创公司实施股权激励计划最普遍采用的形式。在欧美等国家被认为是驱动初创公司发展必要的关键要素之一。通俗地说，也就是公司拿出多少比例的股权（份）来设立期权。

三、常见的"员工（期权）池"条款

（1）员工（期权）池：在交易交割前，公司预留_____%的股权（份），用于日后公司奖励给达到特定条件的董事、高级职员、普通员工或顾问等；

（2）在本次融资之前，公司预留_____%的股权（份），作为日后公司高级人才（董事、核心技术人员等）的股权激励。该部分股权（份）由公司原股东代持，当上述人员满足股权激励条件时，由公司原股东通过股权转让的方式完成股权（份）授予。

四、"员工（期权）池"条款的分析

（一）"员工（期权）池"对公司融资估值的影响

正如我们在"条款一：估值条款"中提到的，虽然投资者和公司都想保留充足的股权（份）来作为员工报酬和激励，但"员工（期权）池"的规模并不是越大越好，其规模会影响到公司估值，并会显著降低公司实际的投资前估值。投资交易中，投资人为了防止投资后自己的股权被稀释，一般都会要求在投资前，公司就必须将期权池预留出来，因此，"员工（期权）池"应设置合理的比例范围，不可盲目设定高比例。

（二）"员工（期权）池"的设立

（1）设立比例：一般是预留公司全部股权（份）的10%—20%作为期权池，较大的期权池对员工和VC具有更大吸引力；（2）设立的时间：一般在投资人进入前设立，但如果公司处于绝对的优势地位，比如掌握了行业的关键性且是唯一性的技术的，可以与投资人谈判要求在融资后设立；（3）设立的方式：一般由之前的持股方按各自持股比例、共同稀释让出一部分股权（份），每一轮融资的新投资人的股权（份）都不参与这轮期权池的稀释；（4）激励的对象：建立期权池是为了激励员工，平衡公司的长期目标和短期目标，因此，确定激励对象人选必须选择对公司战略发展最具有价值的人。常见情况一般是三类人员:公司高级管理人员、中层干部、骨干员工。

(三)"员工(期权)池"的分配

(1)分配比例:公司对期权池比例的分配一般与激励对象所处的岗位及贡献有关。一个总经理的期权一般是5%—8%左右,一个副总的期权一般是2%—5%左右。

(2)分配的价格:员工获得公司的期权,本质上是公司给予员工的奖励,并非员工自身的投资行为,因此,员工取得激励股权时对价一般要低于市价。这个价格一般取决于公司处于什么阶段,处于初创期、亏损期,适宜给干股留住骨干;处于发展期,适合以市场价打折或以每股净资产额作对价;如果公司是已上市公司,一般会以当时的股票价格为分配价格。

(3)分配主体:一般情况下由董事会在期权池规定的限额内决定给哪些员工发放以及发放多少期权,并决定行权价格,也有部分是直接授权给管理层的。

(4)期权授予的条件:公司对激励对象一般设置一定的条件:比如在公司服务满多少年,业绩目标达到多少等。

(四)"员工(期权)池"的实现方式

实践操作中,常见的实现方式有:

1. 创始人或大股东代持

设立公司时由创始人持有对应于期权池部分的股权(份),公司、创始人、员工三方签订合同,行权时由创始人向员工以约定价格进行股权(份)转让。

2. 员工持股公司或合伙企业

将期权池激励的对象全部集中于一个持股公司或合伙企业,员工通过持股公司或合伙企业间接持有目标公司的股权(份)。该种方法可避免员工直接持有公司股权(份)带来的一些不便,便于投票权的行使和公司的管理,我国公司上市前一般采用这个做法。

3. 虚拟股

股东没有实际拿出股权,但是在账面上把公司资本分成若干份,并把它称作股份,每个人几股,持股据此参加分红或增值权益。该种虚拟股一般没有表决权,也不能随便转让,比如华为就采取这种方式。

五、实践运用或启示

第一,公司创始股东应控制期权池的范围比例,既要最大限度避免原始股东股权被稀释的风险,又要平衡公司投资前估值。可以选择让投资者接受一个适中的期权池比例,例如15%。第二,如果投资人要求高比例期权池时,创始团队应要求提高公司的投资前估值,甚至在可能的情况下,也可以要求把增加的期权池部分加到投资后的估值里,但这个一般较难。第三,在与投资人谈判之前,准备一份详细的期权预算:列明在下一轮融资前,计划聘用的所有员工以及授予每个人的大概期权额度,做到有备而战,增加谈判的成功概率。

附录四:股权投资相关协议模板(含导读、注解)

一、发起人协议(又称为股东协议)模板

【导 读】

股东协议,又称为股东合作协议,项目投资协议等,作为成立公司的一个基础性法律文件,主要明确发起人在设立公司过程中及成立后各方的权利义务。尽管股东协议不需要在登记机关备案,但约定了股东之间真实的权利义务关系,有时其作用甚至超过了公司章程。从股东协议的逻辑结构分析,主要包括以下内容。

第一,公司设立的相关内容。比如公司名称、地址、经营范围;发起人姓名或名称、注册资本、持股比例及认缴期限等。第二,公司治理的相关内容。比如"三会一层"的设置及职权;董事、财务负责人、会计、出纳等关键岗位人员的提名与安排等。第三,在项目投资额大于注册资本的情况下,还需要约定项目的投资总额、投资期限、投资比例及投资分红等。值得注意的是,这部分内容主要适用《民法典》合同编,而非《公司法》。第四,股权转让限制及退出机制。比如股东的优先购买权、放弃增资权、退出的情形及价格等。第五,协议终止及违约责任的安排。此外,正常情况下,公司章程往往是以股东协议为基础而制定的。股东协议的主要内容,通常都会被公司章程所吸收。

【模 板】

甲方:

住所:

法定代表人:

联系电话:

乙方:

住所：

法定代表人：

联系电话：

（注：成立公司的股东可以为企业或自然人，这里以两个企业股东为例）

甲、乙双方因共同投资设立＿＿＿＿＿＿＿公司（以下简称公司）事宜，特在友好协商基础上，根据《中华人民共和国民法典》《中华人民共和国公司法》等相关法律规定，达成如下协议，以明晰各方权利义务。

（注：这里说明签订股东协议的目的是成立公司）

第一章 新设立公司基本信息

第一条 公司名称：＿＿＿＿＿＿＿有限公司。

（注：公司形式可以为有限责任公司或股份公司）

第二条 注册地址：

第三条 经营范围：

第四条 责任承担：甲乙双方以各自认缴的出资额为限对公司承担责任，公司以其全部资产对公司债务承担责任。

（注：如果是股份公司，则以认购的股份数为限对公司债务承担责任）

第二章 各股东出资方式及占股比例

第五条 注册资本：

（一）公司注册资本为＿＿＿＿＿万元（大写：＿＿＿＿＿万元整），以现金形式出资，首期实缴出资为＿＿＿＿＿万元。后续出资依照公司章程或公司实际经营需要确定。

（注：明确注册资本金额；出资系现金还是实物出资；出资的分期等）

（二）各方出资情况及占股比例

甲方认缴出资＿＿＿＿＿万元，占股＿＿＿＿＿%，首期实缴出资＿＿＿＿＿万元；

乙方认缴出资＿＿＿＿＿万元，占股＿＿＿＿＿%，首期实缴出资＿＿＿＿＿万元。

双方应于公司银行开户完成后＿＿＿＿日内完成上述实缴出资。

（注：明确股东认缴出资比例及首期缴付期限）

第六条 出资证明:公司应对缴付出资的股东及时签发出资证明,出资证明由公司盖章。

第三章 股权转让的限制和权利

第七条 股东可转让其部分或全部股权,但必须符合法律和公司章程的规定,否则,转让无效。

第八条 任何一方股东向第三方转让股权时,另一方股东在同等条件下享有优先购买权。

第九条 转让方股东根据本协议规定的条件和程序转让其持有的公司股权时,其应负责确保:

(一)受让该等股权的主体将会签署所有必要的文件,以使该受让方享有并承担转让股东原来在本协议以及公司章程项下所享有的权利和承担的义务,以及受本协议和公司章程条款的约束。

(二)公司重大经营活动不得因为股权转让而遭受重大不利影响。

(注:股权转让时,其他股东的优先购买权;对受让股东的约束限制)

第十条 增资:若公司运营资金不足,需要增资的,各股东按认缴比例增加出资。若全体股东同意也可根据具体情况协商确定其他的增资办法。

若增加第三方入股的,第三方应承认本协议内容并承担本协议下股东的权利和义务,同时新股东的加入须征得全体股东同意。

(注:为将来引入战略投资者,可以对增资问题做进一步约定;此部分还可以对股东退出情形进行约定)

第四章 公司治理及职能分工

第十一条 股东会

(一)双方均为公司股东会成员,所有股东会决议必须经甲、乙双方股东签字或盖章。

(二)股东会会议:甲、乙双方根据各自的认缴出资比例行使表决权。

(三)有关股东会的其他规则在公司章程另行约定。

(注:可以另行约定表决权行使比例)

第十二条 为了明确双方职责并有利于公司发展,双方需要合理分工。具体分工如下:

（1）公司董事会成员____名，由甲方指派____名，乙方指派____名，第一届由_____组成，任期由公司章程规定。

（2）公司第一届董事长由_____推荐人员担任，任期三年。届满后，可连选连任。董事长由董事会选举产生，主要负责_____等公司日常事务。

（3）公司设总经理1名，由董事会聘任。第一届由_____担任，任期及职权依据聘用协议而定。

（4）公司不设监事会，设置一名执行监事。由_____方指派，第一届由_____担任，任期由公司章程规定，负责监督公司日常的运营。

（5）公司财务负责人由_____方指派，第一届由_____担任，任期及职权依据聘用协议而定，负责公司财务管理工作。

（6）为方便公司的日常联络管理，公司设企业联络员1名，由_____担任，负责公司的通信、传达等日常事务。

（注：上述是对公司治理机制的约定，特别应关注董事会成员及财务人员的指派）

第十三条　甲方主要负责公司的_____工作，乙方负责公司的_____等_____工作事宜。

第五章　盈亏分配

第十四条　利润和亏损：甲、乙双方按照各自认缴出资比例分享和承担。

第十五条　公司税后利润，在弥补以前亏损，并提取法定公积金（税后利润的10%）后，方可进行股东分红。

第十六条　公司每一年度分配一次红利，并由_____方优先收回投资后，才按双方认缴出资比例分配。

（注：可以约定由哪一个股东优先分配红利）

第六章　协议的解除或终止

第十七条　发生以下情形，本协议即终止：

（一）公司因客观原因未能设立；

（二）公司营业执照被依法吊销；

（三）公司被依法宣告破产；

(四)甲乙双方一致同意解除本协议。

(注:可增加协议终止的其他情形)

第十八条 本协议解除后:

(一)由甲乙共同对公司进行清算,必要时可聘请中立方参与清算;

(二)若清算后有剩余,在公司清偿全部债务后,按实际的出资比例分配剩余财产。

(注:对剩余财产的分配亦可按认缴的出资比例进行)

第七章 违约责任

第十九条 甲、乙任何一方违反本协议约定,未足额、按时缴付出资,须在＿＿＿日内补足,否则,由此造成公司未能如期成立或给公司及另一方股东造成损失的,须向公司和守约方承担赔偿责任。

第二十条 除上述出资违约外,协议任一方违反本协议约定使公司和守约方利益遭受损失的,须向公司承担赔偿责任,并向守约方支付违约金＿＿＿＿＿＿元。

(注:可根据不同的违约情形,约定不同的违约责任)

第八章 争议的解决

第二十一条 因本协议发生争议,双方应尽量协商解决,如协商不成,可将争议提交＿＿＿＿＿＿方所在地人民法院诉讼解决。

(注:双方可约定管辖法院)

第九章 其 他

第二十二条 本协议自双方盖章之日起生效,未尽事宜由双方另行签订补充协议,补充协议与本协议具有同等的法律效力。

第二十三条 本协议约定中涉及各方权利义务的,若与公司章程不一致,以公司章程为准。

(注:对股东协议与公司章程效力的处理)

第二十四条 本协议一式两份,甲、乙双方各执一份,具有同等的法律效力。

甲方(盖章):　　　　　　　　　乙方(盖章):

授权/法定代表(签字):　　　　　授权/法定代表(签字):

签订时间:　　年　月　日　　　　签订时间:　　年　月　日

签订地点:　　　　　　　　　　　签订地点:

二、股权转让协议（又称为并购协议）模板

【导 读】

股权转让协议，是指目标公司原股东转让其持有的股权，受让方受让股权并支付相应价款的协议，其本质是买卖协议，也是并购方对目标公司进行并购的核心法律文件。由于股权转让协议的标的物是股权，而非一般的商品，因此，在法律适用上，既要考虑《公司法》的特殊规定，又要考虑《民法典》合同编的一般性规定。

依据《民法典》第470条的规定，合同的内容由当事人约定，一般包括下列条款：（一）当事人的姓名或者名称和住所；（二）标的；（三）数量；（四）质量；（五）价款或者报酬；（六）履行期限、地点和方式；（七）违约责任；（八）解决争议的方法。股权转让协议作为合同的一种，主要条款也应包含上述内容，即股权转让的标的数量、价款支付、交割及变更登记、违约责任等。由于公司性质及交易的具体背景不同，股权转让协议的内容也不尽相同，这里提供一个有限责任公司股权转让的简单范本，供参考。

【模 板】

转让方：_____（以下简称甲方）

住所：

法定代表人：

联系电话：

受让方：_____（以下简称乙方）

住所：

法定代表人：

联系电话：

鉴于甲方在_____公司（以下简称公司）合法拥有_____%股权，现甲方有意转让其在公司拥有的全部股权。乙方同意受让甲方在_____公司拥有的_____%股权。公司其他股东也同意由乙方受让甲方在该公司拥

有的_____%股权,且对该部分股权放弃优先购买的权利。甲、乙双方经友好协商,本着平等互利、协商一致的原则,就股权转让事宜达成如下协议:

(注:依据《公司法》第71条规定,股东之间可以自由转让股权;股东向股东以外的第三人转让股权的,需要经过其他股东过半数同意,且应保障其他股东的优先购买权,因此,在鉴于部分应该明确其他股东同意本次股权转让并放弃优先购买,同时,把股东同意股权转让且放弃优先购买的声明作为本协议的附件)

第一条 股权转让标的

1. 甲方同意将其在公司所持股权,即公司注册资本的_____%转让给乙方,乙方同意受让。

(注:股东持有的股权可以一次性全部转让,也可以部分转让)

2. 甲方同意出售而乙方同意购买的股权,包括该股权项下所有的附带权益及权利,且上述股权未设定任何(包括但不限于)质押权及其他第三者权益或主张。

(注:转让的股权不应具有权利瑕疵)

第二条 股权转让价格及支付方式

1. 甲方同意根据本协议所规定的条件,以_____元将其在公司拥有的_____%股权转让给乙方,乙方同意以此价格受让该股权。

2. 乙方同意按下列方式将协议价款支付给甲方:双方签字之日向甲方支付_____元;递交完成股权变更登记资料之日向甲方支付_____元;股权变更登记完成后3个工作日内,向甲方支付剩余的价款_____元。

(注:股权转让价格一般依据公司净资产确定;在价款支付上一般按3:3:4的比例进行,即合同签订之日支付价款的30%;把股权变更登记资料提交工商登记部门后支付价款的30%;在完成变更登记后的一定工作日内,完成剩余款项的支付)

第三条 甲方声明

1. 甲方为本协议第一条所转让股权的唯一所有权人。

(注:如果是夫妻共有股权,出让时,还得征得另一方的同意)

2. 甲方作为公司股东已完全履行了公司注册资本的出资义务,且没有虚假出资、抽逃出资的情况。

（注：注册资本是否实缴？这牵涉受让股东是否需要承担出资义务，因此，应明确转让的股权是否已完成出资。如果没有完成出资，出资义务应由谁承担？此外，如果转让方已完成了出资，则还应承诺不存在虚假及抽逃出资的情形）

3. 本协议生效且完成交接后，甲方退出公司的经营管理，不再参与公司财产、利润的分配。

（注：一般情况下，协议生效后，双方需要对公司印章、资料及人员等进行交接，交接完成后，转让方退出经营管理。此外，交接时，需要制作交接单，并由双方签字确认）

第四条　乙方声明

1. 乙方应及时提交相关资料，配合完成股权变更登记。

2. 乙方保证按本协议第二条所规定的方式支付价款。

（注：在协议生效后，需要受让方提供身份信息等相关资料，并配合完成股权变更登记；价款支付是受让方的主要义务，受让方应按照协议约定及时支付相关款项）

第五条　有关税费负担

双方同意办理与本协议约定的股权转让手续所产生的有关税费，由_____方承担。

（注：股权转让主要涉及所得税，转让方一般要求税后净价转让，因此，相关税费可能会约定由受让方承担）

第六条　有关股东权利义务包括公司盈亏(含债权债务)的承受

1. 本协议生效且完成交接后，乙方实际行使作为公司股东的权利，并履行相应的股东义务。必要时，甲方应协助乙方行使股东权利、履行股东义务，包括以甲方名义签署相关文件。

（注：协议生效且完成交接后，受让方可以以股东身份行使股东权利，参与公司的经营管理）

2. 本协议生效且完成交接后，乙方按其所持股权比例依法分享利润和分担风险及亏损。

3. 交接完成之前的债务及或有债务由甲方承担，交接完成之后的债务由乙方或公司承担。

(注:为避免转让方隐瞒债务,对公司债务风险的分配尤为重要)

第七条 交接及变更登记

1. 本协议生效之日起____日内完成交接,需要交接的资料详见附件。交接单由双方签字、盖章确认。

(注:交接前,受让方未进入公司;交接后,受让方进入公司,因此,交接是许多权利义务的确认时点,应具体约定)

2. 本协议生效之日起____日内,双方应向公司提交办理股东变更登记的相关资料。公司应在收到相关资料之日起____日内,向市场监督管理部门申请变更登记,双方给予积极配合。

(注:股东的变更以记载于股东名册为准,但为了对抗善意第三人,还是需要积极进行股东变更登记)

第八条 协议的变更或解除

1. 因履行本协议的基础情况发生变化,双方经过协商一致,可以签订变更本协议相关条款的补充协议。

2. 出现下列情况之一时,享有解除权的一方可以解除本协议:

第一,乙方未按照本协议第二条的约定支付任何一期转让价款,甲方可以解除本协议。

第二,在本协议生效之日起____日内未完成本协议第七条第1项所约定的交接,甲、乙任一方均享有解除本协议的权利。

第三,在本协议生效之日起____日内未完成本协议第七条第2项所约定的股权变更登记,甲、乙任一方均享有解除本协议的权利。

(注:款项支付、交接、股权变更等,属于并购交易的重要事项。如果这些事项不能如期完成,可能达不到双方的交易目的,因此,应该赋予双方一定的解除权。此外,解除权的行使应该有合理的期限)

第九条 违约责任

1. 如果乙方未能按本协议第二条的规定按时支付股权价款,每延迟一天,应按延迟部分价款的_____%支付违约金。乙方向甲方支付违约金后,如果乙方的违约给甲方造成的损失超过违约金数额,或因乙方违约给甲方造成其他损害的,甲方可以就超过部分或其他损害要求赔偿。

2.除本协议另有约定的外,任一方违反本协议其他条款的,违约方应向守约方支付违约金_____万元。如果给守约方造成其他经济损失的,还应赔偿守约方其他经济损失。

(注:违约责任对于保障协议的履行非常重要,双方既可以针对具体的违约行为进行草拟,也可以采用笼统的方式进行约定)

第十条 保密条款

1.未经对方书面同意,任何一方均不得向其他第三人泄露在协议履行过程中知悉的商业秘密或相关信息,也不得将本协议内容及相关材料泄露给任何第三方。但法律、法规规定必须披露的除外。

2.保密条款为独立条款,不论本协议是否签署、变更、解除或终止等,本条款均有效。

(注:在公司并购过程中,无论是尽职调查,还是并购协议的谈判、协商,均会涉及交易相对方的商业秘密,因此,应约定双方的保密义务,且可对该条约定相应的违约责任)

第十一条 争议解决条款

甲乙双方因履行本协议所发生的或与本协议有关的一切争议,应当友好协商解决。如协商不成,任何一方均有权按下列第_____种方式解决:

1.将争议提交_____仲裁委员会仲裁,按照提交仲裁时该会现行有效的仲裁规则进行仲裁。仲裁裁决是终局的,对甲乙双方均有约束力。

2.各自向所在地人民法院起诉。

第十二条 生效条款及其他

1.本协议经甲、乙双方签字或盖章之日起生效。

2.本协议生效后,本协议未尽事宜或需修改本协议,须提前十个工作日以书面形式通知另一方,并经双方书面协商一致后签订补充协议。补充协议与本协议具有同等效力。

3.本协议之订立、效力、解释、终止及争议之解决均适用中华人民共和国法律之相关规定。

4.本协议正本一式四份,甲乙双方各执一份,公司存档一份,工商登记机关一份,具有同等法律效力。

转让方(签字或盖章):_____　　受让方(签字或盖章):_____
　　　　　　　　　　　　　　　　签订时间:_____年____月____日
　　　　　　　　　　　　　　　　签订地点:

附:放弃优先购买权的声明

鉴于:

20____年____月,_____有限公司(简称"公司")股东_____拟进行股权转让,转让股权比例占公司注册资本的_____%。

本人(或本公司)作为公司股东同意上述转让事宜,承诺:

一、本人(或本公司)自愿放弃对上述转让股权的优先购买权,并同意由_____受让上述股权。

二、本人(或本公司)放弃对本次股权转让优先购买权的决定,是无条件和不会撤销的,并承诺在上述股权转让过程中不反悔。

特此承诺。

　　　　　　　　　　　　　　　　承诺人(签名或盖章):
　　　　　　　　　　　　　　　　　　年　　月　　日

三、股权投资协议(又称为增资扩股协议)模板

【导　读】

　　增资扩股,是指公司增加注册资本,增加的部分可由新股东或老股东认购。增资扩股的目的主要是增强公司的经济实力,扩大公司的生产规模。增资扩股协议,在风险投资领域又称为"股权投资协议"。在风险投资领域,一般包括投资意向书(条款清单)、增资协议及股东协议三个重要法律文件,但增资协议及股东协议签订的主体基本一致,因此,可以将这两份协议进行合并,统称为"股权投资协议"。

　　增资与股权转让的最大区别:在于股权转让的价款由作为出让方的股东受领,资金的性质是股权转让的对价;而增资中获得的资金属于公司,而非某一特定股东,资金的性质是公司的资本金。为了把资金注入公司,用于公司的经营发展,风险投资交易一般采用增资的方式进行。公司增资时,公司资产增加,更有

利于保障债权人利益,因此,《公司法》对增资持比较宽松的态度。第一,无论是股份公司,还是有限公司,股东会会议作出增加注册资本的决议,必须经代表(出席)2/3以上表决权的股东通过。此外,公司章程可以约定更高的通过比例。第二,为避免原股东持有的股权比例被稀释,有限公司新增资本时,股东有权优先按照实缴的出资比例或约定的比例认缴出资,而股份公司则没有此规定。

按照投资人所享有的权利性质,可将股权投资协议中的主要条款划分为经济性条款、控制性条款及其他条款。所谓经济性条款,是指投资人通过投资交易所能获得的投资回报,比如股份估值、股息分配、优先清算权等。所谓控制性条款,是指投资人对被投公司及创始人的控制,比如董事会及管理层安排、重大事项的否决权、创始人股份限制等。所谓其他条款,是指除上述条款外的其他约定,比如违约责任、保密、争议解决等。这里提供一个有限责任公司增资协议的简单范本,供参考。

【模　板】

甲方(现股东):

住所:

法定代表人:

乙方(投资方):

住所:

法定代表人:

丙方(目标公司):

住所:

法定代表人:

鉴于:

1. _____公司(以下简称公司、目标公司或丙方)系一家在中国合法成立并有效存续的营利性法人,公司注册资本为人民币_____万元,甲方系公司现股东,持有公司_____的股权。

(注:甲方作为公司的现有股东,可能存在多个,需要一一列举)

2. 乙方是一家依据中国法律合法成立并有效存续的从事_____公

司,注册资本为_____万元。

（注：乙方作为投资人,可能是专业投资结构,其组织形式可能是公司或合伙企业）

3.丙方拟引入外部投资人,乙方同意依据本协议相关条款与条件,以_____方式出资人民币_____万元参与丙方拟进行的增资扩股。甲方同意乙方对丙方的增资,并承诺放弃其对于本次增资所享有的优先认缴权。无论该权利取得是基于法律规定、公司章程规定或任何其他事由。

（注：有限责任公司增资时,现有股东对增资部分享有优先认缴权。为顺利引进投资人,现有股东应同意放弃优先认缴权,且将同意的声明作为本协议的附件）

4.各方经充分协商,根据《中华人民共和国民法典》《中华人民共和国公司法》及相关法律法规的规定,就乙方向丙方增资及相关事宜达成以下协议,以兹共同遵照执行。

一、公司的名称和住所

公司名称：_____；住所：_____。

二、公司现有的注册资金、出资方式、出资额及出资比例

1.公司注册资本为人民币_____万元（大写：_____万圆整),其中,货币出资_____万元,占注册资本总数的_____%；_____财产出资_____万元,占注册资本总数的_____%。

2.公司的现有股东及持股比例分别为：

_____,认缴出资额_____万元,占注册资本_____%,已实缴_____万元；

_____,认缴出资额_____万元,占注册资本_____%,已实缴_____万元。

三、增资后注册资金、出资方式、出资额及出资比例

1.乙方出资_____万元,取得增资完成后丙方_____%的股权。

2.增资后公司注册资本变更为人民币_____万元,其中,货币出资_____万元,占注册资本总数的_____%；_____财产出资_____万元,占注册资本总数的_____%。

3.增资后的股东及持股比例

_____,认缴出资额_____万元,占注册资本_____%,已实缴_____万元;

_____,认缴出资额_____万元,占注册资本_____%,已实缴_____万元;

_____,认缴出资额_____万元,占注册资本_____%,已实缴_____万元。

增资后公司仍为有限责任公司。

(注:为明确公司增资前后的注册资本数额及股东变化等情况,需要明确公司增资前后的注册资本、投资人认购的部分等情况)

四、声明、保证和承诺

各方在此作出下列声明、保证和承诺,并依据这些声明、保证和承诺而签署本协议:

1.各方是依法成立并有效存续的营利性法人,并已获得本次增资扩股所要求的一切授权、批准及认可;

(注:公司增资决议需要取得2/3以上表决权股东的同意,因此,应将股东会同意增资的决议作为本协议的附件)

2.各方具备签署本协议的权利能力和行为能力,本协议一经签署即对各方构成具有法律约束力的文件;

3.各方在本协议中承担的义务是合法、有效的,其履行不会与各方承担的其他协议义务相冲突,也不会违反任何法律。

五、乙方享有的权利、义务

1.乙方作为新股东同原有股东法律地位平等,享有法律规定股东应享有的一切权利,包括但不限于资产收益、重大决策、选择管理者的权利。

2.乙方应于本协议签订之日起_____个月内,按本协议足额出资,并承担公司股东的其他义务。

(注:在本部分可以细化,约定投资人的具体权利,如优先分红权、对赌条款、优先清算权、一票否决权、反稀释条款等)

六、董事、监事及财务人员的组成

本次增资完成后，目标公司董事、监事及财务人员按以下第_____种方式调整：

1. 不改变目标公司董事/执行董事、监事及财务人员的组成。

2. 目标公司董事会由_____名董事组成。甲方提名_____人，乙方提名_____人。董事长由_____方提名的董事担任，副董事长由_____方提名的董事担任。各方应确保被推荐的人选在董事会上通过。

目标公司监事会由_____人组成，甲方提名_____人，乙方提名_____人，监事会主席由_____方提名的监事担任。各方应确保被推荐的人选在监事会上通过。

财务负责人由_____委派，会计由_____委派，出纳由_____委派。

（注：对于关键职位、岗位人员的安排，牵涉公司控制权的分配，各方应慎重考虑）

七、章程修改

本协议各方一致同意根据本协议内容对"_____有限公司章程"进行相应修改。

八、工商变更登记及税费承担

1. 在本协议签订后____日内，甲方承诺通过公司对本次增资扩股的股东会决议，并向工商登记部门递交变更资料，甲、乙双方予以配合。

2. 本次增资过程中发生的评估费、验资费、变更登记费用、资产过户契税，由公司承担。

3. 本次增资过程中发生的其他税费，由各方根据国家法律、法规、规章的有关规定，各自缴纳。

（注：增资完成后，各方需要配合完成工商变更登记）

九、保密

1. 本协议各方应就本协议的签订和履行而知悉的其他方的保密信息，向其他方承担保密义务。在没有得到其他方的书面同意，任何一方不得向任何第三人披露前述保密信息，并不得将其用于本次增资以外的目的。但法律、法规规定必须披露的除外。

2.本条款的规定在本协议终止或解除后继续有效。

(注:在公司风险投资交易过程中,无论是尽职调查,还是投资协议的谈判、协商,均会涉及交易相对方的商业秘密,因此,应约定双方的保密义务,且可对该条约定相应的违约责任)

十、违约责任

1.若任何一方违反本协议的相关约定,导致本协议目的无法实现,则违约方应向各守约方分别支付增资额＿＿＿＿％的违约金。违约金不足以弥补守约方损失的,违约方仍需赔偿给守约方造成的损失(损失范围包括守约方的直接损失、间接损失以及因主张权利而发生的费用)。

2.任何一方违约时,守约方有权要求违约方继续履行本协议。

(注:违约责任对于保障协议的履行非常重要,双方既可以针对具体的违约行为进行草拟,也可以采用笼统的方式进行约定。这里采用笼统的方式进行约定)

十一、争议解决方式

因本协议引起的或与本协议有关的任何争议,各方应友好协商解决,如协商不成,可向公司所在地人民法院提起诉讼。

十二、通知及送达

1.在本协议有效期内,因法律、法规、政策的变化,或任何一方丧失履行本协议的资格和/或能力,导致影响本协议的履行,该方应承担相应的在合理时间内通知其他方的义务。

2.本协议各方同意,与本协议有关的任何通知,以书面送达方式方为有效。书面形式包括但不限于:文书、传真、电子邮件等。

3.各方的收件信息如下,在相关文件按合法的方式发(寄)送之日起7个工作日内,视为送达。各方地址发生变化的,应及时告知其他方,否则,视为未发生变化。

甲方收件信息:

收件人：　　　　地址　　　　邮编：　　　　电话：　　　　邮箱：

乙方收件信息:

收件人：　　　　地址　　　　邮编：　　　　电话：　　　　邮箱：

丙方收件信息：

收件人：　　　　地址　　　　邮编：　　　　电话：　　　　邮箱：

十三、协议的变更和解除

1.本协议的变更,必须经各方共同协商,并订立书面补充协议。如协商不能达成一致,本协议继续有效。

2.各方一致同意终止本协议的履行时,须订立书面协议,经各方签字并盖章后方可生效。

3.任一方违反本协议约定的义务,致使合同目的不能达到的,守约方可以依法解除本协议。

十四、其他约定

1.本协议的附件是本协议不可分割的组成部分,与本协议具有同等法律效力。

2.未经其他各方同意,本协议任何一方不得全部或部分转让其在本协议下的任何权利或义务。

3.本协议经各方签字或盖章后生效。

4.本协议一式_____份,三方各持有_____份,交工商登记部门备案一份,各份具有同等效力。

(本页以下无正文,为协议签章页)

甲方：　　　　　　　　　　　　乙方：

法定代表人或授权代表人：　　　　法定代表人或授权代表人：

时间：　　　　　　　　　　　　时间：

丙方：

法定代表人或授权代表人：

时间：

签订地点：

附:放弃优先认缴权的承诺

鉴于：

20___年___月,_____有限公司(以下简称公司)拟进行增资,增资金额为人民币_____万元,增资完成后,该增资金额将占公司注册资本的_____%。

本人(或本公司)作为公司股东同意上述增资事宜。承诺：

一、本人(或本公司)自愿放弃对上述增资的优先认缴权，并同意_____认缴上述全部增资。

二、本人(或本公司)放弃对本次增资的优先认缴权之决定是无条件的和不会撤销的，并承诺在上述增资的过程中不反悔。

特此承诺。

承诺人(签名或盖章)：
年　月　日

四、股权代持协议模板

【导　读】

股权代持，又称为委托持股、隐名投资等，是指实际出资人与名义股东约定，以名义股东代实际出资人履行股东权利义务，其法律后果由实际出资人承受的投资方式。《公司法司法解释(三)》第24、25、26条，对代持股协议的效力、实际出资人的投资权益、股东资格取得、名义股东对其名下股权处分效力、名义股东承担未履行出资义务时的法律责任等问题进行了较详细的规定。

股权代持关系，本质上是基于双方协议而建立的债权债务关系。实际出资人选择隐名，而名义股东选择挂名，自然有各种原因。既然双方通过股权代持关系获得了某种利益，就必然存在一定的风险。对实际出资人而言，主要风险是名义股东滥用股东权利损害实际出资人利益、因名义股东自身债务纠纷或其他原因导致股权被冻结、处置或引发其他或有风险、实际出资人显名受限等。对名义股东而言，主要风险是在实际出资人未及时出资时，应承担出资义务。

股权代持协议包括代持标的、代持权限、代持费用等内容，其中尤其应明确约定代持股权的显名问题。按照《公司法司法解释(三)》的规定，隐名股东显名时，应征得其他股东过半数的同意，因此，事前征得其他股东同意，明确约定显名的程序，对于保障隐名股东及时、顺利地显名具有重要意义。这里提供一个股权代持协议的简单范本，供参考。

【模　板】

甲方(实际出资人):

身份证号:

住所地:

乙方(名义股东):

身份证号:

住所地:

甲、乙双方本着平等互利的原则,经友好协商,就甲方委托乙方代为持股事宜达成协议如下,以兹共同遵照执行:

第一条　委托标的

甲方自愿委托乙方作为自己对××有限公司(以下简称公司)人民币 n 元出资(该等出资占公司注册资本的 n%,以下简称代持股权)的名义持有人,并代为行使相关股东权利,乙方愿意接受甲方的委托并代为行使该相关股东权利。

(注:明确代持标的物)

第二条　委托权限

甲方委托乙方代为行使的权利包括:在公司章程上具名并在市场监督管理部门进行登记;以股东身份参与公司经营管理;代为收取红利;出席股东会并按照甲方指示行使表决权等。

(注:名义股东应在实际投资人授权范围内从事相关活动,且名义股东需要依据公司法的规定行使股东权利)

第三条　甲方的权利与义务

1. 甲方作为代持股权的实际出资者,对公司享有实际的股东权利并有权获得相应的投资收益;乙方仅以自身名义代甲方持有该代持股权所形成的股东权益,而对该等出资所形成的股东权益不享有任何收益权或处置权(包括但不限于股东权益的转让、质押等处置行为)。

2. 在委托持股期限内,甲方有权将相关股东权益显名给自己或自己指定的任何第三人名下。在显名时,乙方及其他股东须无条件同意签订相关法律文件,并配合完成相关的股权变更登记。

(注：实际投资人的显名特别重要，不但名义股东需要同意，其他过半数股东也需要同意，因此，应把其他股东过半数同意代持及显名的声明作为本协议的附件)

3. 甲方作为实际出资人，有权依据本协议对乙方不适当的受托行为进行监督与纠正。

4. 甲方认为乙方不能诚实履行受托义务时，有权依法解除对乙方的委托，并要求依法将代持股权无偿过户给甲方或甲方指定的第三人。

5. 因乙方未履行受托义务而给甲方造成损失的，甲方有权基于本协议约定要求乙方予以赔偿。

第四条 乙方的权利与义务

1. 未经甲方事先书面同意，乙方不得转委托第三方持有上述代持股权及其股东权益。

2. 作为公司的名义股东，乙方行使股东权利时，应受到本协议约定的限制。在以股东身份参与公司经营管理过程中，乙方需要行使表决权时至少应提前5日通知甲方并取得甲方书面授权。在未获得甲方书面授权的情况下，乙方不得对其所代持的股权及其所有收益进行转让、处分或设置任何形式的权利负担，也不得实施任何可能损害甲方利益的行为。

(注：股权代持最大的风险就是名义股东对其代持的股权进行处分，因此，应明确约定名义股东未经实际出资人同意，不得对其代持的股权进行处分)

3. 乙方因代持股权所产生的全部投资收益(包括股息、红利或任何其他收益分配等)均全部转交给甲方，并承诺在获得该等投资收益后三日内将该等投资收益划入甲方指定的银行账户。

4. 甲方拟显名或将被代持的股权转让给第三人时，乙方必须对此提供必要的协助及配合。

第五条 委托持股费用

乙方受甲方之委托代持股权期间，不收取任何报酬。

(注：股权代持是无偿，还是有偿，由双方约定)

第六条 委托持股期间

自本协议生效开始,至乙方根据甲方指示将代持股权显名或转让给甲方或甲方指定的第三人时终止。

第七条 保密条款

1. 本协议履行过程中,双方对所接触或获知的对方的任何商业信息均有保密义务,除非有明显的证据证明该等信息属于公知信息或者事先得到对方的书面授权。

2. 该等保密义务在本协议终止后仍然继续有效。任一方因违反该等义务而给对方造成损失的,均应当赔偿对方的相应损失。

第八条 违约责任

任何一方违反本协议约定的,应向守约方支付＿＿＿＿＿＿万元违约金,给守约方造成经济损失的,还应赔偿守约方的经济损失。

第九条 争议的解决

凡因履行本协议所发生的争议,甲、乙双方应友好协商解决,协商不能解决的,任一方均有权将争议提请甲方所在地人民法院起诉。

第十条 其他事项

1. 本协议一式两份,协议双方各持一份,具有同等法律效力。

2. 本协议自甲、乙双方签字或盖章后生效。

(以下无正文)

甲方(签字捺手印):　　　　　　　乙方(签字捺手印):

时间:　　年　月　日　　　　　　时间:　　年　月　日

签订地点:　　　　　　　　　　　签订地点:

附:关于同意股权代持的承诺函

本人作为＿＿＿＿＿＿＿有限公司(简称"公司")股东,同意＿＿＿＿＿＿股东的股权由＿＿＿＿＿＿代持,并承诺在＿＿＿＿＿＿股东要求显名或转让时,给予无条件配合。

特此承诺。

承诺人(签名或盖章):

年　月　日

五、投票权委托协议模板

【导　读】

在股权投资交易中,随着公司的发展,需要经历多次的融资,创始股东持有的股权会被逐渐稀释。当创始股东的持股比例降低至51%以下时,可能对公司不再具有控制权。在创始股东不能通过持有股权控制公司的情况下,为避免投资人随意干预公司的经营管理,投资人会与创始股东签订一个投票权委托协议。将投资人在股东会上的表决权委托给创始股东行使,增大创始股东的表决权比例,从而确保创始股东在公司经营决策上享有绝对优势。投票权委托协议在本质上就是一个委托代理协议。其基本内容包括委托的表决权数额、委托事项及委托期间等。这里提供一个简单的投票权委托协议副本,供参考。

【模　板】

甲方(委托方):

身份证号码:

住所:

乙方(受托方):

身份证号码:

住所:

鉴于本协议签订之日,甲方、乙方均为_____公司(以下简称公司)在册股东,分别持有公司_____%和_____%的股权。甲方自愿将其所持有的公司_____%股权对应的全部表决权委托给乙方行使。为了更好地行使股东权利,甲乙双方经友好协商,达成以下协议,以供遵守:

(注:此部分明确了委托的表决权数额)

第一条　委托事项

1.在本协议有效期内,依据公司法及届时有效的章程,甲方委托乙方行使包括但不限于如下权利(委托权利):

(1)召集、召开和出席公司的股东会会议;

(2)代表甲方依据公司法或公司章程规定行使表决权。

2.本协议的签订并不影响甲方对其持有的公司股权所享有的收益权、处分权(包括但不限于转让、质押等)。

3.本协议生效后,乙方将合计持有公司_____%的股权对应的表决权,乙方应在本协议规定的授权范围内谨慎勤勉地依法履行委托权利;超越授权范围行使表决权给甲方造成损失的,乙方应对甲方承担相应的责任。

(注:本条的表决权行使范围比较笼统,双方可以根据具体情况,进一步加以明确。此外,每次召开股东会时,对于表决事项,公司可能要求具体的表决意见,这可能需要甲方向公司出具授权委托书)

第二条 委托期限

1.本协议所述委托表决权的行使期限,自本协议生效之日起至_____止。但是如出现以下情况,经甲方书面通知,本协议可提前终止:

(1)乙方出现严重违法、违规及违反公司章程规定的行为;

(2)乙方出现严重损害甲方及公司利益的行为。

2.本协议经双方协商一致可解除,未经双方协商一致,任何一方均不得单方面解除本协议。本协议另有约定的除外。

(注:此处可明确表决权委托系不可撤销,如甲方随意撤销,应承担相应的违约责任)

第三条 委托权利的行使

1.甲方承诺并同意将就公司股东会议审议的所有事项与乙方保持一致的意见。针对具体表决事项,甲方将不再出具具体的《授权委托书》。

2.甲方将为乙方行使委托权利提供充分的协助,包括在必要时(例如,为满足政府部门审批、登记、备案所需报送文档之要求)及时签署相关法律文件,但是甲方有权要求对该相关法律文件所涉及的事项进行充分了解。

3.在乙方参与公司股东会并行使表决权的情况下,甲方可以自行参加股东会,但不另外行使表决权。

4 本协议期限内因任何原因导致委托权利的授予或行使无法实现,甲乙双方应立即寻求与无法实现的约定最相近的替代方案,并在必要时签署补充协议修改或调整本协议条款,以确保可继续实现本协议之目的。

（注：在表决权委托协议生效后，应充分尊重乙方自由行使表决权的权利，甲方不得随意干预）

第四条　免责与补偿

在任何情况下，乙方不得因受委托行使本协议项下约定的表决权，而被要求对任何第三方承担任何责任或作出任何经济上的补偿。但如系有证据证明的由于乙方故意或重大过失而引起的经济损失，则该等经济损失应予以补偿。

第五条　违约责任

如甲方违反本协议约定的，应承担相应的违约责任，包括但不限于赔偿乙方及公司因此形成的损失。如乙方利用甲方委托其行使的表决权作出有损公司或甲方合法权益的，乙方应承担相应的违约责任，包括但不限于赔偿甲方及公司因此形成的损失。

第六条　保密义务

1. 甲、乙双方认可并确定有关本协议及准备或履行本协议而交换的任何口头或书面数据均被视为保密信息。一方未经另一方书面同意擅自向任何第三方披露前述保密信息的，违约方应赔偿守约方由此而受到的全部损失，并且守约方有权单方面解除本协议。

2. 本条所述保密义务不受本协议期限约束，在本协议终止后仍然有效。

第七条　表决权委托的转让

未经甲方事先书面同意，乙方不得向第三方转让其于本协议下的任何权利或义务。

第八条　争议解决

因本协议引起的纠纷，由双方协商解决。如协商不成，任何一方有权诉至公司所在地人民法院。

第九条　生效及其他

1. 双方确认，已经仔细审阅过本协议的内容，并完全了解协议各条款的法律含义。

2. 本合同自双方签字之日起生效。本协议一式两份，甲乙双方各执一份，具有同等的法律效力。

（本页以下无正文）

甲方(签字)：_____　　　乙方(签字)：_____
_____年___月___日　　　　　_____年___月___日
签订地点：　　　　　　　　　　签订地点：

六、一致行动人协议模板

【导　读】

与投票权委托协议签订目的一样，在股权投资领域，为确保创始股东对公司的控制权，创始股东经常与投资人签订一致行动人协议。该协议一般约定在股东会上投资人应与创始股东共同行动，并跟随创始股东的意愿进行表决。认定为"一致行动人"应包括四个基本点：(1)采取"一致行动"的法律依据是协议、合作、关联方关系等合法方式；(2)采取"一致行动"的手段是行使目标公司的表决权；(3)采取"一致行动"的方式是采取相同意思表示；(4)采取"一致行动"是为了扩大其对目标公司股权的控制比例，或者巩固其对目标公司的控制地位。

签订一致行动人协议的目的在于明确、稳定公司的控制权。一致行动人协议应当包含下列基本内容：(1)参与一致行动的股东；(2)相关股东持有的股份数量；(3)一致行动的具体范围；(4)相关股东发生分歧时的解决方式以及相关股东如何达成统一意见；(5)一致行动的期限。其中，意见分歧解决方式及意见统一机制是一致行动人协议的重点内容。以下提供一个简单的一致行动人协议模板，供参考。

【模　板】

甲方：
身份证号码：
住所：
乙方：
身份证号码：
住所：

鉴于：

1. 甲方和乙方均为_____有限公司（以下简称公司）的股东，甲方持有公司_____%的股权，乙方持有公司_____%的股权。

2. 为保障公司持续、稳定发展，提高公司经营、决策的效率，双方拟在公司股东会中采取"一致行动"，按照《中华人民共和国公司法》等有关法律、法规的规定和要求，作为一致行动人行使股东权利，承担股东义务，巩固双方在公司的控制地位。

为明确协议双方作为一致行动人的权利和义务，根据平等互利的原则，经友好协商，特签订本协议书。

第一条 协议双方的权利义务

1. 在处理有关公司经营发展且根据公司法等有关法律法规和公司章程需要由公司股东会作出决议的事项时，双方应当采取一致行动，特别是行使召集权、提案权、表决权时采取一致行动。具体一致行动的范围包括但不限于：

（1）共同提案；

（2）共同投票表决股东会职权范围内的事项；

（3）在双方中任何一方不能参加股东会会议时，应委托另一方参加会议并行使投票表决权；如双方均不能参加股东会会议时，应共同委托他人参加会议并行使投票表决权；

（4）公司章程规定的其他职权。

（注：一致行动的范围可以明确进行约定，但不应超出公司法及公司章程规定的股东会职权范围）

2. 双方应当在行使公司股东权利，特别是提案权、表决权之前进行充分的协商、沟通，以保证顺利做出一致行动的决定；必要时召开一致行动人会议，促使协议双方达成采取一致行动的决定。

3. 在本协议有效期内，在参加公司股东会行使表决权时，除关联交易需要回避的情形外，双方保证按照双方事先协调所达成的一致意见行使表决权。双方可以亲自参加公司召开的股东会，也可以委托本协议他方代为参加股东会并行使表决权。

4. 双方应当遵照有关法律、法规的规定和本协议的约定以及各自所作出的承诺行使权利。

5. 双方若不能就一致行动达成统一意见时，按照本协议第四条第1项执行。

第二条 协议双方的声明、保证和承诺

1. 双方均具有权利能力与行为能力订立和履行本协议，本协议对协议双方具有合法、有效的约束力。

2. 双方对因采取一致性行动而涉及的文件资料、商业秘密及其可能得知的协议他方的商业秘密负有合理的保密义务。

3. 双方在本协议中承担的义务是合法有效的，其履行不会与其承担的其他合同义务冲突，也不会违反任何法律。

4. 在本协议有效期内，协议双方承诺与其他非本协议股东不存在关联关系，不与其他非本协议股东签署任何一致行动协议或作出类似安排，也不会作出影响本协议控制权稳定性的其他行为。

各项声明、保证和承诺是根据本协议签署日存在的实际情况而做出的，协议双方声明，其在本协议中的所有声明和承诺均为不可撤销的意思表示。

第三条 一致行动期限

自_____年___月___日至_____年___月___日止。在该期限内，各方不得撤销一致行动的意思表示。

（注：应明确一致行动的期限，且约定在该期限内不可撤销）

第四条 一致行动的特别约定

1. 若双方在公司经营管理等事项上就某些问题无法达成一致时，应当按照甲方的意见作出一致行动的决定。双方应当严格按照甲方的意见在股东会上行使表决权。

[注：当一致行动人存在意见分歧时，一般存在如下两种处理方式：(1)约定其他股东无条件与某位特定股东的意见保持一致，或者约定在无法达成共识的情况下以某位特定股东的意见为准；(2)约定签署一致行动人协议的股东按照一定的议事规则形成统一决议，即协商不一致时，先进行一致行动人的内部表决（依持股份数或股东人数占优等标准），在股东会上则以内部表决结果的意见为准]

2. 任何一方如转让其所持有的公司股权时，应至少提前30天书面通知协议其他方,协议其他方有优先受让权。

3.双方承诺,如其将所持有的公司全部或部分股权对外转让,则该等转让需以受让方同意承继本协议项下的义务并代替出让方重新签署本协议作为股权转让的生效条件之一。

第五条 违约责任

由于任何一方的违约,造成本协议不能履行或不能完全履行时,由违约方向守约方支付_____万元的违约金。如果造成守约方其他损失的,还应予以赔偿。

(注:违约责任条款对于一致行动人协议的履行非常重要,可以进一步具体约定相应的违约情形及责任)

第六条 争议解决方式

凡因履行本协议所发生的一切争议,协议双方均应通过友好协商的方法解决;但如果该项争议在任何一方提出友好协商之后仍未能达成一致意见的,双方应将争议提交公司所在地的人民法院裁决。

第七条 其他

1.本协议中未尽事宜或出现与本协议相关的其他事宜时,由协议双方协商解决并另行签订补充协议,补充协议与本协议具有同等法律效力。

2.本协议自双方签字或盖章之日起生效。

3.本协议一式两份,协议双方各执一份。

(以下无正文)

甲方(签字):　　　　　　　　　　乙方(签字:)

　　年　月　日　　　　　　　　　　年　月　日

签订地点:　　　　　　　　　　　　签订地点:

参考文献

1. 黄薇主编:《中华人民共和国民法典总则编释义》,法律出版社 2020 年版。
2. 最高人民法院民二庭编著:《关于公司法解释(一)、(二)理解与适用》,人民法院出版社 2015 年版。
3. 最高人民法院民二庭编著:《关于公司法解释(三)、清算纪要理解与适用》,人民法院出版社 2016 年版。
4. 最高人民法院民二庭编著:《关于公司法解释(四)理解与适用》,人民法院出版社 2017 年版。
5. 最高人民法院民事审判二庭编著:《〈全国法院民商事审判工作会议纪要〉理解与适用》,人民法院出版社 2019 年版。
6. 最高人民法院民二庭编:《公司案件审判指导(增订版)》,法律出版社 2018 年版。
7. 赵旭东主编:《公司法学》(第 4 版),高等教育出版社 2015 年版。
8. 虞政平编著:《公司法案例教学》(上),人民法院出版社 2012 年版。
9. 金剑锋主编:《公司诉讼的理论与实务问题研究》,人民法院出版社 2008 年版。
10. 王东敏:《公司法审判实务与疑难问题案例解析》,人民法院出版社 2017 年版。
11. 施天涛:《公司法论》(第 4 版),法律出版社 2018 年版。
12. 王军:《中国公司法》(第 2 版),高等教育出版社 2017 年版。
13. 梅丹绮:《如何认定具有股东资格》(上、下),载公众号"梅丹绮律师",分别载于 2017 年 2 月 3 日、2017 年 2 月 7 日。
14. 李慧:《投资设立新公司,股东资格难认定》,载公众号"公司法研",2018 年 12 月 3 日。

15. 龚晓菲:《隐名股东的"显名化"——即实际出资人要求确认股东资格需要具备哪些条件?》,www.zs1995.com/zhishang/vip_doc/4437537.html,2018 年 7 月 29 日访问。

16. 罗贵成:《论隐名出资人的法律地位——从法院防范规避执行之尴尬考量》,载中国法院网,https://www.chinacourt.org/article/detail/2012/04/id/478325.shtml。

17. 况中华:《原股东抽逃出资转让股权后受让股东的责任承担》,载公众号"德恒宁波律师事务所",2019 年 8 月 5 日。

18. 唐青林等:《股东抽逃出资后将股权转让、公司注销,就不必再对公司债务承担责任了吗?》,载公众号"公司法权威解读",2019 年 1 月 13 日。

19. 李玉林:《公司章程中可自由约定事项汇总表》(2016 版),载公众号"法务之家",2016 年 1 月 21 日。

20. 林晓镍、韩天岚:《股东出资义务的司法认定》,载公众号"审判研究",2015 年 5 月 6 日。

21. 高全等:《技术入股:以非专利技术出资如何认定出资人是否履行了出资义务》,载公众号"知之智致",2018 年 11 月 13 日。

22. 律师老黄:《非专利技术出资的问题和法律对策》,载公众号"南通律师老黄",2017 年 10 月 13 日。

23. 王小星:《医院以非专利技术出资的可行性分析》,载公众号"国枫律师事务所",2015 年 12 月 18 日。

24. 刘伟巍:《常见三类九种经营范围错误》,载公众号"登记注册小助手",2017 年 8 月 2 日。

25. 梁玉茹:《公司发起人责任完整梳理》,载公众号"中银律师事务所",2018 年 5 月 7 日。

26. 周珺:《股东究竟在哪些情况下需要对公司债务承担清偿责任》,载公众号"公司法百科",2018 年 8 月 13 日。

27. 北京石景山法院:《工商登记中被他人冒名为股东的法律分析与提示》,载公众号"审判研究",2019 年 12 月 11 日。

28. 刘欣:《注册资本认缴制下,有限公司股东虚假出资的民事责任承担》,

载公众号"金诚同达西安律师事务所",2018年11月19日。

29. 李秀利:《公司股东之间进行股权转让时所签订的几种阴阳合同效力如何?》,载公众号"法言法域",2019年12月25日。

30. 刘夫:《谈公司自治与公司章程》,载公众号"文丰律师",2020年3月17日。

31. 葛少帅:《如何认定大股东恶意修改出资期限损害其他股东权益的行为》,载《人民法院报》2018年8月2日。

32. 吴耀紫:《大股东能否通过修改公司章程缩短小股东出资期限?》,载公众号"曜紫律谈",2020年1月18日。

33. 石陇、周晓程:《公司决议无效、可撤销、不成立三者之间的区别》,载公众号"海普睿诚律师事务所",2020年7月9日。

34. 董天园:《公司决议纠纷:无效、可撤销和不成立》,载公众号"中银律师事务所",2020年4月23日。

35. 公维亮:《涉有限公司股权分割离婚案件的十大常见问题分析》(上),载公众号"律角兽法律评论",2020年7月20日。

36. 齐精智:《夫妻分割公司股权(份)的12大法律陷阱》,载公众号"法商之家",2019年2月17日。

37. 王军霞:《公司强制清算与破产清算的适用区别与原则》,载公众号"文丰律师",2020年5月20日。

38. 万永福、杨伟:《挂靠医药公司经营药品如何定性》,载公众号"冠文刑辩",2019年8月30日。

39. 杜威:《建设工程挂靠行为的研究与讨论》,载公众号"六和律师事务所",2019年11月18日。

40. 禹海波:《股权转让案件的6个裁判思路》,转引自公众号"微法官",2020年7月27日。

41. 朱智慧:《创业经营中企业设立的法律风险与防范策略(一):企业法律形态之选择》,载公众号"腾智律师",2016年6月6日。

42. 李珊珊:《恶意转让股权逃避债务,是否可以在执行阶段追加原股东?》,载公众号"跨境供应链法律实务",2020年5月26日。

43. 黄华标:《认缴制下,老股东为逃避债务转让股权的,责任如何承担?》,载公众号"公司法股权研究中心",2020 年 11 月 14 日。

44. 王登巍:《股权投资,怎么能不懂股权、股东权利、股东资格的区别?》,转载公众号"积募",2020 年 8 月 20 日。

45. 傅朗:《股东那点事儿之股东义务:股东抽逃出资怎么办?》,载公众号"朗朗法语",2018 年 9 月 2 日。

46. 范小强:《股东抽逃出资的司法认定》,载公众号"法缘法友",2018 年 7 月 24 日。

47. 孙益刚:《公司如何合法合规的增资扩股?》,载公众号"日学草堂",2019 年 5 月 13 日。

48. 陈东文:《如何理解〈公司法〉关于公司对外投资的限制性规定》,载公众号"陈东文律师",2017 年 3 月 31 日。

49. 思格咨询:《关于资本公积,你所知道的和还不知道的》,载公众号"思格咨询",2019 年 7 月 17 日。

50. 李世涛:《资本公积的来源及功能限制》,载公众号"资管律动",2019 年 1 月 7 日。

51. 江苏省高级人民法院民二庭:《公司设立、治理及终止相关疑难法律问题》,载公众号"审判研究",2017 年 3 月 27 日。

52. 张鹏:《银行分支机构对外提供保证担保的效力及责任承担》,载公众号"大成太原办公室",2019 年 8 月 30 日。

53. 孙逸多:《5000 字干货教你掌握有限责任公司股东退出路径!》,载公众号"天同诉讼圈",2018 年 7 月 15 日。

54. 唐青林等:《公务员可否投资入股?》,载公众号"公司法权威解读",2017 年 12 月 6 日。

55. 聂春梅:《股东出资义务及其法律风险》,载公众号"中科为",2020 年 3 月 30 日。

56. 贺小荣、曾宏伟:《关于适用〈中华人民共和国公司法〉若干问题的规定(四)的理解与适用》,载《人民司法》2017 年第 28 期。

57. 毕宝胜律师团队:《无偿转让股权与赠与的区别》,载公众号"必赢股权",2020年7月27日。

58. 陆坤伦律师:《股权赠与情形下,其他股东能不能行使优先购买权?》,载公众号"审判研究",2018年6月10日。

59. 刘世君:《股权赠与的税务问题》,载公众号"御用大律师",2020年3月23日。

60. 王克、赵思远:《公司董事长、总经理和CEO、总裁法律地位等同吗?》,载公众号"河南省直律师",2020年9月10日。

61. 刘美辰:《公司股权架构及如何掌握公司控制权》,载公众号"明萌律师事务所",2021年2月4日。

62. 朱立申:《公司与高管之间的法律关系区别于一般的劳动关系》,载公众号"审判研究",2020年5月6日。

63. 张黎:《公司高管与公司之间的关系》,载公众号"坤旺律师服务",2020年2月15日。

64. 沈威:《〈劳动合同法〉调整公司高管劳动关系之困境》,载公众号"劳动法研究",2017年11月23日。

65. 赵兵等:《股东会决议效力的裁判规则》,载公众号"法门客栈",2019年8月5日。

66. 沈子明:《未通知部分股东的股东会决议效力》,载公众号"品法小苑",2018年8月11日。

67. 冯月星:《有限公司进入破产程序后的股东知情权行使分析》,载公众号"法中律国",2020年12月28日。

68. 马良君:《有限公司股东会的召集程序可不简单!》,载公众号"上海骥路律师事务所",2020年2月17日。

69. 乔越千:《公司人格否认制度应全面适用于公司实际控制人》,载公众号"法以载道",2021年1月1日。

70. 朱岳、任雨薇:《"以股权转让方式转让土地使用权"之行为认定》,载公众号"天达共和法律观察",2019年12月26日。

71. 曾驰:《非上市公司,就不能玩独立董事?》,载公众号"东方律师事务所",2019年10月9日。

72. 朱晓：《"挂名"担任公司法定代表人会面临哪些法律风险》，载公众号"日学草堂"，2019年1月16日。

73. 李慧、刘敏娟：《略论股东投票权的部分委托——基于某案例的分析与思考》，载公众号"美团点评法律评论"，2017年6月28日。

74. 易天律师：《最高院案例：委托他人参加股东会，受托人超越权限投票》，载公众号"易天律师—商事及知产法律服务"，2017年3月3日。

75. 杨超男、吴聪：《公司董事、高管忠实义务实务研究系列——公司归入权相关问题的审判实务分析》，载公众号"律动新声"，2018年12月20日。

76. 陈丽美：《公司归入权，身为董监高的你清楚吗？》，载公众号"步道律所"，2019年6月21日。

77. 刘永斌：《股东会的法律风险及防范》，载公众号"公司法法律实务"，2016年3月29日。

78. 李卫存：《股东会能否直接撤销董事会决议》，载公众号"世纪方舟律师事务所"，2014年9月28日。

79. 华轶琳：《公司证照返还纠纷诉讼指引》，载"高杉LEGAL"，2016年9月28日。

80. 立信财会：《公章、合同章、法人章、财务章……会计还在傻傻分不清？》，载公众号"立信财会"，2019年8月8日。

81. 法商之家：《公司与高管之间的法律关系区别于一般的劳动关系》，载公众号"法商之家"，2017年12月11日。

82. 张雪莲：《公司注销VS公司被吊销营业执照》，载公众号"首席法务"，2020年3月4日。

83. 唐青林等：《公司被吊销营业执照，其股权还能否进行转让？》，载公众号"公司法权威解读"，2019年10月27日。

84. 曹琳：《股东知情权的限制与扩张》，转引自公众号"最高人民法院司法案例研究院"，2020年11月10日。

85. 郑成绩：《浅析〈公司法司法解释（四）〉有关股东知情权的规定》，载公众号"PE实务"，2017年9月5日。

86. 吴雄雁、崔炎睿：《浅析资本公积的几个问题》，载公众号"基小律"，2019

年 10 月 31 日。

87. 潘懿等：《计入资本公积的出资可以减资吗?》，载公众号"邦信阳中建中汇",2018 年 3 月 28 日。

88. 航罗小法师：《公司强制清算法律实务》，载公众号"航罗法律",2018 年 10 月 23 日。

89. 蒋阳兵：《公司僵局下如何提起公司解散之诉》，载公众号"溯源律师事务所",2020 年 3 月 24 日。

90. 曲劲松：《公司解散之诉的主体及解散条件的认定》，载公众号"法律AI",2020 年 3 月 4 日。

91. 沈旭军：《股东对公司注销后遗留债务承担保结责任的事实要件》，载上海市高级人民法院网 2011 年 11 月 21 日。

92. 李婷：《公司注销后,债权人如何主张其债权》，载公众号"法影婷律",2018 年 8 月 2 日。

93. 潘新兴：《一文搞懂"限制高消费和纳入失信被执行人名单"的区别》，载公众号"悟理探法",2020 年 5 月 25 日。

94. 李艳丽、黄伟祥：《有限责任公司接受本公司股权质押的可行性探讨》，载公众号"中伦视界",2020 年 6 月 1 日。

95. 周瑶：《股权质押简述及其设立风险点提示》，载公众号"大成律师事务所",2020 年 4 月 9 日。

96. 上海市第一中级人民法院：《企业承包经营合同纠纷案件的审理思路和裁判要点》，载公众号"法务知识",2021 年 4 月 29 日。

97. 刘俊海：《新公司法框架下的公司承包经营问题研究》，载《当代法学》2008 年第 3 期。

98. 胡元长、沈建阳：《民营企业承包经营合同法律风险防范提示》，载公众号"法天使",2019 年 11 月 1 日。

99. 殷豪：《公司关联交易不合规法律风险及合规建议》，载公众号"汉盛律师",2020 年 5 月 6 日。

图书在版编目(CIP)数据

股权、控制权与公司治理：120个实务问题解析／邵兴全编著. -- 北京：北京大学出版社，2021.11
ISBN 978-7-301-32638-1

Ⅰ.①股… Ⅱ.①邵… Ⅲ.①股份有限公司—股份制—研究②公司—企业管理 Ⅳ.①F276.6

中国版本图书馆CIP数据核字(2021)第207628号

书　　　名	股权、控制权与公司治理：120个实务问题解析 GUQUAN、KONGZHIQUAN YU GONGSI ZHILI： 120 GE SHIWU WENTI JIEXI
著作责任者	邵兴全　编著
责 任 编 辑	刘文科　沈秋彤
标 准 书 号	ISBN 978-7-301-32638-1
出 版 发 行	北京大学出版社
地　　　址	北京市海淀区成府路205号　100871
网　　　址	http://www.pup.cn　http://www.yandayuanzhao.com
电 子 邮 箱	编辑部 yandayuanzhao@pup.cn　总编室 zpup@pup.cn
新 浪 微 博	@北京大学出版社　@北大出版社燕大元照法律图书
电　　　话	邮购部 010-62752015　发行部 010-62750672 编辑部 010-62117788
印 　刷 　者	北京市科星印刷有限责任公司
经 　销 　者	新华书店
	787毫米×1092毫米　16开本　26.25印张　386千字 2021年11月第1版　2023年10月第4次印刷
定　　　价	98.00元

未经许可，不得以任何方式复制或抄袭本书之部分或全部内容。
版权所有，侵权必究
举报电话：010-62752024　电子邮箱：fd@pup.cn
图书如有印装质量问题，请与出版部联系，电话：010-62756370